中京大学経済学部附属経済研究所研究叢書　第23輯

市場の質と現代経済

矢野　誠
古川雄一　編著

勁草書房

はしがき

　中京大学経済学部附置経済研究所は，2010 年にプロジェクト「市場制度と市場の質のダイナミクス」を立ち上げて以来，市場の質経済学の発展を担う研究拠点の 1 つとして，活発な研究活動を推進してきた．その活動は，ディスカッションペーパーの発行から国際カンファレンスの主催に至るまで，広範囲にわたり，本論文集・中京大学経済学部附属経済研究所研究プロジェクト叢書シリーズ第 23 輯『市場の質と現代経済』も，その一環として出版される．

　本書の編集・執筆にあたり，多くの方々にお世話になった．中京大学経済学部附属経済研究所の所員の方々には，本書の執筆機会を頂いた．古川は，特に，研究所の同僚・研究員の方々から，日頃より，さまざまなご助言や知的刺激を受けている．この場を借りて，深謝の意を表したい．また，中京大学経済学部附属経済研究所のスタッフである櫻井泉氏には，本書の出版に際し，多岐にわたってご助力を頂戴した．併せて，お礼を申し上げる．最後に，本書の編集にあたられた，勁草書房の関戸詳子氏には，出版スケジュールの設定，原稿の整理から校正に至るまで，大変お世話になった．心よりお礼を申し上げたい．

　なお，本書につながる研究の一部は，矢野を代表者とする科学研究費特別推進研究「経済危機と社会インフラの複雑系分析」（#23000001）と協力の下で行われてきたことも付記し，ここに謝意を表する．

編著者　矢野　誠・古川雄一

目　　次

序章　市場の質理論 ……………………………………矢野　誠・古川雄一… 1
1. 市場の質　2
2. 市場の質理論　3
3. 産業革命サイクル　3
4. 産業革命の自然サイクル　5
5. 本書の構成　7

第1章　KHPS でみる日本の証券市場の質………矢野　誠・小松原崇史… 11
1. はじめに　11
2. KHPS の調査参加者　14
3. 世帯のリスク資産保有　15
4. リスク資産を保有しない理由　17
5. 証券市場についての印象　18
6. 資産運用者の証券市場についての印象　21
7. 資産についての印象　23
8. 資産とインフレの関係　25
9. 老後の年金と資産についての考え　27

第2章　日本の労働市場の質について ………………………三好向洋… 33
1. はじめに　33
2. 日本での賃金決定過程について　35
3. 日本での退職金決定過程について　37
4. おわりに　39

第3章　発展途上国における市場の質と市場インフラ

　　　　　　　　　　　　　　　　　　　　　　　　　古川雄一・矢野　誠… 43

1. はじめに　43
2. モデル　45
3. 市場の質と均衡動学　50
4. 市場の質と市場インフラ　53

補論　55

第4章　公共資本整備と国際貿易の動学分析 ……………………柳瀬明彦… 61

1. はじめに　61
2. 公共インフラの分類　62
3. 「環境創出型」インフラと貿易　64
4. 「無償生産要素型」インフラと貿易　75
5. 国際公共資本と貿易　80
6. おわりに　91

補論　92

第5章　マクロエコノミック・ダイナミクスにおける
　　　　利他性の役割について ………………………………藤生　裕…105

1. はじめに　105
2. 後方利他性モデルの分析　107
3. 両側利他性モデルの分析　113
4. 数値解析　121
5. おわりに　127

補論　129

第6章　市場の質の経済動学 ……………………佐藤健治・矢野　誠…141

1. はじめに　141
2. エルゴードカオス　141

目 次　　　　　　　　　　v

　3. Matsuyama モデル　144
　4. 2 部門最適成長モデル　145
　5. おわりに　148

第 7 章　仲介取引市場の経済分析 ……………………………大石尊之…151
　1. 仲介取引市場と市場の質経済学　151
　2. 仲介取引のある競争市場モデル　154
　3. 仲介取引市場モデルの拡張　177
　4. 今後の課題　181

第 8 章　金融市場における情報の質と金融危機の可能性
　　　　　………………………………リュドミーラ・サフチェンコ…185
　1. はじめに　185
　2. 金融市場における情報の質の重要性　186
　3. 私的情報のコーディネーション・ゲームにおける
　　金融危機とその連鎖　190
　4. おわりに　199

第 9 章　金融市場の不完全性，生産性および経済成長
　　　　　………………………………………秋山太郎・古川雄一…203
　1. はじめに　203
　2. モデル　206
　3. 生産性と担保能力のトレードオフの影響　211
　4. 技術変化と生産性　215
　5. 非対称情報と経済厚生　219
　6. 結論　221
　補論　221

第 10 章　市場の質と競争公正性 ……………………………………矢野　誠…229

　　1.　市場を支える基本原則　　230

　　2.　Yano の競争公正性と市場の質　　235

　　3.　競争公正性の法的根拠　　242

序章　市場の質理論

矢野　誠[1]，古川雄一

　市場も質的な側面からみることができ，良い市場も悪い市場もあるということが最初に指摘されたのは矢野誠著『ミクロ経済学の応用』（2001）においてである．その後，市場の質という概念は，慶應義塾大学 21COE『市場の質に関する理論形成とパネル実証分析』および慶應・京都連携グローバル COE『市場の高質化とインフラの総合的設計』の研究を支える基礎として採用され，さまざまな角度から検討された（矢野，2005, 2007, Yano 2008, 2009, 2010）．その後も，矢野を代表者とする科学研究費特別推進研究「経済危機と社会インフラの複雑系分析」（23000001）や日本学術会議マスタープラン 2014，重点大型計画『危機後を支える社会インフラと真の豊かさを実現するエビデンス・ベース・ポリシー研究と社会科学データ網構築の連携拠点』などの大型研究計画でも，基本概念として，プロジェクトを支えてきた．

　日本学術会議による『日本の展望』（2010），「リスクに対応できる社会を目指して」では，「［世界金融危機後の経済での］システム改革のあり方を考える上［で］……矢野誠教授の提唱している「市場の質理論」，つまり「現代社会の健全な発展成長には高質な市場が不可欠」との主張が参考になる」と指摘され，イノベーションやベンチャービジネスなど，リスクと関わりの深い部門での市場高質化の重要性が説かれている．

　最近の矢野，中澤（2015）では，地球資源や科学技術と生活をつなぐパイプとして市場が位置づけられ，単位当たりの資源・技術から生まれる生活の豊かさによって市場の質を図るのが適切であることが指摘されている．この研究で

は，生産物を生活の場に送るパイプとしてのみならず，生活のニーズを技術開発やイノベーションに伝えるパイプとして，双方向的な市場の役割が協調され，その高質化の重要性が指摘されている．

　以下では，本書のための序章として，矢野の市場の質理論をかいつまんで紹介しよう．

1. 市場の質

　広く言うと，**「市場の質」**は市場の機能の良し悪しを指す言葉である．市場の質と言われても，曖昧で，よくわからないと感じる人も多いだろう．矢野 (2005) も指摘するように，新しい概念なので，経済学をよく知る人ほど，分からないと感じて不思議ではない．しかし，現実には，良い市場もあれば，悪い市場もある．

　無駄ばかり生み出すようでは，良い市場とは言えない．無駄をなくすべきだというのは，経済学者も含めて，ほとんどの人が合意するところである．希少な経済資源を無駄にすることは，「社会正義」にもとると考えるべきだろう．

　同時に，良い市場は健全な取引を可能にする．取引相手に「ボラレたり」，不必要なものを「売りつけられたり」する市場が良い市場であるはずがない．取引の後で相手に騙されたと感じるような市場も同じである．質の悪い商品しか出回っていない市場も良い市場とは言えない．押し売り，詐欺，粗悪品が横行するようでは，市場の質が高いとは言えないということである．押し売りも詐欺も粗悪品販売も健全な取引ではない．その意味では，良い市場では，健全な生産活動や消費活動が営めなくてはならない．

　こうした考えに基づいて，以下では，とりあえず市場の質を無駄の少なさと健全性という 2 つの基準で特徴づけられるものと考えることにする．経済学では，効率性という概念で無駄を特徴づけ，市場の機能を計る最も重要な基準として取り扱ってきた．この考え方は経済学ではすでに確立されたものなので，改めて説明する必要はない．他方，健全性というのは，Yano (2008) で定式化された競争公正性をさす．これについては，後章で，くわしく検討される．

2. 市場の質理論

　市場の質の良し悪しは経済の発展成長に決定的な役割を果たすというのが市場の質理論の基本である．良い市場を維持するためには，市場を取り巻く，さまざまな環境の整備が必要である．市場を取り巻く環境として，第一に考えられるのは法律やルールである．どの参加者も取引上の**競争**に直面するような自発的交換の場が市場である．つまり，競争は市場の必要条件だといえる．競争はルールに律されて，はじめて可能になるものである．したがって，市場が機能するためには，適切なルール設計が必要である．

　組織や制度も重要である．多くの場合，人間の活動は，多数の人々が集まって，組織や制度を作ることによって営まれる．生産の場では，そのような組織が企業と呼ばれる．各種の組合や協会のように，多数の人の活動を調整するために，人々によって自発的に形成される社会制度もある．政府も経済活動を行う組織である．同時に，政府は経済活動が円滑に行われるようなさまざまな制度設計や政策設計や行う．さらに，文化，慣習，倫理，意識，哲学，教育といった，人々の行動を決定づけるさまざまな要素も市場の環境として重要である．そうした要素が人々が従事する経済活動のあり方に影響する．

　Yano (2009, 2010) では，市場を取り巻く環境のうちで，市場競争のあり方に決定的な影響をもつ部分が総称され，**市場インフラ**と呼ばれる．市場を有効に利用するためには，適切な市場インフラが形成されていなくてはならない．

　矢野の市場の質理論は以下の2つの命題に集約することができる．

命題 1（市場の質理論）
　1. 現代経済の健全な発展・成長には高質な市場が不可欠である．
　2. 高質な市場の形成・維持には適切な市場インフラが不可欠である．

3. 産業革命サイクル

　市場の質命題は土地バブルの時代の日本経済の観察から導き出されたもので

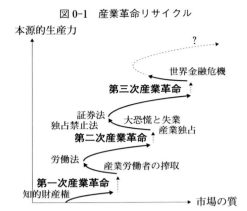

図 0-1 産業革命リサイクル

ある．しかし，産業革命期以来の市場経済の歴史全体によっても証明されうるというのが矢野（2005）の見方である．

　マクロ経済は，生産量，市場の質，本源的生産力，市場インフラの4つの変数からなる市場の質に関する動学系だとみることができる．本源的生産力というのは，資本や労働の質や量，資源の大きさ，生産技術などを代表する変数である．さまざまな人々の意思決定を通じて，これらの変数の動学的関係が定まり，時間とともに変動していくとみなせる．

　一般に，ある時代の技術をうまく利用するには，その技術にふさわしい市場インフラが必要になる．市場インフラはその他の変数に応じて設定されるが，必ずしも，瞬時的に変更できるものではない．

　こうした前提のもとでは，急激な技術革新が起きると，新しい技術と旧来の市場インフラとの間に齟齬が生じ，市場の機能が低下する．技術革新が急激なほど，市場の機能低下も急激になり，危機的な状況を引き起こすと考えてよいだろう．

　その例が第一次産業革命後の労働者搾取や第二次産業革命期の長期恐慌（1873-1896 頃）や大恐慌（1929-1945 頃）などだと考えられる．図 0-1 では，縦軸に本源的な生産力をとり，横軸には市場の質をとっている．市場の質動学系では，本源的生産力も市場の質も内生的な変数として扱われるので，図 0-1 は位相図とみなせる．図の曲線は与えられた初期値から出発する経済の動学経路

を示す．曲線が上方にジャンプしている点は，産業革命のような急激な技術革新を示す．

　歴史を見ると，図 0-1 で示すように，急激な技術革新の後には，非常に大きな経済危機が発生したことがわかる．第一次産業革命は 18 世紀中葉の蒸気機関の発明を引き金とする．その頃から，産業労働者の置かれた劣悪な環境が指摘されるようになり，マルクスの搾取の理論へとつながった．19 世紀中ごろには，鋼鉄の生産費用を大幅に削減したベッセマール転炉が発明され，長距離鉄道や大型船，大規模鉄橋などの建設ブームが起きた．しかし，1873 年の恐慌を契機に，建設中のアメリカ大陸横断鉄道の倒産に代表される経済危機が起こり，20 年以上にわたる長期恐慌と呼ばれる停滞に陥ったことが知られている．また，20 世紀初頭には，フォードシステムと呼ばれるベルトコンベアを利用した自動車の大量生産方式が開発され，生産性の飛躍的拡大をみた（1910 年には 950 ドルだった T 型フォードの価格は 1925 年には 290 ドルへ低下したとされる）．しかし，1929 年 10 月にはニューヨーク株式市場において，9 月につけた最高値と比べ，約 50% の株価崩落を記録し，その後，10 年にわたる大恐慌に陥った．このように，近代以来の市場経済は急激な技術革新と経済危機が交互におとずれる歴史をたどってきた．

　矢野（2005）では，19 世紀中ごろから 20 世紀初頭にかけての技術革新の時代をひとまとめにして，第二次産業革命としてとらえられている．それにならい，本論の図 0-1 でも，長期恐慌と大恐慌を 2 つに分けてはいない．

　Yano（2010）によれば，2008 年以来の金融危機も同じ現象で，20 世紀に発展した金融制度が IT 時代の金融市場を支えきれなくなったことに原因を求めることができる．また，バブル後のわが国の長期停滞は高度成長期に形成された市場インフラが現代技術の活用には適さなくなった結果だとみなせる．

4. 産業革命の自然サイクル

　前節でみたように，矢野（2005）では，技術革新による市場インフラの陳腐化と経済危機脱却に向けた新しい市場インフラの構築という 2 つの関係に着目して，産業革命サイクルを説明した．しかし，この 2 つの関係だけで，産業革

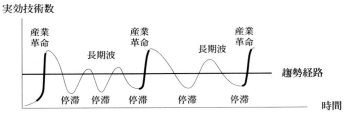

図 0-2　産業革命とコンドラチェフの長期波

命サイクルのような現象を説明しきれるのかは明らかではない．

　最近の Yano and Furukawa (2013) では，知的財産権の保護に着目して，この問題を検討している．発明が特許権で保護されるような経済では，市場インフラの変動とは無関係に，経済主体の合理的活動だけで，産業革命サイクルが発生する可能性があるというのである．そのような現象を**産業革命の自然サイクル**と呼ぶことにしよう．

　ニコライ・コンドラチエフ（1892-1938）は，50 年から 60 年という，産業革命サイクルよりは短い周期で起きる技術革新の長期サイクルの存在を発見し，市場経済の自然な現象であるとした．矢野と古川雄一による最近の研究は，その結論を，精緻なマクロ経済モデルを使って説明するものである．それによれば，**図 0-2** のように，数十年周期のコンドラチェフ・サイクルの中で，100 年に一度程度の頻度で，産業革命のような急激な技術革新の時期が発生する．

　1993 年にノーベル賞を受賞したダグラス・ノースによれば，産業革命の下地を作ったのは，パテント制度に代表される知的財産権の保護にあるとされる（North, 1981）．発明が特許権によって保護された結果，発明に大きな利益が生まれるようになった．それが，発明を促進したというのである．実際，17 世紀の後半には，現代の特許権に近い制度が確立しており，それが経済発展に寄与したということは実証的にも裏付けられている．

　Yano and Furukawa (2013) は，ノースの考え方を一歩進めて，産業革命サイクル自体が知的財産権（発明）の保護と経験の蓄積の結果であることを示すものである．知的財産権の保護の結果，特許による独占的利益を求めて発明が行われ，企業参入が起きる．しかし，参入を通じて，それぞれの独占的企業の得られる利潤は下がり，技術革新や参入が抑えられる．技術革新が抑制される

期間でも，人間は経験を通じて，賢くなると考えられる．そうだとすると，経済全体の生産性は上昇し，再び，発明の誘因が形成される．このプロセスを繰り返すことで，産業革命サイクルが起きるというのが，Yano and Furukawa (2013) の結果である．

Yano and Furukawa (2013) によって明らかにされた自然サイクルの存在は，知的財産権が保護される現代経済では，たとえ市場が完全に機能していても，矢野（2005）が指摘する産業革命サイクルが発生することを示す．上述のように，矢野（2005）では，産業革命サイクルが市場インフラと市場の質の循環メカニズムによって説明される．その意味では，今後，2つのメカニズムの間を埋める研究が望まれる．

5. 本書の構成

本書の構成は次のとおりである．第2章と第3章は，その後に続く各章への導入として，データおよび実証的観点から見た，日本市場の質に関する研究である．第2章「KHPS でみる日本の証券市場の質」（矢野誠，小松原崇史）は，慶應義塾大学と京都大学が共同で実施している「慶應義塾家計パネル調査」(KHPS) によって，一般投資家あるいは一般消費者の視点からみた，日本の証券市場の質について分析している。第3章「日本の労働事情の質について」（三好向洋）は，日本の労働市場において，矢野（2005）が指摘する「一山買い」が行われていることを示す実証研究を紹介している。

第4章から第7章までは，市場の質の動学分析に関するものである。第4章「発展途上国における市場の質と市場インフラ」（古川雄一，矢野誠）では，発展途上国における知的財産市場における市場の質と市場インフラが，先進国から途上国への技術移転に与える影響について，動学分析したものである．第5章「公共資本整備と国際貿易の動学分析」（柳瀬明彦）は，「市場インフラ」を公共資本の概念と関連づけた上で，公共資本が，貿易パターンや貿易利益に果たす役割について，国際貿易の動学的モデルにおいて明らかにしている。第6章「マクロエコノミック・ダイナミクス」（藤生裕）は，世代間の利他性を市場インフラの観点から捉え，世代重複モデルにおいて，利他性と親から子への

人的資本投資との関係を分析している．第7章は「市場の質の経済動学」（佐藤健治）では，前節で検討したような市場の質のダイナミクスを分析するうえで，重要な役割を果たすエルゴード・カオスに関する，理論的基礎づけを与える論文である．

第8章から第10章までは，仲介市場に着目した理論研究である。第8章「仲介取引市場の経済分析」（大石尊之）は，仲介取引を伴う競争市場モデルのコーディネーション機能に焦点を当て，仲介業者が公刊利益の公正な分配をもたらすのかどうかに焦点を当て，検討している．第9章「金融市場における情報の質と金融危機の可能性」（リュドミーラ・サフチェンコ）では，金融市場の「情報の質」が金融危機の可能性に果たす役割について，私的情報のコーディネーション・ゲームを用いて，分析を行っている．第10章「金融市場の不完全性，生産性および経済成長」（秋山太郎，古川雄一）では，前節で議論したような，大規模な技術革新がもたらす金融市場の低質化が，マクロ経済の生産性を低迷させる可能性について分析している．

本章の冒頭でも述べたように，市場の質は資源配分の効率性と取引過程の公正性という2つの概念によって決定される指標だと定義される．第11章「市場の質と競争公正性」（矢野誠）では，私的財産原則，自発性原則，無差別性原則という，取引過程の公正性の基準となる3つの基本原則が提示される．Yano（2008）で示された取引の競争公正性が基本原則に則ったものであることが明らかにされると同時に，無差別性原則が，市場を律するために，昔から積み上げられてきたルールに沿った原則であることが明らかにされる．

［注］

1) 矢野の研究は特別推進研究（23000001，代表者矢野誠）による支援に基づくものである．

［参考文献］

［1］ 日本学術会議（2010），『日本の展望』「リスクに対応できる社会を目指して」．

［2］ 矢野誠（2001），『ミクロ経済学の応用』岩波書店．

［3］ 矢野誠（2005），『「質の時代」のシステム改革』岩波書店．

[4] 矢野誠（2007），『法と経済学』東京大学出版会．

[5] 矢野誠，中澤正彦（2015），『なぜ科学が豊かさにつながらないのか』慶應義塾大学出版会．

[6] Kondratieff, N. (1926), "Die Langen Wellen der Konjunktur," *Archiv fur Sozialwissenschajt und Sozialpolitik* 56, pp. 573–609. English translation by W. Stolper, "The long waves in economic life," *Review of Economics and Statistics* 17, pp. 105–115.

[7] North, D. (1981), *Structure and Change in Economic History*, New York: Norton.

[8] Yano, M. (2008), "Competitive Fairness and the Concept of a Fair Price under Delaware Law on M&A," *International Journal of Economic Theory* 4, pp. 175–190.

[9] Yano, M. (2009), "The Foundation of Market Quality Economics," *Japanese Economic Review* 60, pp. 1–31.

[10] Yano, M. (2010), "The 2008 World Financial Crisis and Market Quality Theory," *Asian Economic Papers* 9, pp. 172–192.

[11] Yano, M. and Y. Furukawa (2013), "Chaotic Industrial Revolution Cycles and Intellectual Property Protection in an Endogenous Exogenous Growth Model," *MQ Discussion Paper 2013-011*, Kyoto University.

第1章　KHPSでみる日本の証券市場の質

矢野　誠，小松原崇史

1.　はじめに

　本章では，慶應義塾大学と京都大学が共同で実施している「慶應義塾家計パネル調査」（Keio Household Panel Survey，以後KHPS）を使用して，一般投資家あるいは一般消費者の視点から見た，日本の証券市場の質について分析する．KHPSは，2004年から行われているが，証券市場についての詳細な調査が加わったのは，2012年からである．本章では，2012年から，現時点で入手可能な2014年までの調査結果を使用する．

　市場の質理論は，矢野（2009）で，のべられているように，「現代経済の健全な発展・成長のためには，高質な市場が不可欠である」というものである[1]．そこでは，「市場の質とは，市場における資源配分の効率性と価格（やその他の取引の条件）の公正性の両方を捉える指標である」と説明されている．資源配分の効率性は，経済学では一般的に知られた考え方であり，市場における取引から創出される（金銭的な）価値が，十分に大きくなっているかどうかで判断される．市場における売り手と買い手のマッチングがうまくいかなかったり，市場で取引される量について，強い影響力をもつ主体が市場に存在する場合には，効率性は達成されにくくなる．しかし，本研究では，効率性よりも公正性に注目する．後者の方が，証券市場では，より重要と考えるからである．

　矢野（2009）では，公正な取引とは「それぞれの市場に設定されたルールを完全に守って行われた取引」であると定義されている．証券市場において，一般に確立されているルールは，売り手の側に情報開示を義務づけるものであ

る．つまり，買い手である一般投資家が，精度の高い情報を得たうえで行われる取引が，証券市場における公正な取引といえる．また，そのような取引が広く行われ，透明性が高く一般投資家が参加をためらわない市場が，公正な証券市場といえる．しかし，証券市場では，公正性は簡単には達成されにくい．売り手の側は，買い手の側よりも優位な立場に立ち続けたいと思うので，情報開示に積極的であるとは，かならずしも言えないからである．そのため，証券市場では，しばしば公正性が大きな問題となる[2]．

　本章で，証券市場に注目する理由は，証券市場が，現代経済において重要な役割を果たすと考えられるからである．証券市場とりわけ株式市場は，企業が資金を調達する場所であり，その結果，経済全体の資本蓄積の分野，量に影響を与えるところである．そのため，株式市場をはじめとする証券市場の拡充は，経済の発展にとって不可欠である．

　証券市場の拡充のためには，株式などのリスク資産（証券）に対する一般投資家の需要の増加が決定的である．一般投資家の需要が大きくなるかどうかは，一般投資家からみた証券市場の質や，質を反映した印象にかかっているといえる．一般投資家が，株式市場などの証券市場の公正性が低いと考え，証券市場についての印象が悪ければ，一般投資家は，証券市場に参加しないであろうし，その場合には，株式などのリスク資産に対する需要が小さくなってしまう．

　KHPS では，調査参加者に，自分の世帯が，株式などのリスク資産を保有しているかどうかをたずねている[3]．また，株式市場を含む証券市場についての印象をたずねる質問を行っている．本章では，これらを順番にみることによって，日本の証券市場の質を，一般投資家あるいは一般消費者の視点から分析した．

　分析の結果，ほとんどの世帯は，分析の期間中，リスク資産を保有したことがなく，証券市場は，身近なものではないことがわかった（3節）．自分の世帯がリスク資産を保有していないと回答した人に，その理由をたずねたところ，投資が難しいと思っている人が多いことがわかった（4節）．また，調査参加者に，証券市場についての印象をたずねたところ，世帯のリスク資産保有にかかわらず，大損をする可能性がある，と考えている人が多いことがわかった（5,

6節）．さらに，個別の資産について，人々がどれくらい危険と考えているかについても考察したところ，人々は，株式や株式投資信託の危険度が，郵便貯金や銀行預金の危険度よりも，高いと考えていることがわかった（7節）．

以上の分析から，調査参加者の多くは，証券市場で取引されている株式や株式投資信託は危険で，投資は難しく，証券市場に参加すれば，大損をする可能性があると考えていることがわかった．このことは，日本の証券市場の公正性が低いことを意味している．証券市場の公正性が低いことは，KHPS の「インサイダー取引などの違法行為が蔓延している」や「企業業績に関する情報開示が進んでいない」という意見に対する質問からも明らかになった（5, 6節）．世帯がリスク資産を保有しているかどうかで，回答に差があったものの，多くの人がこれらの意見に対する質問に，肯定的な回答をしている．

本章では，追加の分析として，世帯がリスク資産を持っていることの影響を分析した．とくに，リスク資産の保有が，将来の投資や生活についての考えに違いを生むかどうかを検討した．その結果，世帯のリスク資産保有は，将来の投資や生活についての考えに影響を与えることが示された．

具体的には，将来のインフレを考慮する際に，有利な投資先をたずねたところ，自分の世帯がリスク資産を持っている人は，株式や株式投資信託を有利と考えているが，持っていない人は，郵便貯金や銀行預金を有利と考えていることがわかった（8節）．また，世帯のリスク資産保有は，人々の老後の生活についての考えにも影響を与えることが示された（9節）．とくに，自分の世帯がリスク資産を持っていない人は，持っている人よりも，十分な年金がもらえないと思い，定年退職後の生活に必要な所得や資産も十分でないと考えていることがわかった．つまり，自分の世帯がリスク資産を保有していない人は，将来の生活についての考えが悲観的になっている．証券市場の質を改善し，より多くの人々が証券市場に参加するようになれば，社会全体として，人々の将来の生活についての考えが，改善する可能性がある[4]．

証券市場の質についての，より詳しい研究として，Yano and Komatsubara (2014) がある．この研究は，インターネット調査を実施し，集められたデータをもとに，日本とアメリカの証券市場の質を，効率性と公正性の視点から比較している．分析の結果，日本の証券市場の質は，効率性，公正性両方の視点

からみて，アメリカの証券市場の質よりも低いことが示されている．

本研究とは異なる立場からの，証券投資についての詳細な調査として，日本証券業協会が行っている「証券投資に関する全国調査」や「証券投資についてのアンケート」がある．また，日本の証券市場についての詳細な解説として，日本経済研究所（2014）がある．

2．KHPS の調査参加者

本節では，「慶應義塾家計パネル調査」（KHPS）に参加している人々について，簡単に整理する．KHPS では，毎年同じ人に，調査を行っている．1月に調査票を配布し，調査参加者が回答を記入するのは2月である．調査は，重要と考えられる毎年同じ質問と，年ごとに新しくなる質問からなる．

KHPS には，毎年，同じ人数の人が，参加をするとは限らない．とりわけ，パネルデータの一般的な特徴として，年々，調査参加者の数は減少することがあげられる．これは，調査へ新しく参加を求めるのは，数年に一度であるにもかかわらず，諸事情により参加しなくなる人は，毎年少しずついるからである．本章で使用する 2012 年から 2014 年では，調査参加者の追加はなく，人数は減り続けた．

図 1-1 は，男女別の調査参加者数の変化である．2012 年には，3,877 人であった参加者が，2013 年には，3,568 人，2014 年には，3,312 人になっている．

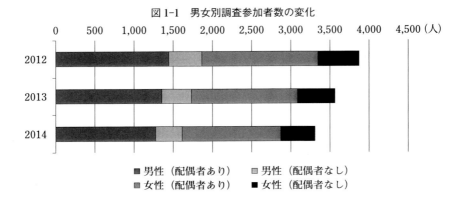

図 1-1　男女別調査参加者数の変化

図 1-2 調査参加者の年齢分布（2014 年）

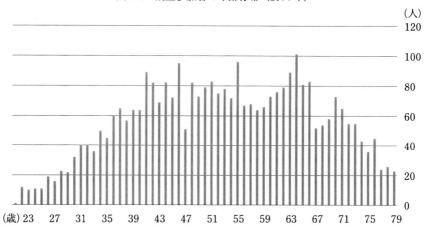

また，どの年においても，配偶者のいる参加者のほうが，そうでない参加者よりも多いことがわかる[5]．ただし，ある年に調査に参加した人でも，すべての質問に回答するとは限らない．そのため，それぞれの質問で，回答者の人数は，調査参加者の人数と近いが，まったく同じとは限らない．

次に，調査参加者の年齢の分布をみる．毎年，参加者の人数は，ほぼ同じなので，2014 年の調査参加者に注目して，2013 年 12 月 31 日現在の年齢をグラフに描いた（図 1-2）．この時点での，最低の年齢は 21 歳，最高の年齢は 79 歳である．参加者の中で，もっとも多かったのが，64 歳（101 人）である．その次に多かったのが，55 歳（96 人），46 歳（95 人）であった（これらの年齢の人々のみが 90 人以上である）．

3. 世帯のリスク資産保有

KHPS では，各世帯が，株式などのリスク資産を保有しているかどうかについて，以下のような質問を行っている．「あなたの世帯は，預貯金以外に，株式，債券，外貨建ての資産など，リスクを伴う金融資産を持っていますか．」回答は，「持っている」と「持っていない」から選ぶことになっている．この

表 1-1　世帯のリスク資産保有の変化

2012 年	2013 年	2014 年	人数（割合）
持っていない	持っていない	持っていない	2229(69%)
持っている	持っている	持っている	558(17%)
持っていない	持っていない	持っている	95(3%)
持っている	持っていない	持っていない	87(3%)
持っていない	持っている	持っている	84(3%)
持っている	持っていない	持っている	65(2%)
持っていない	持っている	持っていない	64(2%)
持っている	持っている	持っていない	60(2%)

結果，ほとんどの世帯は，リスク資産を持ったことがなく，証券市場は，身近なものではないことがわかった．

　表 1-1 は，各世帯がリスク資産を保有しているかどうかを，まとめたものである．KHPS では，2012 年から 2014 年まで，同一の人物に質問をしているので，毎年の各世帯のリスク資産保有の変化をみることができる．この表では，3 年間すべてで回答した人に注目している．この人数は，3,242 人である．各行の数字は，その行の条件にあてはまる回答者の人数を表している．かっこの中の数字は，その行の人数の割合である．

　表 1-1 が示している結果は，以下のとおりである．一番多いのは，自分の世帯が 3 年間ともリスク資産を持っていなかったと回答した人であり，人数は 2,229 人，割合は 69% である．つまり，全体の約 7 割の世帯は，一度もリスク資産を持っていなかったことになる．次に，自分の世帯が，3 年間すべてでリスク資産を保有していたと回答した人は，558 人であり，割合は 17% である．つまり，絶えずリスク資産を持っていた世帯は，全体の約 2 割である．残りの合計は，455 人で，割合は 14% である．これらの人は，3 年間で，自分の世帯のリスク資産保有に，何らかの変化があったと回答をした人である．

　まとめると，大多数の人にとって，リスク資産保有の変化は，起きなかったといえる．とくに，全体の 7 割程度の世帯にとっては，株式などのリスク資産は一度も保有されなかったので，大多数の人にとって，証券市場は身近なものではないことがわかる．

4. リスク資産を保有しない理由

　多くの世帯がリスク資産を保有せず，証券市場に参加していないことを，前節では指摘した．本節では，この理由を分析する．分析の結果，投資が難しいと思っている人が多いことがわかった．

　KHPSでは，前節の質問で，自分の世帯がリスク資産を保有していないと回答した人に，「あなたの世帯が，リスクを伴う金融資産をお持ちでない理由は，何ですか．」とたずねている[6]．この質問では，リスク資産を保有していない理由として，「投資が難しいと思う」，「金銭的な余裕がない」，「もうからないと思う」，「時間的な余裕がない」の4つを考えた．それぞれの理由について，あてはまる程度を，①あてはまる，②まあまああてはまる，③どちらともいえない，④あまりあてはまらない，⑤あてはまらない，の中から1つ選んでもらった．

　図1-3は，上の4つの理由についての結果を示している．それぞれの年ごとの分析の結果，毎年の①から⑤の分布は，大きく変化しなかった．そのため，図1-3は，3年間の平均値を示している．図が示しているように，我々が考えた4つの理由のそれぞれについて，おおむね肯定的な回答が得られた．とくに「投資が難しいと思う」は，「あてはまる」と「まあまああてはまる」の合計の

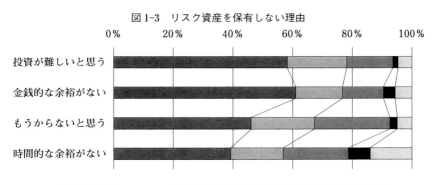

図1-3　リスク資産を保有しない理由

割合がおおよそ8割に達し，一番多い．一方で，「時間的な余裕がない」は，合計の割合が6割未満で，ほかの選択肢よりも少ない．時間的な問題よりも，投資の難しさが問題になっていることがわかる．

5. 証券市場についての印象

前節では，自分の世帯がリスク資産を持っていない人は，投資が難しいと思っていることを指摘したが，このことは，証券市場についての印象と関係しているかもしれない．本節では，証券市場についての印象を考察し，人々は，日本の証券市場の公正性が低いと考えていることを明らかにした[7]．

KHPS では，証券市場について，「あなたの証券市場に対する印象をおたずねします．」という質問で，次のような意見に同意できるかどうかをたずねた．「大損をする可能性がある」，「確実なもうけが出せない」，「インサイダー取引などの違法行為が蔓延している」，「企業業績に関する情報開示が進んでいない」．これらのそれぞれについて，あてはまる程度を，①そう思う，②まあまあそう思う，③どちらともいえない，④あまりそう思わない，⑤そう思わない，の中から1つ選んでもらった．

証券市場についての印象は，世帯がリスク資産を持っているかどうかによって，変化する可能性がある．そのため，本節では，回答者の世帯がリスク資産を持っていると，回答者の証券市場についての印象が，どの程度変化するかについても注目する．

分析の結果，世帯のリスク資産保有にかかわらず，大損をする可能性がある，と考えている人が多いことがわかった．また，世帯のリスク資産保有は，確実なもうけが出せない，インサイダー取引などの違法行為が蔓延している，企業業績に関する情報開示が進んでいない，という印象に影響を与えることがわかった．

図1-4 から図1-7 は，証券市場についての印象をまとめている．それぞれの図は，回答者全体についての結果と，（3節の質問で）自分の世帯がリスク資産を保有していると回答した人，保有していないと回答した人に限った結果を示している[8]．すべて，3年間の平均値が示されている．

第1章　KHPSでみる日本の証券市場の質

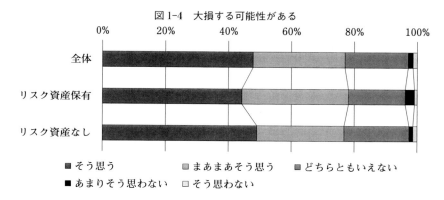

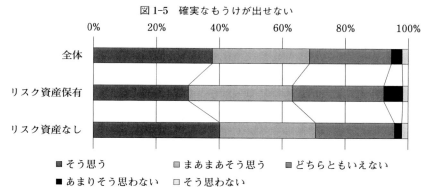

図1-4は,「大損をする可能性がある」の結果をまとめたものである．この図からは,まず,「そう思う」と「まあまあそう思う」の合計が8割近くあり,大損をする可能性があると,多くの回答者が考えていることがわかる．また,世帯のリスク資産保有は,あまり結果に影響しないことがわかる．リスク資産を持っていると,「そう思う」と考えている人の割合は減少するが,「まあまあそう思う」と考えている人の割合は増加するからである．つまり,世帯のリスク資産保有にかかわらず,大損をする可能性がある,と考えている人が多いことがわかった．

図1-5は,「確実なもうけが出せない」についての結果をまとめている．この図では,「そう思う」と「まあまあそう思う」の合計が6割以上と多く,回

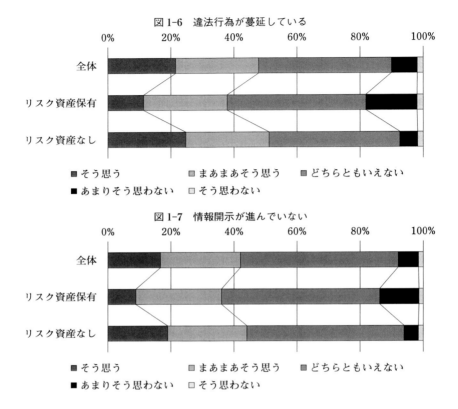

答者は，これらの意見に同意をしていることがわかる．ただし，世帯のリスク資産保有は，これらの意見に対する同意を，弱めることがわかる．

図1-6と図1-7は，「インサイダー取引などの違法行為が蔓延している」と「企業業績に関する情報開示が進んでいない」についての結果をまとめたものである．これらの図からわかることは，2つある．まず，「どちらともいえない」が最も多く，回答者は，判断を決めかねていることがわかる．この結果は，前の2つの結果とは異なる．前の2つは，身近な印象を聞いているのに対して，後の2つは，市場全体についての印象をたずねているからかもしれない．次に，世帯のリスク資産保有は，後の2つの印象に対する同意を，弱めることがわかる．つまり，リスク資産を持っていると，「インサイダー取引など

の違法行為が蔓延している」と思わなくなり，「企業業績に関する情報開示が進んでいない」と思わなくなる．しかし，自分の世帯がリスク資産を保有している人であっても，「そう思う」と「まあまあそう思う」の合計は３割以上であり，「そう思わない」と「あまりそう思わない」の合計よりも多い．

証券市場の印象についての４つの質問をみると，自分の世帯がリスク資産を保有しているかどうかで，回答に差があったものの，多くの人がこれらの質問に肯定的な回答をしている．すなわち，証券市場に参加すれば，大損をする可能性があり，確実なもうけが出せないと考えている．また，インサイダー取引などの違法行為が蔓延し，企業業績に関する情報開示が進んでいない，と考えていることもわかった．これらは，人々が，日本の証券市場の公正性が低いと考えていることを意味している．

6. 資産運用者の証券市場についての印象

前節では，世帯のリスク資産保有が，その世帯に属する回答者の印象に，どのような影響を与えているか分析した．しかし，世帯のリスク資産保有は，回答者本人が決めているとは限らない．そのため，世帯のリスク資産保有は，回答者の印象を反映したものではなく，同一世帯の別の人の印象を反映している可能性がある．本節では，この点を厳密にみるため，自分の世帯の金融資産を運用している回答者に限って，彼らの証券市場についての印象を分析した．分析の結果，前節と同様の結果が得られた．

分析では，以下の質問を使って，世帯のなかで誰が金融資産の運用をしているかをたずねた．「あなたの世帯で，金融資産（銀行預金，債券，株式，投資信託など）の運用をされているのは，次のうちどなたでしょうか．」回答者は，３つの選択肢，①あなたご本人，②あなたの配偶者，③その他，の中から，あてはまるものすべてを選ぶことができる．この金融資産の運用についての質問は，2014年だけに行われた．

この質問で，「あなたご本人」を選んだ人に注目する（人数は2,005人）．これらの人は，自分の世帯の金融資産を運用している人である．これらの人の中で，自分の世帯がリスク資産を持っていると（３節の質問に）回答した人は，

表 1-2　資産運用者の「大損をする可能性がある」の分布

	全体	リスク資産保有	リスク資産なし
そう思う	1,035 (52%)	240 (12%)	795 (40%)
まあまあそう思う	574 (29%)	176 (9%)	398 (20%)
どちらともいえない	317 (16%)	103 (5%)	214 (11%)
あまりそう思わない	41 (2%)	26 (1%)	15 (1%)
そう思わない	17 (1%)	4 (0%)	13 (1%)
合計	1,984 (100%)	549 (28%)	1,435 (72%)

表 1-3　資産運用者の「確実なもうけが出せない」の分布

	全体	リスク資産保有	リスク資産なし
そう思う	81 (41%)	162 (8%)	655 (33%)
まあまあそう思う	597 (30%)	154 (8%)	443 (22%)
どちらともいえない	460 (23%)	178 (9%)	282 (14%)
あまりそう思わない	83 (4%)	47 (2%)	36 (2%)
そう思わない	31 (2%)	10 (1%)	21 (1%)
合計	1,988 (100%)	551 (28%)	1,437 (72%)

自分の意志で，リスク資産を保有している人であり，持っていないと回答した人は，自分の意志で，リスク資産を保有していない人である．自分の世帯の金融資産を運用していると回答した人のうち，自分の世帯がリスク資産を持っていると回答した人は，555 人，持っていないと回答した人は，1,447 人であった．なお，リスク資産保有の質問に回答しない人がいるので，合計は 2,005 人ではない．また，以下では，すべての人が，証券市場についての質問に回答をしているとは限らない．そのため，それぞれの質問で，回答者の合計の人数は，少しずつ異なる．

　表 1-2 は，資産運用者の「大損をする可能性がある」についての回答をまとめている．この表からわかることは，リスク資産を保有せず，「そう思う」や「まあまあそう思う」と思っている人が，全体の 6 割と大変多いことである．つまり，証券市場についての危険性の認識が，参加していないことと強い関係があることがわかる．表 1-3 は，資産運用者の「確実なもうけが出せない」についての回答である．表 1-2 と比較すると，「そう思う」という回答が減っており，「どちらともいえない」が増えている．しかし，全体の傾向は，それほど変わっていないことがわかる．

第 1 章　KHPS でみる日本の証券市場の質　　23

表 1-4　資産運用者の「違法行為が蔓延している」の分布

	全体	リスク資産保有	リスク資産なし
そう思う	468（24%）	64（3%）	404（20%）
まあまあそう思う	497（25%）	123（6%）	374（19%）
どちらともいえない	782（40%）	248（13%）	534（27%）
あまりそう思わない	193（10%）	98（5%）	95（5%）
そう思わない	38（2%）	15（1%）	23（1%）
合計	1,978（100%）	548（28%）	1,430（72%）

表 1-5　資産運用者の「情報開示が進んでいない」の分布

	全体	リスク資産保有	リスク資産なし
そう思う	321（16%）	42（2%）	279（14%）
まあまあそう思う	509（26%）	131（7%）	378（19%）
どちらともいえない	946（48%）	283（14%）	663（34%）
あまりそう思わない	169（9%）	82（4%）	87（4%）
そう思わない	32（2%）	13（1%）	19（1%）
合計	1,977（100%）	551（28%）	1,426（72%）

　表 1-4 は，資産運用者の「違法行為が蔓延している」についての回答である．リスク資産の保有に関係なく，「どちらともいえない」が多く，回答者は，判断を決めかねていることがわかる．その一方で，「そう思わない」という判断をしている人は少なく，証券市場が公正であると考えている人は少ない．表 1-5 は，資産運用者の「情報開示が進んでいない」についての回答である．表 1-4 と，ほぼ同様の結果が得られた．

　本節の結果は，前節の図 1-4 から図 1-7 の結果と，それほど違わないことがわかる．前節の分析では，個人の証券市場の印象と世帯のリスク資産保有との関係を検討したが，そこでの結果は，個人の証券市場の印象と個人のリスク資産保有との関係に，近いことを意味している．

7.　資産についての印象

　5 節と 6 節では，証券市場についての印象を分析した．それらの節では，人々が，証券市場では，大損をする可能性があると考えていることを指摘した．この分析と関連して，本節では，人々が，それぞれの資産を，どれくらい

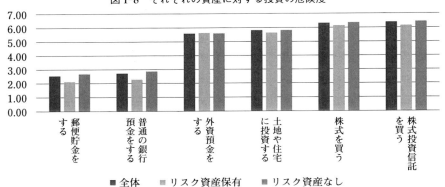

図1-8 それぞれの資産に対する投資の危険度

危険と考えているかについて考察する．分析の結果，人々は，株式や株式投資信託の危険度が，郵便貯金や銀行預金よりも，かなり高いと考えていることがわかった．

KHPSでは，それぞれの資産に対する投資の危険度を見るために，次のような質問を行っている．「一般的に，馬券や宝くじを買うのは，危険な投資と考えられています．一方，タンス預金は比較的安全な投資と考えられます．タンス預金の危険性を0として，馬券や宝くじの危険性を10とすると，次のような投資の危険性は，どの程度だと思いますか．」ここで考えている投資は，次の6種類である．「郵便貯金をする」，「普通の銀行預金をする」，「外貨預金をする」，「土地や住宅に投資する」，「株式を買う」，「株式投資信託を買う」．これらのそれぞれについて，危険性を0から10の数字の中から1つ選んでもらった．この質問は，2013年だけに行われた．

図1-8は，それぞれの投資に対する危険度を，回答者全員，自分の世帯がリスク資産を保有していると回答した人，保有していないと回答した人，のそれぞれについて，平均値を計算して，まとめたものである．この図からは，3つのことがわかる．第1に，人々は，株式と株式投資信託は，危険性が高いと考えている．この結果は，世帯のリスク資産保有にかかわらず，成立する．第2に，人々は，郵便貯金と銀行預金は，危険性が低いと考えていることがわかる．これらの危険度は，株式や株式投資信託の危険度の半分程度である．最後

第 1 章　KHPS でみる日本の証券市場の質　　25

に，世帯のリスク資産保有は，郵便貯金と銀行預金の危険度を下げることがわかる．また，株式と株式投資信託の危険度も，世帯のリスク資産保有によって，下がることがわかる．世帯がリスク資産を持っていると，安全とされる郵便貯金や銀行預金の危険度も下がることは興味深い．

8. 資産とインフレの関係

前節では，それぞれの資産に対する投資の危険性を分析した．本節では，前節の分析を補完し，人々の投資についての考えを別の観点から把握するため，資産とインフレの関係に注目して，分析を行う．とくに，インフレに備えた投資先として，人々が，どのような資産を有利と考えているかを分析した．分析の結果，世帯がリスク資産を持っているかどうかで，回答が大きく変化することがわかった．

資産とインフレの関係を分析するため，以下のような質問を行った．「今後日本はインフレになると予測する人が多くなってきていますが，その場合，あなたは，どのような貯蓄や投資が有利だと思いますか．」選ぶことができる資産の種類は，以前と同じ 6 種類である．「郵便貯金をする」，「普通の銀行預金をする」，「外貨預金をする」，「土地や住宅に投資する」，「株式を買う」，「株式投資信託を買う」．これらのそれぞれについて，①有利，②やや有利，③ふつう，④あまり有利ではない，⑤有利でない，の中から，最もあてはまる選択肢 1 つを選んでもらった．この質問は，2013 年と 2014 年に行われたので，分析では，2 年間の回答の平均値に注目している．

図 1-9 は，それぞれの選択肢を選んだ人が，どれくらいの割合かを示している．この図からは，2 つの結果がわかる．第 1 に，郵便貯金や銀行預金が，インフレに対して有利でないと考えている人は少ない．この結果は，一般的に信じられているのとは逆の結果になった．ただし，これらの資産が有利と考えている人は，それほど多くはない．第 2 に，土地，住宅，株式，外貨預金，株式投資信託は，インフレに対して，有利でない，あまり有利でない，という人は，合計で 4 割以上になり，非常に多い．この結果も，一般的に信じられているのとは逆である．

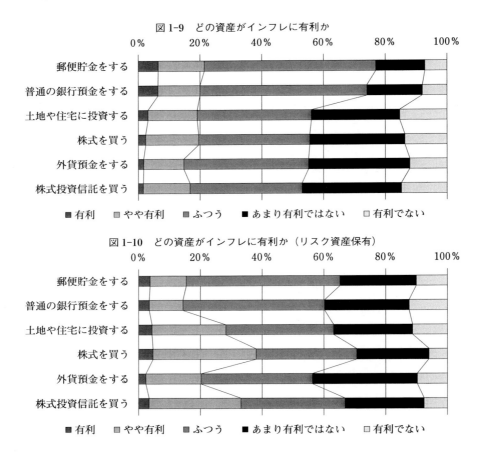

　以上の結果は，世帯のリスク資産保有と関係があるのであろうか．次に，この点に注目してみる．図 1-10 は，自分の世帯がリスク資産を持っていると回答した人に限って，結果をまとめている．図 1-10 では，図 1-9 と比べて，株式や株式投資信託が「やや有利」という回答が，非常に増えていることがわかる．とくに，「有利」と「やや有利」の合計は，株式が最も多くなっている．その一方で，郵便貯金や銀行預金が「有利でない」や「あまり有利でない」という回答は増加している．世帯のリスク資産保有は，資産についての考えを変えることが示された．一方，図 1-11 は，自分の世帯がリスク資産を保有して

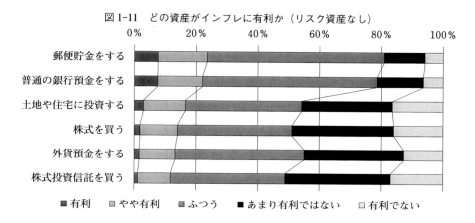

図1-11 どの資産がインフレに有利か（リスク資産なし）

いないと回答した人に限った結果を示している．図1-9と同様に，郵便貯金や銀行預金が，インフレに対して有利でないと考えている人は，少ないことがわかる．

以上の分析から，世帯がリスク資産を持っているかどうかによって，資産についての考えが，大きく異なっていることが示された．とくに，自分の世帯がリスク資産を持っている人は，株式や株式投資信託を有利と考えているが，持っていない人は，必ずしもそう考えていないことがわかった．

9. 老後の年金と資産についての考え

最後に，人々の，老後の年金と資産についての考えを分析する．とくに，世帯のリスク資産保有が，老後の年金への期待や，老後のための資産形成と，どのように関係しているかに注目する．分析の結果，自分の世帯がリスク資産を持っていない人は，持っている人よりも，十分な年金がもらえないと思い，定年退職後の生活に必要な所得や資産も，十分でないと考えていることがわかった．自分の世帯がリスク資産を保有していない人は，将来の生活についての考えが悲観的になっているといえる．

まず，老後の年金について，以下の質問を行った．「あなたは，老後の生活に十分な年金をもらえると思いますか．あるいは，現在十分な年金をもらって

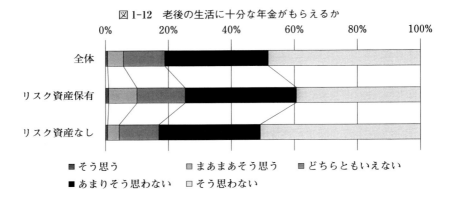

図 1-12 老後の生活に十分な年金がもらえるか

いると思いますか.」選択肢として,次の5つを考え,最もあてはまるもの1つを選んでもらった.①そう思う,②まあまあそう思う,③どちらともいえない,④あまりそう思わない,⑤そう思わない.この質問は,2012年から2014年までの3年間に行われた.分析の結果,回答割合の,それぞれの年ごとの違いは大きくなかったので,3年間の平均値に注目する.

図 1-12は,回答者全体と,自分の世帯がリスク資産を保有していると回答した人,保有していないと回答した人の,年金への期待をまとめている.この図で,「そう思わない」という選択肢(老後の生活に十分な年金をもらえない,あるいは,十分な年金をもらっていない)に注目してみると,リスク資産を保有している場合とそうでない場合で,年金への期待が,大きく異なることがわかる.とくに,自分の世帯がリスク資産を持っていない人は,持っている人よりも,十分な年金がもらえないと思う割合が高い.この結果は興味深い.ふつうは,年金に期待しないから,リスク資産をもつという関係を予想するが,この結果は,ちょうど逆になっている.

次に,定年後の所得や資産について,以下の質問を行った.「あなたは,定年退職後の期間を問題なく生活していくために十分な所得や資産を持っていると思いますか.」選択肢として,上と同様に,5つ(①そう思う,②まあまあそう思う,③どちらともいえない,④あまりそう思わない,⑤そう思わない)を考え,最もあてはまるもの1つを選んでもらった.この質問も,2012年から2014年までの3年間に行われ,それぞれの年で回答の分布にそれほど差がなかったの

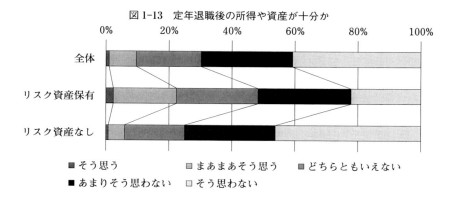

図 1-13 定年退職後の所得や資産が十分か

で，分析では 3 年間の平均値に注目している．

図 1-13 は，回答者全体と，自分の世帯がリスク資産を保有していると回答した人，保有していないと回答した人の結果を表している．この図でも，「そう思わない」という選択肢（十分な所得や資産を持っているとは思わない）に注目すると，興味深い．自分の世帯がリスク資産を持っていない人は，持っている人よりも，定年退職後の生活に必要な所得や資産が十分ではないと考えていることがわかる．株式などのリスク資産は，長期的な資産形成に有効であると，一般的にいわれているが，ここでは，その通りの結果になっている．

[注]
1) 市場の質は，矢野（2001）で導入された概念である．市場の質についての日本語の書籍としては，矢野（2005）や矢野・中澤（2015）を参照．また，市場の質についての英語論文としては，Yano（2009, 2010）や *Pacific Economic Review* の 2014 年 12 月号（序文は，Dastidar and Dei, 2014）を参照．KHPS を使った実証研究は，すでに多くなされているが，市場の質と関連してまとめられた日本語の書籍として，樋口他（2005, 2006, 2007, 2008, 2009）および瀬古他（2010, 2011, 2012, 2013）がある．
2) 証券市場の高質化に向けたルール形成は，矢野・小松原（2012）で議論されている．
3) KHPS では，3 節で示すように，リスク資産（リスクを伴う金融資産）として，株式，債券，外貨建ての資産などを考えている．

4) 証券市場，とくに株式市場への参加を決定する要因は何か，という研究は，近年，数多く行われている．本研究に近いものとして，Guiso *et al.* (2004)，Osili and Paulson (2008)，Guiso *et al.* (2008)，Christelis *et al.* (2010)，Grinblatt *et al.* (2011)，Van Rooij *et al.* (2011)，Asgharian *et al.* (2014)，Giannetti and Wang (2014) などがあげられる．

5) 2012 年：既婚男性 1,445 人，未婚男性 421 人，既婚女性 1,485 人，未婚女性 526 人．2013 年：既婚男性 1,354 人，未婚男性 380 人，既婚女性 1,357 人，未婚女性 477 人．2014 年：既婚男性 1,273 人，未婚男性 340 人，既婚女性 1,260 人，未婚女性 439 人．

6) 正確には，世帯がリスク資産を保有していない理由は，世帯の金融資産の運用者にたずねるほうがよいかもしれない．6 節で述べられている質問を使用し，世帯の金融資産の運用者に限って，同じ質問の結果を集計したところ，結果は，図 1-3 とほとんど変わらなかった．この質問は 2014 年だけに行われており，回答数が限られるため，本節では図 1-3 を考察する．

7) KHPS では，日本の証券市場と外国の証券市場を，区別して質問しているわけではない．そのため，分析結果は，必ずしも，日本の証券市場についてだけの印象を示していない可能性がある．しかし，日本の投資家が，外国の証券市場に参加することは少なく，また，外国の証券市場を意識している投資家も，少ないと考えられる．そのため，証券市場についての印象をたずねた場合，多くの人は，東証などの，日本の証券市場を念頭に回答しているとみなしても，問題ないと考える．

8) 回答者の世帯のリスク資産保有は，それぞれの年で変わる可能性がある．そのため，ある回答者の印象は，その回答者の世帯がリスク資産を保有している年には，図の「リスク資産保有」に含まれ，保有していない年には，図の「リスク資産なし」に含まれる．

［参考文献］

［1］ 瀬古美喜・照山博司・山本勲・樋口美雄・慶應-京大連携グローバル COE 編 (2010)，『日本の家計行動のダイナミズム［Ⅵ］』慶応義塾大学出版会．

［2］ 瀬古美喜・照山博司・山本勲・樋口美雄・慶應-京大連携グローバル COE 編 (2011)，『日本の家計行動のダイナミズム［Ⅶ］』慶応義塾大学出版会．

［3］ 瀬古美喜・照山博司・山本勲・樋口美雄・慶應-京大連携グローバル COE 編 (2012)，『日本の家計行動のダイナミズム［Ⅷ］』慶応義塾大学出版会．

［4］ 瀬古美喜・照山博司・山本勲・樋口美雄・慶應-京大連携グローバル COE

編（2013），『日本の家計行動のダイナミズム［Ⅸ］』慶応義塾大学出版会.

［5］ 日本証券経済研究所編（2014），『図説日本の証券市場 2014 年版』日本証券経済研究所.

［6］ 樋口美雄・慶應義塾大学経商連携 21 世紀 COE 編（2005），『日本の家計行動のダイナミズム［Ⅰ］』慶応義塾大学出版会.

［7］ 樋口美雄・慶應義塾大学経商連携 21 世紀 COE 編（2006），『日本の家計行動のダイナミズム［Ⅱ］』慶応義塾大学出版会.

［8］ 樋口美雄・瀬古美喜・慶應義塾大学経商連携 21 世紀 COE 編（2007），『日本の家計行動のダイナミズム［Ⅲ］』慶応義塾大学出版会.

［9］ 樋口美雄・瀬古美喜・慶應義塾大学経商連携 21 世紀 COE 編（2008），『日本の家計行動のダイナミズム［Ⅳ］』慶応義塾大学出版会.

［10］ 樋口美雄・瀬古美喜・照山博司・慶應−京大連携グローバル COE 編（2009），『日本の家計行動のダイナミズム［Ⅴ］』慶応義塾大学出版会.

［11］ 矢野誠（2001），『ミクロ経済学の応用』岩波書店.

［12］ 矢野誠（2005），『「質の時代」のシステム改革』岩波書店.

［13］ 矢野誠（2009），「市場の質の経済学」池田新介・市村英彦・伊藤秀史編『現代経済学の潮流 2009』東洋経済新報社，pp. 3-60.

［14］ 矢野誠・小松原崇史（2012），「証券市場と M&A 市場」青木玲子・浅子和美編著『効率と公正の経済学』ミネルヴァ書房，pp. 85-100.

［15］ 矢野誠・中澤正彦（2015），『なぜ科学が豊かさにつながらないのか？』慶応義塾大学出版会.

［16］ Asgharian, H., L., Liu, and F. Lundtofte (2014), "Institutional Quality, Trust and Stock Market Participation: Learning to Forget," Working Paper No. 2014-2, Knut Wicksell Centre for Financial Studies, Lund University.

［17］ Christelis, D., T., Jappelli, and M. Padula (2010), "Cognitive Abilities and Portfolio Choice," *European Economic Review* 54, pp. 18-38.

［18］ Dastidar, K. G., and F. Dei (2014), "Introduction to the Special Issue of *Pacific Economic Review* on Market Quality Economics," *Pacific Economic Review* 19, pp. 531-536.

［19］ Giannetti, M., and T. Y. Wang (2014), "Corporate Scandals and Household Stock Market Participation," Discussion Paper No. 9834, Centre for Economic Policy Research.

［20］ Grinblatt, M., M. Keloharju, and J. Linnainmaa (2011), "IQ and Stock Market Participation," *Journal of Finance* 66, pp. 2121-2164.

[21] Guiso, L., P. Sapienza, and L. Zingales (2004), "The Role of Social Capital in Financial Development," *American Economic Review* 94, pp. 526–556.

[22] Guiso, L., P. Sapienza, and L. Zingales (2008), "Trusting the Stock Market," *Journal of Finance* 63, pp. 2557–2600.

[23] Osili, U. O., and A. L. Paulson (2008), "Institutions and Financial Development: Evidence from International Migrants in the United States," *Review of Economics and Statistics* 90, pp. 498–517.

[24] Van Rooij, M., A. Lusardi, and R. Alessie (2011), "Financial Literacy and Stock Market Participation," *Journal of Financial Economics* 101, pp. 449–472.

[25] Yano, M. (2009), "The Foundation of Market Quality Economics," *Japanese Economic Review* 60, pp. 1–32.

[26] Yano, M. (2010), "The 2008 World Financial Crisis and Market Quality Theory," *Asian Economic Papers* 9, pp. 174–194.

[27] Yano, M., and T. Komatsubara (2014), "Participation of Ordinary Investors and Stock Market Quality: A Comparison between Japanese and US Markets," *Pacific Economic Review* 19, pp. 537–558.

第2章　日本の労働市場の質について

三好向洋

1. はじめに

　1990年代に入ってから日本経済は低迷を続けている．金他（2010）ではその日本経済の低迷を"失われた20年"と呼び，1990年以前と同率の人口一人当たり実質GDP成長率を維持できていたとするなら，日本の人口一人当たり実質GDPは，2006年には実際よりも54%高かったはずであるとしている．その停滞の原因として，金他（2010）はTFP上昇率の低迷をあげている．

　発展途上の段階では先進国で十分に実績のある技術を導入することでTFPの上昇を見込むことができるが，そうでなければ失敗する可能性のある新技術の開発に取り組まなくては，TFPの上昇は見込めない．Cowen（2011）はアメリカの経済の停滞を，手の届くところにある果実を取り切ってしまった状態になぞらえて説明している．Cowen（2011）は技術の向上は既に頭打ちになっており，イノベーションの出現率が上がらない限り経済成長は見込めないとしている．しかし，潜在成長率の要因分解を日本を含む幾つかの先進国で行った内閣府の分析でも，日本はとくに他の先進国に比較してTFP寄与度が低いことが指摘されている．

　矢野（2005）は，そのような状況の打破のためには日本の労働市場の質の向上が不可欠であるとしている．矢野（2005）のいう質の高い労働市場とは，労働者の能力が正しく評価され，適材が適所に配置されるような労働市場のことである．もはや手の届くところに果実がないのであれば，失敗する可能性のあるビジネスに労働資源が投入されるようにならなければ経済成長は見込めるはずもない．しかし，運悪く失敗した人の労働資源が再度有効に活用されず，適

所に配置されないのであればそのような失敗する可能性のあるビジネスには労働資源が投入されなくなるはずだからである.

　矢野（2005）はまた，日本の労働市場が能力が必ずしも正しく評価されず，一度失敗したら適所に配置されにくいような労働市場であることの原因を，"労働の一山買い" が行われているからではないかと推察している."労働の一山買い" とは，労働市場での取引を，八百屋などでトマトが，一山あたりの価格が付けられて売られており，一個ずつのバラ売りがめったになく，なされたとしても法外な値段での取引でしかないような状況になぞらえたものである.すなわち，日本の労働市場で一般的と考えられる，学卒時に定年退職までまとめて価格がつけられて購入され，そこから外れたものは正常な価格での取引がなされない——労働者は不当に低い価格（賃金）で取引を強いられる——という状況が存在していることがその原因であると推察しているのである.

　本章では，日本の労働市場が矢野（2005）のいう一山買いであることを示す実証研究を幾つか紹介する.1つ目は，Miyoshi (2012) による，日本の労働市場での賃金が，どの時点での景気に依存して決定しているかを分析したものである.そこでは，Beaudry and DiNardo(1991)による Implicit contract（暗黙の契約）モデルの推定が行われ，アメリカやカナダでの推定結果と比較されている.比較の結果，アメリカやカナダでは契約開始時点から現在までの最良時点での景気に賃金が最も反応しているというモデルが最もよく当てはまり，契約開始後も転職や転職を前提にした賃金契約の更新が示唆される結果が得られているのに対し，日本では，契約開始時点での景気が賃金に反応するというモデルが最も良く当てはまり，契約開始後の転職やそれを交渉上の地歩とする賃金契約の更新が示唆されないという結果が得られている.

　2つ目は退職金の決定過程を推定した，Miyoshi (2014) である.そこでは，日本において流動性の低さと，転職によって労働者の取り分が低下している可能性を検証するために，企業年金・退職金に着目し，企業年金や退職金が長期勤続を促すように設定されているかという仮説を企業年金・退職金関数を推定することで検証し，アメリカでの先行研究と比較する.そこでは日本では定年間際まで企業年金・退職金額が上昇し続け，また，自己都合に比した早期優遇の利得は定年直前に急速に減少していることが示されている.

本章の構成は以下のとおりである．2節では Miyoshi (2012) にしたがい，日本の労働市場では，一山買いから示唆されるような賃金決定過程がなされていることを示唆する実証分析の結果を紹介する．また，3節では日本の労働市場での退職金の決定過程が，定年退職まで務め上げたほうが一番得をするように設定されているかどうかを検証する実証分析の結果を紹介し，日本の労働市場で一山買いがなされている可能性が高いことを説明する．4節ではまとめと結論を紹介する．

2. 日本での賃金決定過程について

労働者は危険回避的であれば，時点ごとに変わる景気に依存して賃金が変動するのを回避するような選好を持つ．そのため，各時点の労働市場の状況に雇用条件がそれほど左右されないような保険の意味合いを持つ雇用契約を提示する企業との契約を好むはずである．

そのため，労働者の賃金はその時点の景気にはそれほど依存せず，またその意味で，労働市場が一般的に単価取引の市場ではなくても不思議ではない．しかし，それが一山買いのように，労働市場で正常な価格づけがなされなくなることを意味するわけではない．労働市場での流動性が高く，一山から外れた労働者の労働サービスを取引する市場があれば，労働者の賃金を正常な価格に近づけることができるからである．

Beaudry and DiNardo (1991) は，もし労働市場での流動性が高いのなら，契約締結後好景気になり，労働市場での需給が逼迫したら転職とその可能性を交渉上の地歩として賃金を含む雇用契約が見直される可能性を指摘し，実際の労働市場がそのような賃金決定過程かどうかを検証している．

具体的には一般的ないわゆる Mincer 型賃金関数に，次の3つの変数を説明変数として代入し推定することで検証を行っている．まず1つ目は，その時点ごとの失業率である．もし，各時点での景気に左右されないような契約が支配的ではなく，spot 市場に近いのであれば，この失業率が有意に負に賃金に影響を与えるはずである．2つめは，契約時点の失業率である．危険回避的な労働者の好むように賃金が設定されるが，労働市場での流動性が高くないのであ

れば，この失業率が有意に負に賃金に影響を与えるはずである．Beaudry and DiNardo (1991) はこの賃金決定モデルを implicit contract with costly mobility と呼んでいる．3つ目は，契約時点から賃金を得るまでの最良の失業率である．労働市場での流動性が高いのであれば，労働市場での需給が逼迫したら転職や転職を前提とする契約の更新が起こり，この失業率が賃金に有意に負の影響を与えると考えられるからである．このモデルは，Implicit Contract with costless mobility と呼ばれている．

Beaudry and DiNardo (1991) での実証分析では，アメリカの労働市場では3つめの Implicit contract with costless mobility モデルがもっとも当てはまりが良いとしている．また，McDonald and Worswick (1999) はカナダで Beaudry and DiNardo (1991) と同様の実証分析を行い，そこでも Implicit contract with costless mobility モデルがもっとも当てはまりがよいとの結果を得ている．

日本の労働市場において就職時の労働市場の逼迫度がその後永続的に影響を与えるかどうかはさまざまな研究者の関心を集めてきた．離職や正規雇用への定着度に対する就職時の失業率の影響を推定したものとして，Genda and Kurosaw (2001) や有賀 (2007)，Kondo (2007) があげられる．Genda *et al.* (2007) は Miyoshi (2012) と同様の賃金関数の推定を米国の Current Population Survey と日本の『労働力調査』を用いて行い，学校卒業後，就職時点での失業率が有意にその後の賃金に負に影響を与えるということ，その効果は学歴が低いものほど大きいことを示している．以下では，Miyoshi (2012) による日本の労働市場での Beaudry and DiNardo (1991) の検証，特に，Genda *et al.* (2007) などでなされていない，Implicit contract with costless mobility が否定されるかどうかの検証について紹介する．

推定は KHPS (慶應家計パネル調査) 2004, 2005, 2006, 2007 を用いて行われ，調査対象サンプルは，18歳から59歳までの正規雇用者と非正規雇用者である．推定の結果，男性正規雇用者では契約からその時点までの最良の失業率が賃金に負の影響を及ぼすというモデルよりも，契約時点の失業率が賃金にも就業状態にも永続的に負の影響を及ぼすというモデルの当てはまりが良かった．この結果は，Beaudry and DiNardo (1991) や McDonald and Worswick (1999) らの検証結果と対照的であり，日本では好景気になり需給状況が逼迫したとし

ても賃金契約の更新がなされないことを示唆している．そのため，矢野（2005）のいう一山買い，すなわち就職時点から定年までがまとめて企業によって購入され，そこから外れたものの市場が整備されていないことが考えられる．

3. 日本での退職金決定過程について

　この節では，前節で示された，日本の労働市場の流動性の低さが何によってもたらされているかについての実証分析を紹介する．

　Lazear（1979）は企業が賃金プロファイルの傾きを生産性プロファイルの傾きより急にすることによって，労働者を定着させ企業特殊的人的資本を蓄積させることを促すことができることを示した．勤続年数が短いうちは生産性よりも低い賃金を支払うが，賃金を生産性の上昇よりも速い速度で上昇させることによって，定年間際には若いころの損失を取り戻すに十分な賃金を労働者は受け取れるため，労働者は後払いされる賃金を受け取るために企業に定着するというものである．Mincer and Higuchi（1988）は日本の賃金プロファイルとアメリカの賃金プロファイルを比較し，日本の賃金プロファイルの傾きの急さが日本の勤続年数の長さに貢献していることを示している．

　しかし，必ずしも賃金プロファイルの傾きの急さ（と生産性とのズレ）だけが労働者に長期勤続を促すのに必要なわけではない．企業年金や退職金という形での退職後の支払いを行うことでも長期勤続を促すことは可能である．Ippolito（1991）は，企業年金や退職金があればたとえ賃金プロファイルの傾きが水平であっても労働者に長期勤続を促すことが可能であることを指摘し，アメリカでの産業別の推定でその仮説を検証している．推定の結果，賃金の傾きは離職率に影響を及ぼさず，年金制度は勤続年数を20%伸ばす効果があるとしている．

　近年，Hamaaki et al.（2010）が示しているように，日本では賃金プロファイルの傾きが平坦になりつつある．しかし，上で示したように，それは必ずしも企業が長期勤続を必要としなくなり，流動性が上昇していることを意味するとは限らない．そこで，Miyoshi（2014）による，日本で年金・退職金は勤続年数

の長さに貢献するように設定されているかの検証結果を紹介する．

そこでは，退職金＋企業年金の和を退職給付と定義したうえで Johnson (1996) の年金関数や濱秋他 (2011) の退職一時金関数と同様の退職給付関数を平成 20 年に行われた就労条件総合調査を用いて推定し，退職給付が長期勤続を促すように設定されているかを検証している．

この分野の先行研究としては Wise and Kotlikoff (1984) や清家 (1993) をあげることができる．Wise and Kotlikoff (1984) は企業のモデル年金を用い，また，清家 (1993) はモデル退職金を年齢ごとに算出し，何歳で退職するのが企業年金現在額＋退職金を最大化することになるのか，また，一年退職を延長させることでの給付額の増額を算出し，退職を一年遅らせたことによる利益の推移を見ている．

Miyoshi (2014) は，45 歳以上離職者について退職時年齢，学歴，勤続年数，退職金，年金現在価値額が徴されている平成 20 年調査就労条件総合調査を利用し，Johnson (1996) や濱秋他 (2011) と同様の退職給付関数を退職給付を被説明変数，人的資本を表す変数（年齢，経験年数，学歴など）を説明変数として，自己都合，早期優遇で影響が異なる可能性を考慮したうえで推定し，推定結果から，年齢や勤続年数などからの predicted value を各年齢ごとの期待退職給付として算出した．

推定結果からは以下のことが明らかになっている。定年間際まで期待退職給付は勤続年数とともに上昇を続けている．更に，定年直前に早期退職優遇の利得が減少している．退職給付が賃金の後払いであることと整合的であり，退職給付が勤続を促すように設定されているという仮説と整合的であった．これらはアメリカを対象に年金現在価値額が 55 歳ころからなだらかに減少することを示した Stock and Wise (1990) の結論と対照的である．Stock and Wise (1990) の結論は，年齢差別禁止法施行以来，定年の設定が違法になったため，年金制度と賃金プロファイルの傾きを組み合わせることで定年までの定着を促しつつも，生涯賃金が生涯生産性よりも高くなってしまう年齢以上の勤続を防ぐために，年金の現在価値額をある年齢以降減額するように設定されている理論的可能性を指摘した Lazear (1982) の仮説と整合的である．

4. おわりに

この章では日本の労働市場について，矢野（2005）のいうところの一山買いがなされているかどうかを検証した実証分析を 2 つ見ることによって，日本の労働市場の質について検証した．

日本の男性正規雇用者の労働市場では，Beaudry and DiNardo (1991) に従えば Implicit Contract with costly mobility モデルがもっとも当てはまりが良い．労働者は危険回避的なので時点ごとの景気に賃金が左右されないような契約を締結しているが，アメリカやカナダのように好景気時に契約が更新されることを示唆する実証分析の結果は得られていない．

このような労働市場になっている原因の 1 つとして，退職給付が定年間際まで上昇を続けるということを示唆する実証分析の結果がある．また，早期退職優遇の利得は定年間際で急に下落しているため，退職給付が労働市場の流動性を低下させていることを示唆する結果が得られている．

現在の企業に勤めている勤続年数について日米で比較した Koike (1978) や，日本，ヨーロッパ諸国，アメリカを比較した Burgess (1999) によると，いずれも男性労働者において，日本の労働者の勤続年数の長さは諸外国と比較しても長いということが示されている．また，Burgess (1999) では，年齢階層ごとに職に就いて 1 年未満の者の割合についての国際比較も行われており，その割合も男性労働者において日本の値が一番低く，45 歳以上の労働者において 3% 未満であることが示されている．Burgess (1999) によると，25 歳未満の男性労働者において職に就いて 1 年未満のものの割合は日本では 25% 程度であるのに対し，アメリカでは 52.23%，スペインでは 76.5% と大きな差があるということが示されている．

これらの研究からは，結果として学卒後一度も転職経験がない人の割合は日本が一番高いであろうということが推測される．しかし，これは諸外国において引退まで勤めあげることのできる職が少ない，あるいは存在しないということを示しているわけではない．アメリカについての研究である Hall (1982) や Ureta (1992) によると，45 歳以降のアメリカ男性労働者において，引退まで

勤め上げることのできる職についていると考えられる労働者の割合は約40%であると推計されている。アメリカの労働者は若年のうちにいくつかの転職を経験し（Hall (1982) の言葉を借りれば，"job shopping" を行い），その後に安定した職につくのである．

このような労働市場になっている原因として，さまざまな制度的な要因が挙げられよう．例えば，ポータブルな企業年金の不在であったり，退職金の所得税控除額が勤続年数に応じて上昇するといったことである．

Mincer and Higuchi (1988) を始めとするいくつかの研究は，日本の勤続年数の長さの利点として企業特殊的人的資本の蓄積を促すことを挙げており，勤続年数を徒に短くすることだけが望まれる方向ではないはずだが，しかし，雇用のミスマッチを解消するためにも，こういった制度が良いのかは再考の価値があろう．

［参考文献］

[1] 金榮慇・深尾京司・牧野達治 (2010)，「「失われた20年」の構造的原因」，Technical Report 10-P-004, RIETI Policy Discussion Paper Series.

[2] 清家篤 (1993)，『高齢化社会の労働市場』第9章，東洋経済新報社.

[3] 矢野誠 (2005)，『"質の時代" のシステム改革——良い市場とは何か？』岩波書店.

[4] 有賀健 (2007)，「新規高卒者の労働市場」，林文夫（編）『経済停滞の原因と制度』勁草書房.

[5] 濱秋純哉・堀雅博・前田佐恵子・村田啓子 (2011)，「低成長と日本的雇用慣行——年功賃金と終身雇用の補完性を巡って」，『日本労働研究雑誌』第611巻，pp. 26-37.

[6] 三好向洋 (2008)，「学卒時失業率と賃金」，樋口美雄・瀬古美喜（編）『日本の家計行動のダイナミズム（4）制度政策の変更と就業行動』慶應義塾大学出版会.

[7] Beaudry, P. and J. DiNardo (1991), "The Effect of Implicit Contracts on the Movement of Wages over the Business Cycle: Evidence from Micro Data," *Journal of Political Economy*, Vol. 99, No. 4, pp. 665-688.

[8] Burgess, S. (1999), "Reallocation of Labour: An International Comparison Using Job Tenure Data," Technical report, Centre for Economic Performance.

第2章　日本の労働市場の質について　　41

[9]　Cowen, T. (2011), *The Great Stagnation: How America Ate All the Lowe Hanging Fruit of Modern History, Got Sick, and Will (Eventually) Feel Better.* Dutton.

[10]　Genda, Y., A. Kondo, and S. Ohta (2007), "Long-term Effects of a Recession at Labor Market Entry in Japan and The United States," ISERP Working Paper 07-09.

[11]　Genda, Y. and M. Kurosawa (2001), "Transition from Scholl to Work in Japan," *Journal of the Japanese and International Economies*, Vol. 15, pp. 465-488.

[12]　Hall, R. E. (1982), "The Importance of Lifetime Jobs in the U.S. Economy," *American Economic Review*, Vol. 72, No. 4, pp. 716-724.

[13]　Hamaaki, J., M. Hori, S. Maeda, and K. Murata (2010), "Is the Japanese employment system degenerating? Evidence from the Basic Survey on Wage Structure," Technical Report No. 232, ESRI Discussion Paper Series.

[14]　Ippolito, R. A. (1991), "Encouraging Long-Term Tenure: Wage Tilt or Pensions?" *Industrial and Labor Relations Review*, Vol. 44, No. 3, pp. 520-535.

[15]　Johnson, R. W. (1996), "The Impact of Human Capital Investment on Pension Benefits," *Journal of Human Resources*, Vol. 14, No. 3, pp. 520-554.

[16]　Koike, K. (1978), "Japan's Industrial Relations: Characteritics and Problems," *Japanese Economic Studies*, Vol. 7, pp. 42-90.

[17]　Kondo, A. (2007), "Does the First Job Really Matter? State Dependency in Employment Status in Japan," *Journal of the Japanese and International Economies*, Vol. 21, pp. 379-402.

[18]　Lazear, E. P. (1979), "Why Is There Mandatory Retirement," *Journal of Political Economy*, Vol. 87, No. 6, pp. 1261-1284.

[19]　——— (1982), "Pensions as Severance Pay," Working Paper 944, National Bureau of Economic Research.

[20]　McDonald, J. T. and C. Worswick (1999), "Wages, Implicit Contracts, and the Business Cycle: Evidence from Canadian Micro Data,"*Journal of Political Economy*, Vol. 107, No. 4, pp. 884-892.

[21]　Mincer, J. and Y. Higuchi (1988), "Wage Structures and Labor Turnover in the United States and Japan,"*Journal of the Japanese and International Economies*, Vol. 2, pp. 97-133.

[22]　Miyoshi, K. (2012), "The Effects of Implicit Contracts on Wages: Evidence

from the Japanese Labor Market,"Economic Letters, Vol. 115, pp. 38–40.

[23] —— (2014), "Examining the role of Pensions and Retirement Benefit in Japan," mimeo, presented at 2014 Spring Meeting of Japan Association for Applied Economics.

[24] Stock, J. H and D. A. Wise (1990), "Pensions, the Option Value of Work, and Retirement," *Econometrica*, Vol. 58, pp. 1151–1180.

[25] Ureta, M. (1992), "The Importance of Lifetime Jobs in the U.S. Economy, Revisited," *American Economic Review*, Vol. 82, No. 1, pp. 322–335.

[26] Wise, D. A. and L. J. Kotlikoff (1984), "Labor Compensation and The Structure of Private Plans: Evidence for Contractual Versus Spot Labor Markets," Working Paper 1290, National Bureau of Economic Researche.

第3章　発展途上国における市場の質と市場インフラ

古川雄一，矢野　誠

1.　はじめに

「市場の質」は，矢野（2001, 2005）によって提唱された，市場パフォーマンスを効率性と公正性の両面から特徴づけるための，新しい概念である．過去十数年にわたり，数多くの経済学者が，国内外を問わず，市場の質概念を礎とする研究を発表してきている．とりわけ，市場の質研究が，日本経済に関する実証，政策研究に対して与えてきたインパクトは大きい．一例を挙げれば，Higuchi（2008）による日本の家計行動に関する先駆的なパネルデータ構築，それに基づく政策提言がある[1]．他方で，市場の質概念の理論的な側面を深化させた研究は，いくつかの例外を除いて，そう多くない[2]．

Yano（2009）が説明するように，市場の質はいわゆる「市場インフラ」によって支えられるものである．ここでいう「市場インフラ」とは市場を取り巻く諸要因のことで，市場が適切に機能するために必要な，すべての社会的システムやサービスのネットワークのことを指す．「市場インフラ」には，制度やルール，法律だけでなく，組織，意識，文化，モラルなども含まれる．例えば，Higuchi（2008）によれば，2007年に施行された男女雇用機会均等法の改正案は，それ自身単独では，日本の女性の雇用機会を増加させなかった．しかし，それが地域・職場コミュニティーによるサポートや家族の理解とうまくコーディネートされている場合，効率性，公正性いずれの観点からみても，適切に機能したことが分かっている．

本章ではFurukawa and Yano（2014）の研究結果に基づき，市場の質と市場インフラを公正性の観点から検討する．そのために，発展途上国（南）の知的

財産法が先進国（北）から南への技術移転に果たす役割に着目する．もし，経済学的に希少な資源がフリーライドされるならば，それは公正とは言えない．その意味において，もし北の研究開発企業の投資の産物である発明や特許が，南による模倣行為を通じてフリーライドされるとすれば，北から南への技術移転には何かしら不公正性が含まれているはずである．本章では，そのような模倣を通じた南北間の技術移転について考えることによって，南の知的財産市場の質について分析する．

　本章の結果は市場の質経済学の中心命題の1つである「法律やルールが適切に機能するためには，文化やモラルといったより基礎的，人間的な要因との適切なコーディネーションが必要不可欠である（Yano (2009)）」という主張をサポートするものである．このような結果を導出するにあたり，われわれはHelpman (1993) による動学的南北モデルを，北の研究開発企業が自社の発明を南の模倣から守るための私的防衛投資を行うと仮定することによって，拡張した．すなわち，均衡における模倣水準は，南の法的な知的財産保護の強さだけではなく北の企業による保護投資の関数となる．この設定において，われわれは南の知的財産市場の「市場の質」を，南北間の模倣による技術移転のスピードに関連づけて定義した．このような拡張された動学的南北モデルにおいて，第1に，南の知的財産保護の水準が基本的なモラルの強化とコーディネートされるとき，市場の質が効果的に高まることが示された．第2に，南のモラルが低い場合，知的財産権保護の強化は市場の質をほとんど高めない．知的財産保護が市場の高質化に与える効果は，モラルがよく発達しているほど大きくなる．

　知的財産の私的防衛投資をモデルに導入するにあたり，Dinopoulos and Syropoulos (2007) と Eicher and García-Peñalosa (2008) にしたがった．より最近の研究については，Akiyama and Furukawa (2009)，Grieben and Şener (2009)，Radhakrishnan (2011)，Akiyama, Furukawa, and Yano (2011)，および Davis and Şener (2012) などを参照せよ[3]．本章の分析は，モラルという市場インフラを明示的に導入することによって，これらの既存研究を市場の質経済学の観点から拡張したと言えるだろう．

　本章の内容は，より広い視点から知的財産保護をマクロ動学モデルの枠組み

で分析をした一連の研究群とも，関連が深い．この分野の初期の代表的研究としては，Judd (1985) が重要である．Judd は独占的競争を含む動学的一般均衡モデルにおいて，最適な特許保護期間が無限になりうることを示した．それに続く研究としては，Horowitz and Lai (1996)，Iwaisako and Futagami (2003)，Futagami and Iwaisako (2007) などがあり，いわゆる内生的成長モデル (Romer 1990) の枠組みにおいて，最適特許保護が有限になる可能性を明らかにしている．保護期間ではなく，本章の分析と同じく，模倣率に注目した研究も多くある．既に述べた Helpman (1993) に加えて，Kwan and Lai (2003)，Furukawa (2007, 2010)，Horii and Iwaisako (2007) などがそれである．本章の内容は，市場の質や市場インフラを明示的に捉えることのできるマクロ動学モデルを構築することによって，これら知的財産保護のマクロモデルの分野を，市場の質経済学の観点から再検討したものである．

次節では基本モデルの提示を行い，第3節では均衡動学を導出する．第4節において，主要な結果について解説する．

2. モデル

本節で提示される基本モデルは，Helpman モデルに市場の質の役割を明示的に導入したものである．これを説明するために，まずは Helpman モデルの基本構造を解説することから始める．

差別化された最終消費財が無数に存在する南北経済を考えよう．各財のインデックスは j で，財は閉区間 $[0, N_t]$ 上に連続的分布している．この N_t を財の数（測度）と解釈することができる．Romer (1990) に従い，イノベーションを N_t を増加させるような新たな最終消費財の開発と定義する．Helpman モデルの特徴は，イノベーションは北と呼ばれる先進国においてのみ行われる．北には完全競争的な研究開発（Research and Development, R&D）企業が無数に存在する．一方で，南と呼ばれる発展途上国は，専ら，北で開発された技術の模倣を行うものとする．財の生産は両国ともに行う．

南における知的財産市場の質を分析するために，Akiyama, Furukawa, and Yano (2011) のように，北の R&D 企業が，いわゆる私的防衛投資（private defense investment）を行うことによって，自身の開発した消費財が南によって模倣される確率に影響を与えることができると仮定する．南の政府は，自国の知的財産法の保護レベルを変えることで，この模倣確率をコントロールすることができる．下に詳しく述べるように，第三の要因として，南の知的財産市場の市場インフラも模倣確率の決定に係る．

2.1　消費と生産

　各地域において，無限期間生きる代表的消費者が存在し，毎期，$L^i (i=N, S)$ 単位の労働を非弾力的に供給する．ここで $i=N$ を北の変数，$i=S$ を南の変数をあらわすためのラベルとする．Helpman（1993）に従い，国際資本移動はなく，賃借市場は各国内において存在する．この消費者の効用関数は $U = \sum_{t=0}^{\infty} \beta^t ln\, u_t$ で与えられる．ここで，u_t は次のような財区間 $[0, N_t]$ 上で定義される，代替の弾力性一定の効用関数である：

$$u_t = \left(\int_0^{N_t} x_t(j)^{\frac{\sigma-1}{\sigma}} dj \right)^{\frac{\sigma}{\sigma-1}}. \tag{1}$$

ここで，$\sigma > 1$ は代替の弾力性である．この特定化された設定の下で，消費者が直面する静学的最適化の解として，各財 j に対する需要関数は次で与えられる．導出過程については，例えば，Grossman and Helpman（1991）を参照せよ．

$$x_t(t) = \frac{E_t(p_t(j))^{-\sigma}}{(P_t)^{1-\sigma}}. \tag{2}$$

ここで，$P_t \equiv \int_0^{N_t} p_t(j) x_t(j) dj$ は支出，$E_t \equiv \left(\int_0^{N_t} p_t(j)^{1-\sigma} dj \right)^{\frac{1}{1-\sigma}}$ は価格インデックスを表す．消費者の動学的最適化については，第3節において記述する．

　各消費財の生産について，一単位の労働から一単位の財が生産されるような，一次同次の生産技術を仮定する．北の R&D 企業が開発した財が南によって模倣されない限り，この企業は北の労働を使って，財を独占的に供給することができる．ひとたび模倣が発生すると，この財は南の企業によって完全競争

的に生産される.

2.2 イノベーション，模倣，および市場の質

　北の R&D 企業は，それぞれ，ただ 1 つの消費財を開発することができる.
具体的には，$t-1$ 期に $\frac{1}{\kappa N_{t-1}}$ 単位の北の労働を投入すると，その翌期，t 期，
において，1 単位の新しい消費財を発明することができる. Romer (1990) に
よる知識の外部性効果が仮定されている点に留意せよ. つまり，消費財の数
N_t を過去に発生したイノベーションの数であると解釈しなおすと，蓄積され
たイノベーションが多いほど，現在のイノベーションコストが低下する. この
仮定はしばしば巨人の肩効果（the standing on the shoulders of giants effect）と
呼ばれ，よく知られているように，内生的成長を生み出す源泉である. 新しい
消費財を開発した R&D 企業は，南による模倣に直面するまで，自身の発明し
た財を各国の消費者に対して独占的に供給・販売する.

　この発明がひとたび模倣されると，R&D 企業は市場支配力を喪失し，この
発明品は南で完全競争的に供給されることになる. それぞれの発明に対する模
倣は生存確率が $q_t(j)$ であるようなポアソン過程に従うものとする. つまり，t
期初においてまだ模倣されていない北の発明は，t 期において $1-q_t(j)$ の確率
で模倣されるわけである. あらゆる発明は，自然模倣率 $1-\rho$ で南の企業によ
って模倣される可能性があると仮定する.

　本章の分析と Helpman (1993) のような既存研究の本質的な違いは，均衡に
おける模倣率が自然模倣率と内生的に乖離する可能性を考慮している点にあ
る. その乖離は，北の R&D 企業による私的防衛投資，南の政府による知的財
産法の保護レベル，および南の企業のコンプライアンス水準の 3 要因によって
発生すると考える. 換言すれば，Helpman (1993) の分析においては，われわ
れが自然模倣率と呼ぶものが，すなわち均衡模倣率であり，外生的に与えられ
ていた. そうすることによって，Helpman (1993) は，成長と厚生に関する複
雑な動学分析を解析的に解ききることに成功している. 本章の主眼は，模倣率
を内生的にみることによって，市場の質と市場インフラの役割を明らかにする
ことにある. この点について，以下，詳細を説明していく.

北の R&D 企業の生存確率を次のように設定する.

$$q_t(j) = min\{\phi(z_{t-1}(j) + C_t)^\theta, \rho\}. \tag{3}$$

ここで,$z_{t-1}(j)$ は財 j を開発した R&D 企業による私的防衛投資の水準である.投資量を増やすと,生存確率が増加する.この私的防衛活動の成果は,南の知的財産法の保護水準 ϕ と南の企業のコンプライアンス意識の水準 C_t によって,より効果的になると仮定される.もし知的財産法が存在しなければ($\phi=0$),南の完全競争企業は模倣による利潤機会を確実に捉えることができ,結果,生存確率はゼロになる($q_t(j)=0$).あるいは,たとえ法律が存在しても($\phi>0$),私的防衛投資もコンプライアンスも皆無であるような場合($z_t(j)=0, C_t=0$),その法律は有効に機能せず,生存確率はゼロになると考えても良い.法律,私的防衛投資およびコンプライアンスが十分なレベルを越えると,生存率は ρ となり,模倣率は自然模倣率 $1-\rho$ で一定となる.なお,R&D 企業が $z_{t-1}(t)$ の私的防衛を行うために,$\frac{z_{t-1}(j)}{\lambda N_{t-1}}$ 単位の北の労働が必要であると仮定する.ここにも巨人の肩効果(Romer 1990)が仮定されている.

南の企業のコンプライアンス意識の決定要因は何であろうか.本章では,次の2点に注目する.1つは,南の公衆が一般に保有する基礎的なモラルである.特に,北で開発された知的財産(イノベーション)に対するモラルを ϕ とする.もう1つは,北による防衛投資エフォートの平均水準 $\int_{j \in N_{t-1}^N} z_{t-1}(j)dj/N_{t-1}$ を考える.ここで N_t^N はまだ模倣されていない財,つまり,北で生産される財の数・集合とする.つまり,北による総防衛投資が,セクターの総数 N_t と比して大きいほど,南のコンプライアンスは改善する[4].コンプライアンス水準は次の式で与えられる.

$$C_t = \frac{1}{N_{t-1}} \int_{j \in N_{t-1}^N} z_{t-1}(j)dj + \phi. \tag{4}$$

この設定において,北のイノベーションの平均的な生存率を,南の知的財産市場の質とみなすことにする.すなわち,南の市場の質は次の通り定義される.

$$Q_t = \frac{1}{N_t^N} \int_{j \in N_t^N} q_t(j) dj. \tag{5}$$

本章の主題は，南の知的財産法の保護水準 ϕ と南のモラル水準 ψ によって，均衡における市場の質 Q_t を特徴づけることである．以下，そのために必要な均衡条件を記述していく．

2.3 均衡条件

北の賃金を w_t^N で表すことにしよう．すると，北の，まだ模倣されていない財を生産する R&D 企業の独占利潤は，

$$\pi_t(j) = \max_{p_t(j), x_t(j)} \left(p_t(j) x_t(j) - w_t^N x_t(j) \right) \text{ for } j \in N_t^N \quad \text{subject to (2)} \tag{6}$$

と記述できる．(2)を見ると，市場需要の価格弾力性は一定で，$\sigma > 1$ である．したがって，各 R&D 企業 $j \in N_t^N$ は(6)の解として，独占的価格を

$$p_t(j) = \frac{\sigma w_t^N}{\sigma - 1} \equiv p_t^N \text{ for } j \in N_t^N \tag{7}$$

と設定する．また，南の賃金を w_t^S で表すことにすれば，すでに模倣された財については，南の完全競争企業によって，限界費用価格

$$p_t(j) = w_t^S \text{ for } j \in N - N_t^N \tag{8}$$

で生産される．北の R&D 企業がつける独占価格(7)が財インデックス j と独立なので，(2)と(6)より，その供給関数と利潤関数も j と独立であることを確認できる．記述を簡潔にするため，次のように表記しよう：

$$x_t(j) = x_t^N \text{ および } \pi_t(j) = \pi_t^N \text{ for } j \in N_t^N.$$

私的防衛投資の費用は $w_t^N z_t(j) / \lambda N_t$ で表される．その便益は利潤関数 π_t^N で表される．R&D 企業の期待割引現在価値は，したがって，次によって記述される．

$$V_t(j) = \max_{z_t(j) \geq 0 : \text{ subject to (3)}} \sum_{\tau=t}^{\infty} \left(\sum_{s=t+1}^{\tau} \frac{q_s(j)}{1+r_{s-1}} \right) \left(\pi_\tau^N - \frac{w_\tau^N z_\tau(j)}{\lambda N_\tau} \right). \tag{9}$$

この動学的最適化問題の分析は，本章の主眼に係るもので，第3節において詳細に行うことにする．北の R&D 市場への自由参入を仮定すると，均衡において，イノベーション投資から得られる価値である $V_t(j)$ とイノベーションのコスト（参入コスト）が等しくなっていなくてはいけない．すなわち，

$$\frac{V_t(j)}{1+r_{t-1}} = \frac{w_{t-1}^N}{\kappa N_{t-1}}. \tag{10}$$

この式の左辺は，$t-1$ 期におけるイノベーションの期待割引現在価値で，右辺は単位費用である．最後に，次の労働市場の需給均衡条件によってモデルは閉じられる．

$$L^N = \int_{j \in N_t^N} x_t(j) + \frac{z_t(j)}{\lambda N_t} dj + \frac{N_{t+1} - N_t}{\kappa N_t}. \tag{11}$$

3. 市場の質と均衡動学

本節で，前節の均衡条件を使って，南の知的財産市場の「市場の質」と技術進歩率のようなマクロ経済変数の均衡動学を導出し，特徴づける．

まず，(9)式から次のベルマン方程式を得る．

$$V_t(j) = \max_{z_t(j) : \text{ subject to (3)}} \left\{ \left(\pi_t^N - \frac{w_t^N z_t(j)}{\lambda N_t} \right) + \frac{q_{t+1}(j)}{1+r_t} V_{t+1}(j) \right\} \tag{12}$$

また，北の消費者による支出額を E_t^N で書くとすると，消費と貯蓄に関する動学的最適化問題の解は，次の標準的なオイラー方程式によって与えられる．

$$\frac{E_{t+1}^N}{E_t^N} = \beta(1+r_t). \tag{13}$$

第3章 発展途上国における市場の質と市場インフラ

Helpman（1993）に従って，南北間の（金融）資本移動は存在しないと仮定する．このとき，貿易収支は常に均衡していなくてはならない．したがって，生産と支出は均衡し，すべての t について，$E_t^N = p_t^N N_t^N x_t^N$ が成立する．この条件を使って，ベルマン方程式(12)を，より分析しやすい形に書き直す．(12)を解くことによって，容易に確認することができるように，最適な私的防衛投資を $z_t(j) \equiv z_t$，それに対応する最適化された企業の生存確率を $q_{t+1}(j) = q_{t+1}$ と書くことができる．したがって，均衡においては，$V_t(j) \equiv V_t$ となる．(6)，(7)，(10)および(13)を(12)に代入することで，次式を得る．（詳しい導出過程については，補論を参照せよ．）

$$\frac{N_t V_t}{E_t^N} = \frac{1}{\sigma h_t} - \frac{\beta \kappa}{\lambda} \frac{z_t}{1+g_t} \frac{N_{t+1} V_{t+1}}{E_{t+1}^N} + \frac{\beta q_{t+1}}{1+g_t} \frac{N_{t+1} V_{t+1}}{E_{t+1}^N}. \tag{14}$$

ここで $g_t \equiv (N_{t+1} - N_t)/N_t$ は技術進歩率を，$h_t \equiv N_t^N/N_t$ は北で生産される財の割合を表している[5]．この式はイノベーションの総価値と北の支出額の比率を表す $N_t V_t / E_t^N$ の均衡における動学的な挙動を記述する定差方程式とみることができる．さらに，労働市場の需給均衡条件(11)より，次を得ることができる．（証明は補論を参照せよ．）

$$\frac{V_{t+1} N_{t+1}}{E_{t+1}^N} = \frac{\frac{\sigma-1}{\beta \sigma \kappa}(1+g_t)}{L^N - \frac{1}{\kappa} g_t - \frac{z_t h_t}{\lambda}} \tag{15}$$

方程式(14)と(15)は，成長率 g_t，北で生産される財の割合 h_t，私的防衛投資 z_t，および北の企業の生存確率 q_{t+1} を含む動学方程式とみることができる．次の補題は z_t と q_{t+1} が，均衡において，g_t と h_t の関数となることを示すものである．

補題1

$R_t \equiv \dfrac{V_{t+1}/(1+r_t)}{w_t^N/(\lambda N_t)}$ と定義する．知的財産を防衛する私的投資の均衡水準，南のコンプライアンスレベルの均衡水準，北の企業の均衡生存確率は次で与えら

れる.

$$
(z_t, C_{t+1}, q_{t+1}) = \begin{cases} (0, \psi, \phi\psi^\theta) & if \ R_t < \dfrac{\psi^{1-\theta}}{\phi\theta} \\[3mm] \left(\dfrac{(\phi\theta R_t)^{\frac{1}{1-\theta}} - \psi}{1+h_t}, \dfrac{\psi + (\phi\theta R_t)^{\frac{1}{1-\theta}} h_t}{1+h_t}, \phi^{\frac{1}{1-\theta}} (\theta R_t)^{\frac{\theta}{1-\theta}} \right) & if \ \dfrac{\psi^{1-\theta}}{\phi\theta} \leq R_t \leq \dfrac{\rho^{\frac{1-\theta}{\theta}}}{\phi^{\frac{1}{\theta}}\theta} \\[3mm] \left(\dfrac{\left(\dfrac{\rho}{\phi}\right)^{\frac{1}{\theta}} - \psi}{1+h_t}, \dfrac{\psi + \left(\dfrac{\rho}{\phi}\right)^{\frac{1}{\theta}} h_t}{1+h_t}, \rho \right) & if \ \dfrac{\rho^{\frac{1-\theta}{\theta}}}{\phi^{\frac{1}{\theta}}\theta} < R_t \end{cases}
$$

$$(16)$$

証明: (12) の一階の条件と R_t の定義式より,

$$
z_t = \begin{cases} 0 & if \ R_t < \dfrac{(C_{t+1})^{1-\theta}}{\phi\theta} \\[3mm] (\phi\theta R_t)^{\frac{1}{1-\theta}} - C_{t+1} & if \ \dfrac{(C_{t+1})^{1-\theta}}{\phi\theta} \leq R_t \leq \dfrac{\rho^{\frac{1-\theta}{\theta}}}{\phi^{\frac{1}{\theta}}\theta} \\[3mm] \left(\dfrac{\rho}{\phi}\right)^{\frac{1}{\theta}} - C_{t+1} & if \ \dfrac{\rho^{\frac{1-\theta}{\theta}}}{\phi^{\frac{1}{\theta}}\theta} < R_t \end{cases}
$$

を得る. これと, (3)および(4)を (z_t, C_{t+1}, q_{t+1}) について解くと, (16)が導出される.

(10)とR_tの定義より, 均衡において $R_t = \lambda/\kappa$ が成立する. この事実と補題1より, 生存率 q_{t+1} が均衡において時間を通じて一定であることは明らかである. したがって, 均衡生存率を $q_{t+1} \equiv q$ と書ける. また, (16)から, 私的防衛投資を$z_t = z(h_t)$のように, 北で生産される財の割合の関数として記述することができる. これらの表現を使って, (14)と(15)を1つにまとめると,

$$
g_{t+1} = \kappa L^N - \frac{\kappa}{\lambda} h_{t+1} z(h_{t+1}) - \frac{\beta\left(q - \dfrac{\kappa}{\lambda} z(h_{t+1})\right)}{\dfrac{1+g_t}{\kappa L^N - g_t - \dfrac{\kappa}{\lambda} h_t z(h_t)} - \dfrac{\beta}{(\sigma-1)h_{t+1}}} \tag{17}
$$

を得る．このやや入り組んだ表現は技術進歩率 g_t の均衡動学を記述するものである．

北で生産される財の数は，北のイノベーション $(N_{t+1}-N_t)$ とともに増加し，南による模倣 $((1-q_{t+1})N_t^N)$ によって減少する $(N_{t+1}^N-N_t^N=(N_{t+1}-N_t)-(1-q_{t+1})N_t)$．これを変形すると，$N_{t+1}^N=q_{t+1}N_t^N+(N_{t+1}-N_t)$ を得る．したがって，$h_t(=N_t^N/N_t)$ の均衡動学は

$$h_{t+1} = \frac{qh_t+g_t}{1+g_t} \tag{18}$$

によって記述される．(17)と(18)はこの経済の均衡動学方程式である．

4. 市場の質と市場インフラ

この経済の均衡経路は，通常の横断性条件とともに，(17)と(18)によって完全に特徴づけることができる．しかしながら，システムの非線形によって，大域的な挙動について多くを知ることはできない．定常状態近傍での線形近似システムの固有値についてさえも，多くを得ることはむずかしい．しかし，本モデルの重要な利点は，その均衡システムの複雑さにもかかわらず，市場の質の均衡動学については極めてシンプルに記述できるという点にある．本モデルでは，市場の質 Q_t，(5)によって定義されるように，企業の均衡生存確率の産業間平均値として定義される．定義式(5)に補題1で得られた(16)とR&D市場の自由参入条件 $R_t=\lambda/\kappa$ を代入すると，次の命題を得ることができる．

定理1

任意の t について，南の知的財産市場の質 Q_t は均衡経路で時間を通じて一定で，次式で与えられる．

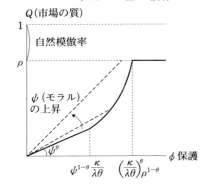
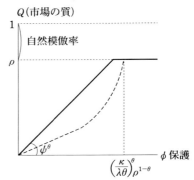

$$Q_t = \begin{cases} \phi\psi^\theta & if\ \phi < \dfrac{\kappa\phi^{1-\theta}}{\lambda\theta} \\ \phi^{\frac{1}{1-\theta}}(\theta\lambda/\kappa)^{\frac{\theta}{1-\theta}} & if\ \dfrac{\kappa\phi^{1-\theta}}{\lambda\theta} \leq \phi \leq \left(\dfrac{\kappa}{\lambda\theta}\right)^\theta \rho^{1-\theta} \\ \rho & if\ \left(\dfrac{\kappa}{\lambda\theta}\right)^\theta\rho^{1-\theta} < \phi \end{cases} \quad (19)$$

この定理から得られる最も重要なインプリケーションは，南の知的財産市場の質 Q_t は，南の知的財産法の保護 ϕ と北の発明する知的財産に対する基礎的なモラル ψ のコーディネーションに支えられているということである．もし南の知的財産法が存在しないあるいは機能していないとすると（$\phi=0$），市場の質は0となってしまう．もし，南の公衆に基礎的なモラルが欠如しているならば（$\psi=0$），市場の質を維持するためには，十分な知的財産保護水準が不可欠である．このような意味において，知的財産法と基礎的なモラルは補完的である．

図3-1 を見てみよう．これは，南における知的財産保護水準 ϕ と市場の質 Q_t の関係を描いたものである．図3-1a には基礎的なモラル（ψ）が低い場合が，図3-1b には ψ が高い場合が描かれている．この2つのグラフを比較することで，次のようなことが言える．すなわち，自然模倣率 $1-\rho$ によって規定される市場の質の上限（ρ）まで Q_t を高めるには，保護水準 ϕ を十分な水準

第3章　発展途上国における市場の質と市場インフラ　　　55

まで強める必要がある．基礎的なモラル ψ が高い市場ほど，保護強化（ϕ の増加）による市場の高質化効果（Q_t の増加）は大きく，より効率的に市場の高質化が可能である．（同時に，Q_t の上限達成に求められる保護水準 ϕ は低くなる．）これらに意味において，南における知的財産市場の質を高めるには，知的財産法の保護水準と公衆が持つ基礎的なモラルの適切なコーディネーションが必要不可欠であると言える．この結果は，市場の質経済学の中心命題の1つである「高質な市場の形成には，市場インフラとよばれる市場をとりまく諸要因の適切なコーディネーションが欠かせない」という主張をサポートするものである．最後に，本章の結果を，命題としてまとめておく．

命題 1　南の知的財産市場の質は，「南における知的財産法の保護水準」と「南の公衆が北で発明された知的財産を正当に評価するための基礎的なモラル」という2つの市場インフラの適切なコーディネーションによって決定される．

補論

(14)式の導出

　(7)，(10)および(13)を使って，貿易収支均衡式 $p_t^N N_t^N x_t^N = E_t^N$ を次のように変形することができる．

$$N_t^N x_t^N = \frac{\sigma-1}{\beta\sigma\kappa} \frac{E_t^N}{V_{t+1}N_{t+1}}(1+g_t). \tag{A1}$$

貿易収支均衡条件を再度用いて，(6)の利潤関数を，

$$\pi_t = \frac{E_t^N}{\sigma N_t^N} \tag{A2}$$

と変形する．(12)の一階の条件を求めると $z_t(j)$ が j に依存しないことが確認できるので（補題1の証明を参照せよ），$z_t(j) = z_t$，(A1)，(A2)を(12)に代入すると，(14)式を得ることができる．

(15)式の導出

労働市場の需給均衡条件(11)を次のように変形する.

$$L^N = N_t^N x_t^N + \frac{z_t h_t}{\lambda} + \frac{g_t}{\kappa}. \tag{A3}$$

これに均衡貿易条件 $p_t^N N_t^N x_t^N = E_t^N$ を代入し，(7)と(10)を使って変形すると，(15)が導出される.

(17)式の導出

(14)を(15)に代入して整理すると,

$$\frac{N_t V_t}{E_t^N} = \frac{1}{\sigma h_t} + \frac{\dfrac{\sigma-1}{\sigma\kappa}(q - \kappa z(h_t)/\lambda)}{L^N - \dfrac{1}{\kappa}g_t - \dfrac{z(h_t)h_t}{\lambda}}. \tag{A4}$$

(15)より,

$$\frac{V_t N_t}{E_t^N} = \frac{\dfrac{\sigma-1}{\beta\sigma\kappa}(1+g_{t-1})}{L^N - \dfrac{1}{\kappa}g_{t-1} - \dfrac{z(h_{t-1})h_{t-1}}{\lambda}}. \tag{A5}$$

(A5)を(A4)へ代入して，g_t について解いて，時間インデックス t を調整すると，(17)を得る.

[注]

1) 市場の高質化に関するパネルデータを用いた分析については，例えば，Miyoshi (2008) を見よ.
2) 例外的な理論研究としては，Dei (2011) や Ngienthi (2013) 等がある.
3) いわゆるブロッキング特許については，例えば，Chu (2009) を参照せよ.
4) アメリカ経済において，このような私的防衛投資は年々増加している．例え

ば，Akiyama, Furukawa, and Yano (2011) を参照せよ．

5) この g_t は定常状態において，経済成長率と等しくなる．長期的な技術進歩率と経済成長率が一対一に対応する事実は，R&D に基づく内生的成長モデルが共有する性質である．

［参考文献］

[1]　矢野誠（2001），『ミクロ経済学の応用』岩波書店．

[2]　矢野誠（2005），『質の時代のシステム改革——良い市場とは何か』岩波書店．

[3]　Akiyama, T., and Y. Furukawa (2009), "Intellectual Property Rights and Appropriability of Innovation," *Economics Letters* 103, pp. 138-141.

[4]　Akiyama, T., Y. Furukawa, and M. Yano (2011), "Private Defense of Intellectual Properties and Economic Growth," *International Journal of Development and Conflict* 1, pp. 355-364.

[5]　Chu, A. (2009), "Effcts of Blocking Patents on R&D and Consumption: A Quantitative DGA Analysis," *Journal of Economic Growth* 14, pp. 55-78.

[6]　Davis, L., and F. Şener (2012), "Private Patent Protection in the Theory of Schumpeterian growth," *European Economic Review* 56, pp. 1446-1660.

[7]　Dei, F.(2011), "Quality of Labor Markets in a Developing Country," *Review of International Economics* 19, pp. 626-633.

[8]　Dinopoulos, E., and C. Syropoulos (2007), "Rent Protection as a Barrier to Innovation and Growth," *Economic Theory* 32, pp. 309-332.

[9]　Eicher, T., and C. Garcia-Peñalosa (2008), Endogenous Strength of Intellectual Property Rights: Implications for Economic Development and Growth, *European Economic Review* 52, 237-258.

[10]　Furukawa, Y. (2007), "The Protection of Intellectual Property Rights and Endogenous Growth: Is Stronger Always Better?," *Journal of Economic Dynamics and Control* 31, pp. 3644-3670.

[11]　Furukawa, Y. (2010), "Intellectual Property Protection and Innovation: An Inverted-U Relationship," *Economics Letters* 109, pp. 99-101.

[12]　Furukawa, Y., and M. Yano (2014)," Market Quality and Market Infrastructure in the South and Technology Diffusion," *International Journal of Economic Theory* 10, pp. 139-146.

[13]　Futagami, K., and T. Iwaisako, (2007), "Dynamic Analysis of Patent Policy

in an Endogenous Growth Model," *Journal of Economic Theory* 132, pp. 306–334.

[14] Grieben, W. H., and F. Şener, (2009), "Globalization, Rent Protection Institutions, and Going Alone in Freeing Trade," *European Economic Review* 53, pp. 1042–1065.

[15] Grossman, G. M., and E. Helpman (1991), Imovation and Growth in the Global Economy, Cambridge, MA: MIT Press.

[16] Helpman, E. (1993), "Innovation, Imitation, and Intellectual Property Rights," *Econometrica* 61, pp. 1247–1280.

[17] Higuchi, Y. (2008), "Support for the Continued Employment of Women: The Effects of Labor Law Reforms and Macroeconomic Conditions," *The Japanese Economy——A Market Quality Perspective*, Chapter 5, ed., M. Yano, Tokyo: Keio University Press, pp. 79–110.

[18] Higuchi, Y., M. Kimura, and M. Naoi (2008), "Keio Household Panel Survey (KHPS): Outline and Purposes," in *The Japanese Economy——A Market Quality Perspective*, ed., Makoto Yano, Tokyo: Keio University Press, pp. pp. 21–30.

[19] Horii, R., and T. Iwaisako, (2007), "Economic Growth with Imperfect Protection of Intellectual Property Rights," *Journal of Economics* 90, pp. 45–85.

[20] Horowitz, A., and E. Lai (1996), "Patent Length and the Rate of Innovation," *International Economic Review* 37, pp. 785–801.

[21] Hosoda, E. (2008), "A New Regime for High Quality Recycling in the East Asian Region," *The Japanese Economy——A Market Quality Perspective*, Chaper 13, ed., M. Yano, Tokyo: Keio University Press, pp. 267–280.

[22] Iwaisako, T., and K. Futagami (2003), "Patent Policy in an Endogenous Growth Model," *Journal of Economics* 78, pp. 239–258.

[23] Judd, K. (1985), "On the Performance of Patents," *Econometrica* 53, pp. 567–586.

[24] Kurokawa, Y. (2009), *Jittai Bunseki, Nihon no Kaikei Shakai——Shijo no Shitsu to Kaikei no Shitsu* (in Japanese, *Case Study——the Japanese Society from the Viewpoint of Accounting*), Tokyo: Chuou Keizaisha.

[25] Kwan, Y.-K., and E. Lai, (2003), "Intellectual Property Rights Protection and Endogenous Economic Growth," *Journal of Economic Dynamics and Control* 27, pp. 853–873.

[26] Miyoshi, K. (2008), "Male-female Wage Differentials in Japan," *Japan and*

第3章　発展途上国における市場の質と市場インフラ　　59

the World Economy 20, pp. 479-496.

[27]　Ngienthi, W. (2013), "Offshoring Prompts High Quality Labor Markets," *Pacific Economic Review*, forthcoming.

[28]　Radhakrishnan, R. (2011), "Endogenous IPR Protection Expenditure and Economic Growth," *mimeo.*, Available at: home.wlu.edu/~radhakrishnanr/Paper3.pdf

[29]　Romer, P. (1990), "Endogenous Technological Change," *Journal of Political Economy* 98, S 71-S 102.

[30]　Yano, M. (2009), "The Foundation of Market Quality Economics," *Japanese Economic Review* 60, pp. 1-32.

第4章　公共資本整備と国際貿易の動学分析

柳瀬明彦

1. はじめに

　経済の生産活動を支える基盤である各種のインフラストラクチャーは，経済・社会の発展と成熟において重要な役割を担っている．従来，インフラといえば主に政府による公共事業を通じて供給される，道路，河川，鉄道，ライフライン，通信網などの物的な社会資本，いわばハードとしてのインフラが想定されてきた．しかし，日本経済の長期停滞や発展途上国における貧困問題等を考えると，経済発展や豊かさの享受のためには物的インフラのみの整備では十分ではなく，知識や人的資本の水準の向上とそれに基づく科学技術の発展，経済取引を司る制度やルールの改善・整備が不可欠である．また，矢野（2001, 2005）によって提唱された市場の質理論は，「現代経済の健全な発展成長には高質な市場が不可欠」であり，「高質な市場の形成には市場インフラの適切なデザインが必要だ」という考えに基づいているが，ここで市場インフラとは「法律，制度，組織，意識，倫理，慣習，文化など，市場を支える諸々のインフラ」として定義される（矢野, 2009）．こうした，いわばソフトとしてのインフラ整備こそが経済・社会の発展・成熟における鍵を握っているといっても過言ではない．

　物的なインフラにせよ，市場インフラにせよ，それらは時間を通じて蓄積あるいは変遷していく，いわば資本ストックの性質を持っている[1]．本章では，こうしたインフラを総称して「公共資本」と呼ぶことにする．経済のグローバル化が進んだ現代において，グローバル化を前提として公共資本の蓄積の在り方を検討することは，質の高い市場取引が達成され高い経済厚生の得られる社

会を形成するうえで，極めて重要な示唆を与えるものである．本章では，公共資本が時間を通じて蓄積されていく動学的な理論モデルの枠組みで，経済のグローバル化の形として最も基本的な形態である，財の国際貿易に関する議論を行う．

　公共資本整備と国際貿易に関する研究は，1970 年代後半から公共中間財の生産性効果を貿易モデルに導入する形で始まり，現在までに多くの研究が行われてきた．ただし，そのほとんどが静学モデルを用いたものであり，公共資本の蓄積を考慮に入れた動学モデルによる分析としては McMillan (1978) が挙げられるのみであった[2]．しかし最近になって Yanase and Tawada (2012) が McMillan モデルの再検討を行い，貿易パターンに関する新たな結果と，McMillan (1978) では議論されなかった貿易利益に関する結果を示した．物的インフラや市場インフラと国際貿易は，近年になって注目を浴びている研究トピックであるが[3]，公共中間財と貿易に関する既存研究の流れの上で位置づけることは不可欠である．その意味において，公共資本整備と国際貿易との関係を動学モデルの枠組みで考察した Yanase and Tawada (2012) および本章で紹介する関連する研究は，インフラと貿易という研究分野において他の研究に比肩する貢献を成しているといえる．

　次節ではまず，生産外部性に関する Meade (1952) の議論に基づき，公共資本を「環境創出型」と「無償生産要素型」という 2 つのタイプに分類する．3 節では，環境創出型インフラと国際貿易の動学モデルを提示し，貿易パターンや貿易利益に関する分析結果を紹介する．4 節では，無償生産要素型インフラを想定したモデルを提示し，環境創出型インフラのモデルで得られた分析結果との比較を行う．5 節では，公共資本の生産性効果が国境を越える状況を想定した，国際公共資本と貿易のモデルを提示し，分析結果を示す．6 節で，本章のまとめを行う．

2.　公共インフラの分類

　公共資本は民間部門の生産活動にプラスの影響を与えるが，民間部門にとってはそれは正の外部性として機能する．いま，n 種類の生産要素を用いて生産

第4章　公共資本整備と国際貿易の動学分析　　　　63

される，ある財を考え，その生産量 y は公共資本の水準 R にも依存すると考えると，この財の生産関数は $y = F(x_1, ..., x_n, R)$ という式で表される．ここで x_i は各生産要素の投入量であり（$i = 1, ..., n$），その水準は財を生産する企業によって内生的に決定される．以下では x_i を私的生産要素と呼ぶことにしよう．私的生産要素とは異なり，R はこの財を生産する企業にとって外生的与件であり，関数 F は R の増加関数として表現される．

Meade（1952）は，生産における外部性を2つのタイプに分類した．第1のタイプは「環境創出（creation of atmosphere）型」外部性と呼ばれるもので，公共資本がこのタイプの外部効果を持つ場合，その効果はすべて私的生産要素の価値に還元されることになる．形式的には，生産関数 F が R を除く私的生産要素投入量のみに関して一次同次性を満たす場合，公共資本は環境創出型の外部性をもたらす，と定義される．この場合，同次関数についてのオイラーの定理により

$$y = \sum_{i=1}^{n} \frac{\partial F}{\partial x_i} x_i, \tag{1}$$

$$\frac{\partial F}{\partial R} = \sum_{i=1}^{n} \frac{\partial^2 F}{\partial x_i \partial R} x_i \tag{2}$$

が成立する．(2)式が示すように，公共資本の増加による生産性の上昇は，各私的生産要素の限界生産力の上昇に完全に吸収される[4]．なお，生産関数 F は R を含めたすべての要素について収穫逓増の性質を持つが，企業は R を外生的与件として行動するので，完全競争市場の下で企業は各私的生産要素の価格がその限界生産力価値に等しくなるように要素投入量を決定し，(1)式から各企業の利潤はゼロとなる．

Meade（1952）の分類による第2のタイプの外部性は「無償生産要素（unpaid factor）型」外部性と呼ばれるもので，形式的には，生産関数 F が R と私的生産要素投入量を含めたすべての要素に関して一次同次性を満たす場合として定義される．この場合，同次関数についてのオイラーの定理により

$$y = \sum_{i=1}^{n} \frac{\partial F}{\partial x_i} x_i + \frac{\partial F}{\partial R} R \tag{3}$$

が成立する．(3)式より明らかなように，環境創出型の外部性のケースと異なり，競争的企業が利潤最大化行動を行った場合，企業は超過利潤を得ることになる．これは，公共資本が生み出すレントであると解釈されるが，私的生産要素に帰属しない「無償の生産要素」が存在することが，このタイプの外部性の特徴である．

　国際貿易理論の分野においては，McMillan (1978)，Manning and McMillan (1979)，Tawada and Abe (1984)，Abe (1990)，Altenburg (1992)，Suga and Tawada (2007) らが環境創出型インフラを想定した理論モデルにより，Tawada and Okamoto (1983) や Khan (1983) らが無償生産要素型インフラを想定した理論モデルにより，公共中間財と貿易に関する研究を行ってきた[5]．これらの先行研究に倣い，以下の節では環境創出型インフラと無償生産要素型インフラのそれぞれのタイプの公共資本について[6]，公共資本ストックの蓄積を伴う動学的貿易モデルを構築し，分析を行う．

3. 「環境創出型」インフラと貿易

3.1　モデルの設定

　McMillan (1978) および Yanase and Tawada (2012) に従い，次のような小国開放経済モデルを想定する．財1と財2という2種類の貿易財が存在し，生産要素として労働のみがこれらの財の生産に用いられると仮定する．それに加えて，公共資本による環境創出型の外部性を仮定する．したがって，各財の生産関数は

$$Y_i = A_i(R)L_i, \quad i = 1, 2 \tag{4}$$

という式で表される．ここで Y_i は財 i の生産量であり，L_i は財 i の生産に投入される労働量である．労働生産性 $A_i(R)$ は公共資本ストック R の増加関数であり，R について2回連続微分可能で以下の性質を持つと仮定する：

$$A_i(0) \geq 0, \quad A_i' > 0 > A_i'', \quad \lim_{R \to 0} A_i' = \infty, \quad \lim_{R \to \infty} A_i' = 0$$

公共資本ストックの生産弾力性は $\eta_i(R) = A_i'(R)R/A_i(R)$ で表されるが，以下の分析においては $\eta_1(R) > \eta_2(R)$ が成立する，すなわち財 1 の生産における公共資本ストックの生産性効果は財 2 のそれよりも大きいと仮定する．

公共資本ストックの時間変化 $\dot{R}$ は，以下の動学方程式に従うと仮定する：

$$\dot{R} = f(L_r) - \delta R \tag{5}$$

ここで L_r は新たなインフラ形成のための投資財生産（公共投資）に投入される労働量であり，$\delta > 0$ は公共資本ストックの減耗率である．インフラ生産関数 $f(L_r)$ は L_r について 2 回連続微分可能で以下の性質を持つと仮定する：

$$f(0) = 0, \quad f' > 0 > f'', \quad \lim_{L_r \to 0} f' = \infty, \quad \lim_{L_r \to \infty} f' = 0$$

初期時点における公共資本ストック水準を $R_0 > 0$ で表す．

この国の労働賦存量は時間を通じて一定で，L で与えられるとする．労働の完全雇用条件 $L_1 + L_2 + L_r = L$ および各財の生産関数より，この国の生産可能性フロンティアの式が以下のように導かれる：

$$\frac{Y_1}{A_1(R)} + \frac{Y_2}{A_2(R)} = L - L_r \tag{6}$$

この国の代表的消費者は 2 つの財の消費から効用を得るが，各時点における効用関数を $u(C_1, C_2) = \beta \ln C_1 + (1-\beta) \ln C_2$ で与えることにする $(0 < \beta < 1)$．財 2 をニュメレールとし，ニュメレール財で測った消費者の総支出を E で表すことにすると，効用最大化より $C_1 = \beta E/p$ および $C_2 = (1-\beta)E$ が成立する．したがって，各時点における間接効用関数は

$$V(p, E) = \ln E - \beta \ln p + B, \quad B \equiv \ln \left[\beta^\beta (1-\beta)^{1-\beta} \right] \tag{7}$$

で表される．

この経済は世界市場において小国であると仮定し，財 1 の国際相対価格 p は外生的与件と仮定する．この仮定の下で，経済厚生を最大にする労働の配分や各財の生産量および消費量の時間経路を決定する問題を考える[7]．このモデルにおいて経済厚生は，代表的消費者の生涯効用 $\int_0^\infty e^{-\rho t} V(p(t), E(t)) dt$ で定義さ

れる．ここで $\rho > 0$ は時間選好率である．したがって，ここで考察する問題は，財1の国際相対価格 p を所与として，公共資本ストックの動学方程式(5)，この経済の生産可能性フロンティア(6)，そして総生産額と総支出の均等化条件

$$pY_1 + Y_2 = E \tag{8}$$

の制約の下で，経済厚生

$$\int_0^\infty e^{-\rho t}\{\ln E(t) - \beta \ln p(t) + B\}dt \tag{9}$$

を最大にするように $\{Y_1(t), Y_2(t), E(t), L_r(t)\}_{t=0}^\infty$ を決定する問題として定式化される[8]．

3.2 動学経路と定常均衡

公共資本ストック R のシャドープライスを θ で表すことにすると，R と θ が所与のときの各時点の最適資源配分条件は以下の各式で与えられる：[9]

$$\begin{cases} Y_1 > 0 \ \& \ Y_2 = 0 \ \ \text{if} \ \ p > \dfrac{A_2(R)}{A_1(R)} \\[2mm] Y_1 = 0 \ \& \ Y_2 > 0 \ \ \text{if} \ \ p < \dfrac{A_2(R)}{A_1(R)} \end{cases}, \tag{10}$$

$$f'(L_r)(L - L_r) = \frac{1}{\theta} \tag{11}$$

(10)式の成立は，R が所与の下で本モデルが2財のリカード・モデルに帰着することからも容易に理解されよう．この式はまた，財価格所与の下で，この国の特化パターンが公共資本ストックの水準に依存して決まることを意味する．$p = A_2(R)/A_1(R)$ を満たす R を $\hat{R}(p)$ で表すと，$\eta_1(R) > \eta_2(R)$ という仮定により $\hat{R}(p)$ は p の減少関数となることが分かる．したがって，$R < \hat{R}(p)$ $(R > \hat{R}(p))$ ならばこの国は財2（財1）の生産に特化する．

(11)式は，公共投資に投入される労働量 L_r が公共資本ストック水準から独立に決定されることを意味する．この式を満たす L_r を $L^r(\theta; L)$ で表すことに

第4章　公共資本整備と国際貿易の動学分析　　　67

すると，$L^r(\theta; L)$ は θ と L の両方について増加関数であることが確かめられる．$L_r = L^r(\theta; L)$ を代入することにより，(5)式は

$$\dot{R} = f(L^r(\theta; L)) - \delta R \tag{12}$$

と書き換えられる．

　動学的最適資源配分の条件は，随伴方程式

$$\dot{\theta} = \begin{cases} (\rho + \delta)\theta - \dfrac{\eta_2(R)}{R} & \text{if } R < \hat{R}(p) \\ (\rho + \delta)\theta - \dfrac{\eta_1(R)}{R} & \text{if } R > \hat{R}(p) \end{cases} \tag{13}$$

および横断性条件

$$\lim_{t \to \infty} e^{-\rho t} \theta(t) R(t) \tag{14}$$

で与えられる．

　この小国開放経済の均衡動学体系は，(12)式と(13)式で描写される．(12)式より，$\dot{R}=0$ 線は $R-\theta$ 平面上において連続で右上がりの曲線として描かれる．また，労働賦存量 L が大きいほど $\dot{R}=0$ 線は下方に位置することも確かめられる．これに対して，$\dot{\theta}=0$ 線は以下の図で示されるように右下がりだがジグザグの形状の曲線で表現される．

　この経済の定常状態は，$\dot{R}=0$ と $\dot{\theta}=0$ 線との交点で示される．$f(L^r(\theta; L)) = \delta\hat{R}(p)$ を満たす θ を $\hat{\theta}(L, p)$ で表すことにすると，定常状態およびそこに向かう動学経路の性質は，$\hat{\theta}(L, p)$ が以下の3つの条件のうちいずれを満たすかによって決定される：

　（i）　$\hat{\theta}(L, p) < \eta_2(\hat{R}(p))/[(\rho + \delta)\hat{R}(p)]$

　（ii）　$\hat{\theta}(L, p) > \eta_1(\hat{R}(p))/[(\rho + \delta)\hat{R}(p)]$

　（iii）　$\eta_2(\hat{R}(p))/[(\rho + \delta)\hat{R}(p)] < \hat{\theta}(L, p) < \eta_1(\hat{R}(p))/[(\rho + \delta)\hat{R}(p)]$

L もしくは p あるいはその両方が十分大きい場合，ケース(i)が成立し，逆に L や p が十分小さい場合にはケース(ii)が成立する．ケース(iii)は，L や p が中程度の大きさのときに成立する．

3.3 貿易パターンと貿易利益

上で場合分けしたケース(i)とケース(ii)を図示したのが，**図 4-1** である．いずれのケースにおいても，定常均衡点は鞍点となり，定常状態に収束する経路が一意に存在する．**図 4-1a** では，定常均衡点 E において公共資本ストックの水準は $\hat{R}(p)$ よりも大きいので，自国は財 1 に完全特化する．これに対して図 **4-1b** では，定常状態において自国は財 2 に完全特化する．**図 4-1a** はケース(i)，**図 4-1b** はケース(ii)にそれぞれ対応するので，以下の命題が導かれる．

図 4-1 小国開放経済の定常状態：均衡点が一意に存在するケース
a 財 1 に完全特化するケース

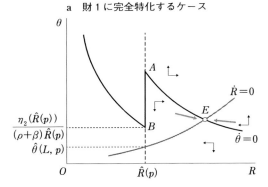

b 財 2 に完全特化するケース

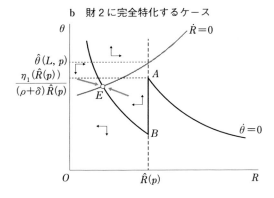

図 4-2 小国開放経済の定常状態：複数均衡が存在するケース

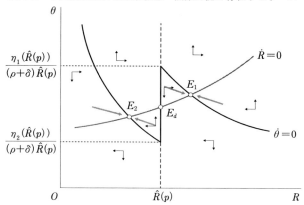

命題 1 公共資本ストックが環境創出型インフラの性質を持つと仮定する．労働賦存量 L が十分大きい[10]，もしくは財 1（公共資本ストックの生産性効果が大きい財）の国際相対価格 p が十分高い場合，定常状態において自国は財 1 に完全特化する．L が十分小さい，もしくは p が十分低い場合は逆に，定常状態において自国は財 2 に完全特化する．

L や p が中程度の値をとるケース(iii)においては，図 4-2 に示されるように複数の定常均衡点が存在する．ただし，これらの定常点のうち不完全特化の均衡点 E_d は不安定であることが確かめられる．この経済の均衡経路が E_1 点と E_2 点のどちらに収束するかは，初期時点における公共資本ストックの水準 R_0 に依存する．もし R_0 が $\hat{R}(p)$ を上回るほど大きければ，この小国開放経済は長期的に E_1 点に到達し，逆に $R_0 < \hat{R}(p)$ ならば，長期的な均衡点は E_2 点となる．

以上の議論においては，初期時点の公共資本ストック R_0 を任意の水準に与えていたが，以下では R_0 として自給自足の下での定常均衡水準（R_a で表す）を考える．すなわち，この経済は当初閉鎖経済の状態にあり，初期時点において貿易を開始すると想定する．自給自足の定常状態は，$\dot{R}=0$ と

図 4-3 自給自足均衡からの小国開放経済の移行経路
a 財1を輸出するケース

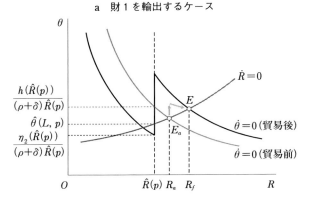

b 財2を輸出するケース

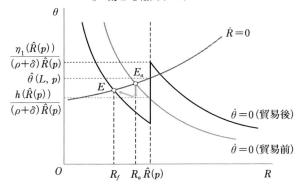

$$\dot{\theta} = (\rho+\delta)\theta - \frac{h(R)}{R} = 0, \quad h(R) \equiv \beta\eta_1(R) + (1-\beta)\eta_2(R) \quad (15)$$

を満たすが,これは図 4-3 の E_a 点で表される.L が十分大きい場合,図 4-3a に示されるように,自給自足の定常均衡において R_a は $\hat{R}(p)$ を上回る.したがって,貿易を開始すると自国は財1に完全特化するが,図の矢印で示されるように,動学経路上において公共資本ストックは定常均衡点 E に向けて増加していき,長期的に $R=R_f$ を達成する.その結果,$R_a < R_f$ が成立する.L が

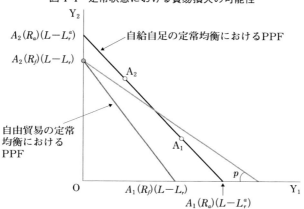

図 4-4 定常状態における貿易損失の可能性

十分小さい場合は逆に，貿易の開始によって自国は財 2 に完全特化し，公共資本ストックは定常均衡点 E に向けて減少していき，長期的に $R_f < R_a$ が成立する．

図 4-3 より，以下の 2 つの点が理解される．第 1 に，自給自足の定常状態から出発した場合，この経済の貿易パターンは動学経路上で変化することはない．第 2 に，財 1（公共資本ストックの生産性効果の大きな財）に特化する場合，自国の公共資本ストックは自由貿易の定常状態に向けて増加していくが，逆に財 2 に特化する場合は，自由貿易の定常状態におけるこの国の公共資本ストックは自給自足水準に比べて減少する．これらの結果は，自国が貿易利益を得るか否かについて，以下で述べるように重要な決定要因となる．

定常状態における生産可能性フロンティア (6) の切片 $A_i(R)(L-L_r)$ は，R が増加すると大きくなることが確かめられる．したがって，自国が財 1 を輸出する場合，貿易によって自国の公共資本ストックが自給自足下に比べて増加するため，生産可能性フロンティアは拡大する．自国は財 1 の生産に特化するので，閉鎖経済に比べて消費可能集合は必ず拡大し，定常状態における経済厚生は貿易によって必ず改善する．これに対して，自国が財 2 を輸出する場合，図 4-4 に示されるように自国の生産可能性フロンティアは縮小するため，貿易によって自国の経済厚生は必ずしも改善しない．例えば，自給自足の定常均衡に

おける財の生産量および消費量の組み合わせが図4-4の A_1 点で示される場合は，自由貿易の定常均衡は自給自足下に比べて高い経済厚生を自国にもたらすが，自給自足均衡における消費点が A_2 点で示される場合は，自国の定常状態における経済厚生は貿易によって悪化する．以上の議論をまとめると，次の命題を得る．

命題2 自由貿易の下で自国が公共資本ストックの生産性効果が大きい財を輸出する場合，自給自足下に比べて定常状態における公共資本ストックは増加し，経済厚生は必ず改善する．しかし，公共資本ストックの生産性効果が小さい財を輸出する場合は逆に，自給自足下に比べて定常状態における公共資本ストックは減少するため，経済厚生が悪化する可能性がある．

命題1より，労働賦存量 L が十分大きい国は自由貿易の下で公共資本ストックの生産性効果が大きい財を輸出することになるので，そのような国は（定常状態の厚生水準で測って）貿易利益を得る，逆に L が十分小さい国は貿易損失を被る可能性がある，という結果が命題2の系として導かれる．

3.4 応用——非貿易財と観光

Yanase (2015a) は，Yanase and Tawada (2012) のモデルを応用し，インバウンド観光 (inbound tourism) 拡大の効果について検討した．インバウンド観光は，経済学的には「外国人（非居住者）による自国の非貿易財の消費」として特徴づけられる (Hazari and Sgro, 2004)．基本モデルと同様，小国2財モデルを想定するが，2つの財のうち財1は非貿易財で，外国との輸出入は行われないが，外国の居住者も観光客として自国に入国すれば消費することは可能である．一方，財2は貿易財であると仮定する．自国は小国であるが，財2の国際価格は $p_2＝1$ で与えられる一方，財1の価格 $p_1＝p$ は国内における市場の需給が均衡するように内生的に決定される：

$$Y_1 = C_1 + D(p; \mu) \tag{16}$$

ここで $D(p;\mu)$ は外国からの観光客の財1に対する需要関数であり，μ は観光客の需要シフトを表すパラメーターである．$D(p;\mu)$ は p の減少関数で，μ の増加関数であると仮定する．その他のモデルの設定に関しては，基本モデルに従うとする．

基本モデルと異なり，財1は（外国人観光客による消費はあるものの）非貿易財なので，最適経路上で必ず生産されなければならない．一方，財2は貿易財であるため，必ずしも自国で生産される必要はない．したがって，このモデルにおいては，自国が貿易財を生産せずに観光に特化する均衡と，自国が非貿易財と貿易財の両方を生産する均衡の2つの可能性がある．前者においては $p > A_2(R)/A_1(R)$ が成立する一方，後者においては $p = A_2(R)/A_1(R)$ が成立する．

以下では $A_2(R) = 1$，すなわち公共資本の生産性効果は非貿易財部門でのみ発生すると仮定する．この小国開放経済の均衡動学体系は，(12)式と

$$
\dot{\theta} = \begin{cases} (\rho+\delta)\theta - \dfrac{\eta_1(R)}{R} & \text{if } L^r(\theta;L) > \Lambda(R;\mu) \\[3mm] (\rho+\delta)\theta - \dfrac{\eta_1(R)}{R}\left\{\beta + \dfrac{D(A_1(R)^{-1};\mu)}{A_1(R)[L-L^r(\theta;L)]}\right\} & \text{if } L^r(\theta;L) < \Lambda(R;\mu) \end{cases}
$$

$$(17)$$

で描写される[11]．ここで $\Lambda(R;\mu) \equiv L - D(A_1(R)^{-1};\mu)/[(1-\beta)A_1(R)]$ である．いま，$L^r(\theta;L) = \Lambda(R;\mu)$ を満たす R と θ との関係をグラフで表すと，外国人観光客の非貿易財需要の価格弾力性が1よりも小さい場合，このグラフは右上がりの曲線になることが確かめられる．また(17)式より，$\dot{\theta}=0$ 線の傾きは $Y_2=0$ と $Y_2>0$ のいずれの局面においても右下がりとなる．したがって，このモデルにおける定常状態とそこに向かう動学経路は図4-5のように示される．労働賦存量 L が小さい場合，図4-5a に示されるようにこの国は長期的に非貿易財のみを生産する，つまり観光産業に特化する．これに対して，労働賦存量が十分大きい場合には図4-5b のように，この経済は貿易財と非貿易財の両方を生産する．

Yanase (2015a) はさらに，このモデルにおいて観光の拡大（外国人観光客の非貿易財需要のパラメーター μ の増加）が自国の経済に与える影響を検討してい

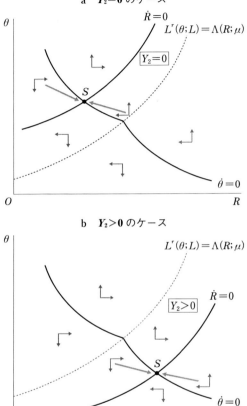

図 4-5 Yanase (2015a) モデルにおける動学経路と定常状態
a $Y_2=0$ のケース

b $Y_2>0$ のケース

る．主な結果は，以下の通りである．自国が定常状態において観光に特化する（$Y_2=0$）場合，μ の変化は公共投資への労働投入量にも，非貿易財の生産量および消費量にも，何ら影響を与えない．その結果(16)式より明らかなように，非貿易財の価格 p は上昇する．自国は観光を通じて外国に「非貿易財を輸出」しているので，p の上昇は自国の「交易条件の改善」を意味し，それによって自国の経済厚生は必ず改善する．これに対して自国が定常状態において非貿易

財も生産する（$Y_2 > 0$）場合，$p = 1/A_1(R)$ より μ の変化は短期的には自国の交易条件に影響を与えない．しかし長期的には，μ の上昇は公共資本ストックの増加をもたらすことが示される．R の増加は非貿易財の生産性上昇をもたらし，自国の非貿易財の生産量を増加させる．ところが，これは非貿易財の価格の低下をもたらす．つまり，自国が非貿易財に特化するケースとは逆に，観光客の非貿易財需要の増加は交易条件の悪化をもたらすことになる．この交易条件悪化のマイナス効果が十分大きく，非貿易財の生産性上昇によるプラスの効果を打ち消す場合，自国の経済厚生は観光の拡大によって悪化する可能性がある．

4.「無償生産要素型」インフラと貿易

　Yanase and Tawada (2015) は，準公共資本ストックを想定した小国 2 貿易財モデルを構築し，環境創出型インフラを想定した Yanase and Tawada (2012) の分析結果が同様に妥当するか否かを検討している．本節では，彼らのモデルを紹介しよう．

　準公共資本ストックは，私的財の生産性に対して「無償生産要素型」の外部効果をもたらす．前節のモデルと同様に生産要素として労働のみが生産に用いられると仮定するが，各財の生産関数は労働投入量と公共資本ストックに関して 1 次同次となる．以下では，各財の生産関数を

$$Y_i = R^{\alpha_i} L_i^{1-\alpha_i}, \quad i = 1, 2 \tag{18}$$

というコブ＝ダグラス型に特定化して分析を進める．公共資本ストックの生産弾力性 $(\partial Y_i / \partial R) \cdot (R/Y_i)$ は α_i に等しいが，以下の分析においては $\alpha_1 > \alpha_2$ が成立する，すなわち財 1 の生産における公共資本ストックの生産性効果は財 2 のそれよりも大きいと仮定する．

　(18)式より，この国の生産可能性フロンティアは，(6)式の代わりに

$$\left(\frac{Y_1}{R^{\alpha_1}}\right)^{\frac{1}{1-\alpha_1}} + \left(\frac{Y_2}{R^{\alpha_2}}\right)^{\frac{1}{1-\alpha_2}} = L - L_r \tag{19}$$

で表される．インフラ生産関数の性質，公共資本ストックの動学方程式(5)，代表的消費者の選好は，前節のモデルと同一であるとする．したがって，考察すべき動学的最適化問題は，(5)式，(8)式，(19)式の制約の下で，経済厚生(9)を最大にするように $\{Y_1(t), Y_2(t), E(t), L_r(t)\}_{t=0}^{\infty}$ を決定する問題として定式化される．

4.1 動学経路と定常均衡

この経済の各時点の最適な労働の配分は，以下の式を満たすように決定される：[12]

$$\frac{(1-\alpha_1)y}{L_1} = \frac{(1-\alpha_2)(1-y)}{L_2} = \theta f'(L_r) \tag{20}$$

ここで

$$y = \frac{pY_1}{pY_1 + Y_2} \tag{21}$$

は，国民所得に占める財1の生産額のシェアである．(18)式，(20)式，(21)式より，L_r と y が公共資本ストック R とそのシャドープライス θ，および労働賦存量 L と財1の国際相対価格 p に依存して決定される．以下ではそれぞれ $L^r(R, \theta; L, p)$ と $y(R, \theta; L, p)$ で表す．$y(R, \theta; L, p)$ は p の増加関数であり，また $\alpha_1 > \alpha_2$ の仮定の下で R の増加関数および L の減少関数であることが確かめられる．

最適経路における R と θ の動学方程式はそれぞれ，

$$\dot{R} = f(L^r(R, \theta; L, p)) - \delta R, \tag{22}$$

$$\dot{\theta} = (\rho + \delta)\theta - \frac{\alpha_1 y(R, \theta; L, p) + \alpha_2[1 - y(R, \theta; L, p)]}{R} \tag{23}$$

で表される．この小国開放経済の定常状態は，(22)式と(23)式から成る均衡動学体系において $\dot{R} = \dot{\theta} = 0$ となる状態だが，所与の L と p に対して定常均衡

第4章　公共資本整備と国際貿易の動学分析　　　77

は一意に存在し，鞍点となることが確かめられる．また，定常状態では自国は
財1と財2をともに生産することも示される．

4.2　貿易パターンと貿易利益

　自国の貿易パターンを調べるために，自給自足均衡価格がいかに決定される
かを見ていこう．自国が貿易を行わない場合，$i=1, 2$ について $Y_i = C_i$ が成立
するが，これは(21)式を考慮に入れると

$$y(R, \theta; L, p) = \beta \tag{24}$$

が成立することを意味する．また，自給自足の下での $L_r = L - L_1 - L_2$ は，
(20)式および(24)式より，

$$(1-\alpha_1)\beta + (1-\alpha_2)(1-\beta) = (L-L_r)\theta f'(L_r) \tag{25}$$

を満たすように決定される．(25)式を満たす L_r を $L^{ra}(\theta; L)$ と表すことにす
る．したがって，自給自足の下でのこの経済の動学体系は以下のように表現さ
れる：

$$\dot{R} = f(L^{ra}(\theta; L)) - \delta R, \tag{26}$$

$$\dot{\theta} = (\rho + \delta)\theta - \frac{\alpha_1\beta + \alpha_2(1-\beta)}{R} \tag{27}$$

自給自足の定常均衡も一意に存在し，鞍点となる．

　前節の議論と同様に，自国は初期時点において自給自足の定常状態にあった
と想定する．(26)式と(27)式より，定常状態における公共資本ストックとその
シャドープライスは労働賦存量に依存することが分かるので，それぞれ $\bar{R}_a(L)$
と $\bar{\theta}_a(L)$ で表すことにすると，(24)式から定常状態における自給自足均衡条件が

$$y(\bar{R}_a(L), \bar{\theta}_a(L); L, p) = \beta \tag{28}$$

と表現される．(28)式を満たす p を $\bar{p}_a$ で表すと，$\alpha_1 > \alpha_2$ の仮定の下で $\bar{p}_a$ は L
の増加関数であることが確かめられ，したがって以下の命題が得られる．

命題 3　公共資本ストックが無償生産要素型インフラの性質を持つと仮定する．労働賦存量 L が小さい（大きい）ほど，定常状態における財 1（公共資本ストックの生産性効果が大きい財）の自給自足均衡相対価格は低く（高く）なる．

　命題 3 は，労働賦存量の小さい国ほど，公共資本ストックの生産性効果が大きい財に比較優位を持ち，したがって自由貿易の下でそのような財を輸出する，ということを意味している．この結果は，前節で議論した環境創出型インフラのモデルで得られた命題 1 とは反対の結果であることに注意が必要である．両者の結果の違いは，直観的には以下のように説明されよう．公共資本ストックが環境創出型インフラの性質を持っている場合，各国の労働賦存量は公共資本ストックの蓄積を通じた間接的な形でのみ比較優位に影響を与える．既にみたように，そのメカニズムは，労働賦存量が大きいほど公共資本ストックの水準も大きくなり，結果として公共資本ストックの生産性効果の高い財の相対的な生産量が増加する，というものである．これに対して，無償生産要素型インフラの場合，労働賦存量 L と公共資本ストック R の両方が各国の比較優位に影響を与えることになる．$\alpha_1 > \alpha_2$ の仮定の下で，R が大きいほど，あるいは L が小さいほど，財 2 に対する財 1 の相対的な生産量 Y_1/Y_2 は大きくなる．労働賦存量が大きいほど，定常状態における公共資本ストックは大きくなるものの，インフラ生産関数の収穫逓減という仮定（$f'' < 0$）により，公共資本ストックの労働賦存量に対する相対的な水準 R/L は L の増加に伴い低下することが確かめられる．このモデルでは，$\alpha_1 > \alpha_2$ という仮定は財 2 が労働集約的であることを同時に意味しているので，ヘクシャー＝オリーン・モデルと同様，L の増加は財 2 への比較優位をもたらすことになる．

　貿易が定常状態における自国の経済厚生を改善するか否かは，前節のモデルと同様，この国の定常状態における生産可能性フロンティアが貿易によってどのようにシフトするかに依存する．(19)式から分かるように，公共資本ストックが無償生産要素型インフラの性質を持つ場合，各国の生産可能性フロンティアは図 4-6 で描かれるように原点に対して凹の形状をとる．また，所与の労働賦存量 L の下での公共資本ストック R の増加，および所与の R の下での L の増加は，定常状態における生産可能性フロンティアを拡大させることが確かめ

図4-6 無償生産要素型インフラ・モデルにおける貿易利益と貿易損失

a 貿易利益を得るケース

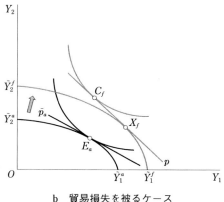

b 貿易損失を被るケース

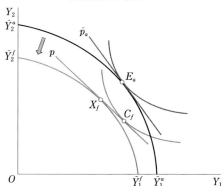

られる．自国が財1に比較優位を持つ場合，自由貿易の下では自国は閉鎖経済に比べてより高い p に直面することになるが，これは $\alpha_1 > \alpha_2$ の仮定の下では自国の定常状態における公共資本ストックの増加をもたらすことが確かめられる．その結果，貿易によって自国の定常状態における生産可能性フロンティアは拡大する．図 **4-6a** に示されるように，自由貿易の下での自国の消費の定常均衡点 C_f は，自給自足の定常均衡点 E_a よりも上方に位置するため，自国は貿易によって自給自足に比べて高い経済厚生を定常状態において享受する．自国が公共資本ストックの生産性効果の低い財2に比較優位を持つ場合は逆に，

貿易によって自国の定常状態における生産可能性フロンティアは縮小する．貿易は自国消費者の消費可能性を広げるが，生産可能性フロンティア自体が縮小してしまうので，後者のマイナス効果が大きければ図 4-6b に示されるように，自国は貿易自由化によって損失を被る可能性がある．

図 4-6 で示された結果は，前節の環境創出型インフラのモデルで示された命題 2 と整合的である．しかし，環境創出型インフラのモデルでは，自由貿易の下で公共資本ストックの生産性効果が大きい財を輸出するのは大きな労働賦存量を持つ国だったのに対して，無償生産要素型インフラのモデルでは，命題 3 で述べたように，労働賦存量の小さな国が公共資本ストックの生産性効果が大きな財を輸出することになる．したがって，環境創出型インフラのモデルとは逆に，貿易によって経済厚生が必ず改善するのは労働賦存量の小さな国になり，労働賦存量の大きな国は逆に貿易によって損失を被る可能性がある．

5. 国際公共資本と貿易

本節では Yanase (2015b) に基づき，国際公共資本ストックを想定した 2 国貿易モデルを考察する．前節までにおいては，一国内のローカルな公共資本を想定していたが，ある国の公共資本ストックの生産性効果が国境を越えて他の国にも波及したり，公共資本ストックが地球規模の公共財である状況も想定されうる．このような国際公共財としての性質を持つ公共資本としては，インターネットや国際輸送網，国連などの国際機関，北大西洋条約機構（NATO）などの軍事同盟，伝染病の予防や地球温暖化の防止などが挙げられる[13]．

一国の政府によるコントロールが可能なローカルな公共資本とは異なり，国際公共資本の場合，それをコントロールする「世界政府」というものは存在しない．したがって，新たな国際公共資本の生産は各国の自発的な公共投資を通じて行われ，そのストックが蓄積されていくことになる．このようなモデルは，公共財の自発的供給理論の動学版として，Long (2010, Chapter 6) でサーベイされているように既に多くの研究が存在しているが，それらの研究においては国際貿易は明示的に扱われていない[14]．本節では国際貿易を明示的に考慮し，公共財の自発的供給理論において標準的に行われているように，各国政

第4章　公共資本整備と国際貿易の動学分析　　　　81

府が公共投資に関する意思決定において世界全体の経済厚生を最大にするように協力的に行動する状況と，各国政府が国益のみを追求して非協力的に行動する状況のそれぞれのケースを考察する．

　前節までの分析においては，小国開放経済を想定しており，その貿易相手国に関しては明示的にモデル化してこなかった[15]．これに対して，本節で分析するモデルにおいては，自国と外国という2つの国を想定するため，両国間で貿易が行われる場合には財の国際価格は内生的に決定されることになる．各国政府は公共投資を行う際，それが国際公共資本に与える影響はもちろんのこと，国際価格に与える影響も考慮に入れて，意思決定を行う．このような想定の下で，各国の貿易パターンがどのように決まり，また貿易によって国際公共資本ストックの水準や各国の経済厚生がどのように影響を受けるかを，以下では考察する．公共投資の効率性は一般に国によって異なると考えられるが，以下の分析から明らかになるように，その効率性の違いが貿易の決定要因となる．そして，各国が貿易利益を得るか否かは，その国の貿易パターンに依存することが示される．

5.1　モデル

　自国と外国という2国から成る世界経済を想定し，各国では2つの私的財が生産・消費されるものとする．私的財の生産技術に関しては，第4節と同様，国際公共資本が各国の私的財生産に与える影響は無償生産要素型であると仮定する．各財の生産関数は(18)式で与えられるが，前節とは異なり，ここでは R は国際公共資本ストックであると考える．国際公共資本の蓄積は，各国によるインフラ形成のための投資財の生産を通じて行われるものとし，インフラ生産関数は線形であると仮定する．したがって，国際公共資本ストックの動学方程式は

$$\dot{R} = \phi L_r + \phi^* L_r^* - \delta R \tag{29}$$

で表される．ここで ϕ と ϕ^* はそれぞれ自国と外国の投資財の労働生産性を表すが，これは各国の公共投資の効率性と解釈できる[16]．

世界経済の均衡を分析する際の扱いやすさの点から，以下では双対性アプローチを用いる．今までの節と同様，財1の相対価格をpで表す．自国の生産サイドは，以下の式で定義される GDP 関数によって表現される：

$$G(p, R, l) = \max_{L_1, L_2} \{pR^\alpha L_1^{1-\alpha} + R^{\alpha_2} L_2^{1-\alpha_2} \quad \text{s.t.} \quad L_1 + L_2 = L - L_r \equiv l\}$$
(30)

GDP 関数に包絡線定理を適用すると，以下の性質が導かれる：[17]

$$G_p = Y_1, \qquad G_R = \frac{\alpha_1 p Y_1 + \alpha_2 Y_2}{R}, \qquad G_l = w$$
(31)

ここで w は労働賃金率である．

自国の代表的消費者の各時点の効用関数は，前節までと同様に $u(C_1, C_2) = \beta \ln C_1 + (1-\beta) \ln C_2, \; 0 < \beta < 1$ で与えられるものとし，したがって生涯効用は (9)式で表される．国際間の貸借はないと想定すると，各時点において自国の総支出は総所得に等しくなっていなければならず，したがって $E = G(p, R, l)$ が成立する．この式を(9)式に代入すると，自国の経済厚生は

$$V = \int_0^\infty e^{-\rho t} \{\ln [G(p, R, L - L_r)] - \beta \ln p + B\} dt$$
(32)

と書き換えられる．

5.2 自給自足均衡

貿易が行われない場合，各時点において各私的財の需要と供給は各国内で一致する．財1の自給自足均衡条件は，

$$\frac{\beta}{p} G(p, R, l) = G_p(p, R, l)$$
(33)

で表される．(33)式より，自給自足均衡価格 p_a は R と l の関数として，$p_a = P^a(R, l)$ と求められる．自国と外国は，同一の消費者の選好および私的財の生産技術を持っている，すなわち $\rho = \rho^*, \beta = \beta^*, \alpha_i = \alpha_i^*, i = 1, 2$ であると仮定

第4章　公共資本整備と国際貿易の動学分析　　　　　　　　　　83

すると，外国の自給自足均衡価格も同様に $p_a^* = P^a(R, l^*)$ と表される．

協力解　まず，自国政府と外国政府が協力して行動する状況を想定する．両国政府は，各国の自給自足均衡価格が(33)式を満たすことを考慮に入れた上で，(29)式の制約の下で両国の経済厚生の合計 $V + V^*$ が最大になるように L_r と L_r^* の時間経路を決定する．

協力解における国際公共資本ストックのシャドープライスを θ^w で表すことにすると，L_r に関する最適条件が以下のように表される：

$$\frac{G_l(P^a(R, L - L_r), R, L - L_r)}{G(P^a(R, L - L_r), R, L - L_r)} = \theta^w \phi \tag{34}$$

L_r^* に関する最適条件は，(34)式の L, L_r, ϕ をそれぞれ L^*, L_r^*, ϕ^* で置き換えた式で表される．

（34）式より，自国の L_r の最適水準が $L_r = \lambda^a(\theta^w; \phi, L)$ と表される[18]．$\lambda^a(\theta^w; \phi, L)$ は θ^w, ϕ, L の各変数について増加関数となることが確かめられる．外国の L_r^* の最適水準も同様に，$L_r^* = \lambda^a(\theta^w; \phi^*, L^*)$ と表される．したがって，(29)式は

$$\dot{R} = \phi \lambda^a(\theta^w; \phi, L) + \phi^* \lambda^a(\theta^w; \phi^*, L^*) - \delta R \tag{35}$$

と書き換えられる．また，θ^w の動学方程式は

$$\begin{aligned}
\dot{\theta}^w = (\rho + \delta)\theta^w &- \frac{G_R(P^a(R, L - \lambda^a(\theta^w; \phi, L)), R, L - \lambda^a(\theta^w; \phi, L))}{G(P^a(R, L - \lambda^a(\theta^w; \phi, L)), R, L - \lambda^a(\theta^w; \phi, L))} \\
&- \frac{G_R(P^a(R, L^* - \lambda^a(\theta^w; \phi^*, L^*)), R, L^* - \lambda^a(\theta^w; \phi^*, L^*))}{G(P^a(R, L^* - \lambda^a(\theta^w; \phi^*, L^*)), R, L^* - \lambda^a(\theta^w; \phi^*, L^*))}
\end{aligned} \tag{36}$$

で表される．

自給自足の下での協力解における世界経済の動学経路は，(35)式と(36)式で特徴づけられる．定常状態における国際公共資本ストックとそのシャドープライスを R_a^c と θ_a^w で表す．定常状態が存在する場合，それは一意に定まり，鞍点となることが確かめられる．

非協力解　次に，各国政府がその国の経済厚生を最大化するように行動する，非協力ゲームの状況を想定しよう．ここで考えるようなストック変数の時間を通じた変化を伴う動学的経済環境の下での非協力解は，微分ゲーム（differential game）として特徴づけられる．このような微分ゲームにおける戦略として，以下の分析ではオープンループ戦略（open-loop strategy）を想定する．すなわち，各プレイヤーは初期時点において将来にわたる戦略の経路を決定し，ゲームの途中で戦略を変更することはないと仮定する[19]．形式的には，このゲームのオープンループ・ナッシュ均衡 $\{(L_r(t), L_r^*(t))\}_{t=0}^{\infty}$ は次のように特徴づけられる．自国政府は $\{L_r^*(t)\}_{t=0}^{\infty}$ を所与として(29)式の制約の下で自国の厚生 V を最大化するように $\{L_r(t)\}_{t=0}^{\infty}$ を決定し，外国政府は $\{L_r(t)\}_{t=0}^{\infty}$ を所与として(29)式の制約の下で外国の厚生 V^* を最大化するように $\{L_r^*(t)\}_{t=0}^{\infty}$ を決定する．

　自国政府にとっての国際公共資本ストックのシャドープライスを θ で表すことにすると，L_r に関する自国政府の最適条件は，(34)式の θ^w を θ で置き換えたもので表される．したがって，非協力解における自国の最適な L_r の水準は $\lambda^a(\theta; \phi, L)$ で表される．外国についても同様に，$L_r = \lambda^a(\theta^*; \phi^*, L^*)$ が成立する．ここで θ^* は外国政府にとっての国際公共資本ストックのシャドープライスである．したがって，自給自足の下での非協力解における国際公共資本ストックの動学方程式は

$$\dot{R} = \phi\lambda^a(\theta; \phi, L) + \phi^*\lambda^a(\theta^*; \phi^*, L^*) - \delta R \tag{37}$$

で表される．また，各国の国際公共資本ストックのシャドープライスの動学方程式は

$$\dot{\theta} = (\rho + \delta)\theta - \frac{G_R(P^a(R, L - \lambda^a(\theta; \phi, L)), R, L - \lambda^a(\theta; \phi, L))}{G(P^a(R, L - \lambda^a(\theta; \phi, L)), R, L - \lambda^a(\theta; \phi, L))}, \tag{38}$$

$$\dot{\theta}^* = (\rho + \delta)\theta^* - \frac{G_R(P^a(R, L^* - \lambda^a(\theta^*; \phi^*, L^*)), R, L^* - \lambda^a(\theta^*; \phi^*, L^*))}{G(P^a(R, L^* - \lambda^a(\theta^*; \phi^*, L^*)), R, L^* - \lambda^a(\theta^*; \phi^*, L^*))}$$

$$\tag{39}$$

で表される．自給自足の下でのオープンループ・ナッシュ均衡動学経路は，(37)式，(38)式，(39)式の3本から成る動学方程式体系で描写される．定常状

態における国際公共資本ストックとそのシャドープライスを $R_a^N, \theta_a, \theta_a^*$ で表すと，協力解のケースと同様に定常状態は一意に存在し，鞍点であることが確かめられる．

比較優位パターンの決定　協力解における各国の公共投資水準を関数 $P^a(R, l)$ に代入することにより，協力解における各国の財1の自給自足均衡価格が $p_a = P^a(R, L - \lambda^a(\theta^w; \phi, L))$, $p_a^* = P^a(R, L - \lambda^a(\theta^w; \phi^*, L^*))$ と求められる．非協力解のケースも同様に，各国の自給自足均衡相対価格が $p_a = P^a(R, L - \lambda^a(\theta; \phi, L))$, $p_a^* = P^a(R, L - \lambda^a(\theta^*; \phi^*, L^*))$ と求められる．p_a と p_a^* との比較について，以下の命題が示される[20]．

命題4　協力解と非協力解のそれぞれのケースにおいて，財1（国際公共資本ストックの生産性効果が大きい財）の動学経路上における自給自足均衡相対価格は，公共投資の効率性の高い国ほど低くなる．

命題4は，協力解と非協力解の各ケースにおいて，公共投資の効率性の高い国が財1に比較優位を持つことを意味する．直観的には，$\phi > \phi^*$ ならば $L_r > L_r^*$ となるので，民間部門で利用可能な労働量は自国の方が少なくなる（$l < l^*$）．l の減少は各財の生産量の減少をもたらすが，$\alpha_1 > \alpha_2$ の場合，財1は財2に比べて l の減少による生産量減少の効果は小さい．l の減少はまた同時に，任意の財価格の下で国民所得の減少をもたらすが，これは財1と財2の消費量を同じ率で減少させる．つまり Y_1 は C_1 に比べて小さく減少することになり，所与の p の下で財1には超過供給が発生するため，p は低下する必要がある．したがって，自給自足均衡価格を比較すると，自国の方が外国よりも低くなる．

命題4の証明は Yanase (2015b) においてなされているが，以下では $\alpha_1 = \alpha > 0 = \alpha_2$ という単純化されたケースで，その成立を確かめることにする．$\alpha_1 = \alpha > 0 = \alpha_2$ のとき，GDP関数は以下のように求められる：

$$G(p, R, l) = (1-\alpha)^{\frac{1-\alpha}{\alpha}} \alpha p^{\frac{1}{\alpha}} R + l \tag{40}$$

(40)式を(33)式に代入して整理すると，自給自足均衡価格が

$$P^a(R, l) = \left[\frac{\beta l}{(1-\alpha\beta)(1-\alpha)^{\frac{1-\alpha}{\alpha}} R} \right]^\alpha \tag{41}$$

と求められる．(40)式と(41)式を(34)式に代入して整理すると，

$$\lambda^a(\theta^w; \phi, L) = L - \frac{1-\alpha\beta}{\theta^w \phi}, \qquad \lambda^a(\theta^w; \phi^*, L^*) = L^* - \frac{1-\alpha\beta}{\theta^w \phi^*} \tag{42}$$

を得る[21]．(42)式を(41)式に代入して整理すると，$\phi > \phi^*$ のとき $P^a(R, L - \lambda^a(\theta^w; \phi, L)) < P^a(R, L - \lambda^a(\theta^w; \phi^*, L^*))$ が成立することが確かめられる．

　次に，公共投資に関する国際協調の有無が各国の自給自足均衡価格に与える影響を見よう．協力解の動学経路は一般に非協力解のそれとは異なるので，以下では定常状態に着目する．協力解と非協力解のそれぞれの定常状態における国際公共資本ストックの水準は，

$$R_a^C = \frac{\alpha\beta(\phi L + \phi^* L^*)}{(1-\alpha\beta)(\rho+\delta)+\alpha\beta\delta}, \qquad R_a^N = \frac{\alpha\beta(\phi L + \phi^* L^*)}{2(1-\alpha\beta)(\rho+\delta)+\alpha\beta\delta} \tag{43}$$

と求められる．(43)式より，$R_a^C > R_a^N$ が成立する．非協力解の下では，各国政府は国際公共資本ストックが他国に与える正のスピルオーバー効果を考慮に入れずに行動するので，過小に公共投資を行うため，定常状態の国際公共資本ストックも協力解に比べて過小になる．これらの定常均衡値を(41)式に代入して整理すると，定常状態における自国の自給自足均衡価格が次のように求められる：

$$p_a^C = \left[\frac{\rho+\delta}{2(1-\alpha)^{\frac{1-\alpha}{\alpha}} \alpha\phi} \right]^\alpha, \qquad p_a^N = \left[\frac{\rho+\delta}{(1-\alpha)^{\frac{1-\alpha}{\alpha}} \alpha\phi} \right]^\alpha \tag{44}$$

外国の自給自足均衡価格は，(44)式の ϕ を ϕ^* で置き換えたもので表される．(44)式より $p_a^C < p_a^N$ が成立するので，以下の命題が導かれる．

命題5　両国が国際公共資本の蓄積において協力的に行動した場合，定常状態

における財1（国際公共資本ストックの生産性効果が大きい財）の各国の自給自足均衡価格は，非協力解の下でのそれよりも低くなる．

　命題5が成立する理由は，(33)式よりRの増加は財1の超過供給を増やし，その均衡価格の低下をもたらすからである．(43)式より$R_a^C > R_a^N$が成立するので，国際公共資本への投資を両国が協力的に行っている下では，非協力的なケースに比べて定常状態における各国の財1の自給自足均衡価格はより低くなる．

5.3　自由貿易均衡

　自国と外国との間で財の自由貿易が開始されたとしよう．財1の世界市場の需給均衡条件$C_1 + C_1^* = Y_1 + Y_1^*$は

$$\frac{\beta}{p}[G(p, R, l) + G^*(p, R, l^*)] = G_p(p, R, l) + G_p^*(p, R, l^*) \tag{45}$$

と書き換えられるので，(40)式を(45)式に代入して整理すると，財1の自由貿易均衡相対価格が

$$p_f = \left[\frac{\beta(l + l^*)}{2(1-\alpha\beta)(1-\alpha)^{\frac{1-\alpha}{\alpha}}R}\right]^\alpha \equiv P'(R, l, l^*) \tag{46}$$

と求められる．

協力解　両国政府が国際公共資本ストックの蓄積において協力的に行動する場合，財価格pが(45)式を満たすことを考慮に入れて，(29)式の制約の下で，両国の経済厚生の合計$V + V^*$が最大になるようにL_rとL_r^*の時間経路を決定する．

　このモデルにおいては，国際公共資本ストックおよびそのシャドープライスの協力解における最適経路は，自給自足のケースと自由貿易のケースで一致することが確かめられる[22]．したがって，定常状態における国際公共資本スト

ックの水準を R_f^c で表すと，それは R_a^c に一致する．しかし，各国の公共投資に用いられる労働投入量は，貿易前後で異なることが確かめられる．具体的には，以下の命題が示される．

命題6 両国が国際公共資本の蓄積において協力的に行動した場合，公共投資の効率性の高い（低い）国は自給自足に比べてより大きな（小さな）公共投資水準を自由貿易の下で選択する．

国際公共資本の蓄積において両国政府が協力的に行動する場合，国際公共資本のもたらす限界便益の両国についての合計が各国の公共投資の限界費用に等しくなる，というのが最適解の条件である[23]．閉鎖経済の場合，各国の限界便益は R の増加による GDP の増加で，限界費用は民間部門で利用可能な労働量 $L - L_r$ の減少による GDP の減少で，それぞれ表現される．これに対して，貿易が行われる場合，GDP の変化に加えて交易条件の変化も各国の限界便益および限界費用に影響を与える．$\phi > \phi^*$ の仮定の下では，国際公共資本ストックの生産性効果が大きい財1に比較優位を持つ自国では，貿易によって閉鎖経済よりも高い財価格に直面するというプラスの交易条件効果が発生し，逆に財1に比較劣位を持つ外国ではマイナスの交易条件効果が発生する[24]．しかし，自国と外国の限界便益の合計を考えると，これらのプラスとマイナスの交易条件効果は相殺され，自給自足のケースと同様に，両国の限界便益の合計は R の増加に伴う両国の GDP の増加分で表される．しかし，公共投資の限界費用に関しては，自国はプラスの交易条件効果により自由貿易の下での限界費用は自給自足のケースよりも低くなり，マイナスの交易条件効果が発生する外国の場合は逆に限界費用は高くなる．したがって，自給自足のケースに比べて L_r は増加し，L_r^* は減少する．

各国の労働賦存量は一定と仮定しているので，命題6は，所与の R に対して，$\phi > \phi^*$ の仮定の下で貿易自由化の結果 $L - L_r$ は減少し $L^* - L_r^*$ は増加することを意味する．つまり，貿易自由化によって，公共投資の効率性の高い（低い）国においては民間部門で利用可能な労働量は減少（増加）する．協力解においては国際公共資本ストックの最適経路は閉鎖経済と自由貿易とで同じ

ものとなるので，公共投資の効率性の低い国では国際価格で測ったGDPは自給自足のケースに比べて増加する．その結果，貿易によって経済厚生は自給自足に比べて必ず改善する．公共投資の効率性の高い国では逆に，国際価格で測ったGDPは貿易自由化によって減少する．貿易は自国消費者の消費可能性を広げるが，その一方で自国の国民所得の減少をもたらすため，自国は貿易自由化によって損失を被る可能性がある．

　以上の結果をまとめると，次の命題を得る．

命題7　両国が国際公共資本の蓄積において協力的に行動すると仮定する．このとき，公共投資の効率性が低い国の自由貿易の下での経済厚生は，自給自足均衡に比べて必ず改善するが，効率性の高い国では貿易開始によって経済厚生が悪化する可能性がある．

非協力解　自由貿易の下での非協力解における国際公共資本ストックの定常均衡水準を R_r^N で表すと，R_r^N は自給自足の下での水準 R_a^N を上回ることが確かめられる．また，定常状態における各国の公共投資水準に関して，$\phi > \phi^*$ の仮定の下で，自由貿易の下での L_r は自給自足のときの水準を上回り，L_r^* は逆に自由貿易の下での水準が自給自足水準を下回ることが示される．したがって，次の命題を得る．

命題8　両国が国際公共資本の蓄積において非協力的に行動する場合，自由貿易の下での公共投資の定常均衡水準は，公共投資の効率性の高い（低い）国では自給自足に比べて大きく（小さく）なる．また，自由貿易の下での国際公共資本ストックの定常均衡水準は，自給自足に比べて大きくなる．

　国際公共資本の蓄積において各国政府が非協力的に行動する場合，ナッシュ均衡において各国政府は，国際公共資本のもたらす限界便益が公共投資の限界費用に等しくなるように投資水準を決定する[25]．協力解のケースでも述べたように，閉鎖経済の場合，各国の限界便益は R の増加による GDP の増加で，限界費用は民間部門で利用可能な労働量の減少による GDP の減少で，それぞ

れ表現されるのに対して，貿易が行われる場合は交易条件の変化も各国の限界便益および限界費用に追加的な影響を与える．$\phi > \phi^*$ の仮定の下では，国際公共資本ストックの生産性効果が大きい財 1 に比較優位を持つ自国においては，貿易によって閉鎖経済よりも高い財価格に直面する$(p_f > p_a)$というプラスの交易条件効果が発生する．したがって，自給自足のケースよりも限界便益は大きく，逆に限界費用は小さくなる結果，自国政府は L_r を増やすインセンティブを持つ．自由貿易の下で財 1 を輸入することになる外国においては逆に，自給自足のケースに比べて国際公共資本のもたらす限界便益は小さく，公共投資の限界費用は大きくなるので，より少ない L_r^* を選択することになる．外国は，公共投資の効率性の高い自国の公共投資に「フリーライド」するが，自給自足のケースに比べて自由貿易の下では，そのフリーライドの度合いがより大きくなる．以上の議論から，自給自足に比べて L_r は増加し L_r^* は減少するが，各国の公共投資の効率性を考えると，前者のプラスの効果が後者のマイナスの効果を上回り，世界全体で見ると $\phi L_r + \phi^* L_r^*$ は貿易によって増加する．その結果，定常状態では自由貿易のほうが自給自足に比べて国際公共資本ストックの水準は大きくなる．

　非協力解の下では，貿易によって定常状態の国際公共資本ストックは増加する．したがって，仮に各国が貿易前の公共投資水準を選択したとしても，定常状態における各国の GDP は増加する．$\phi > \phi^*$ の仮定の下で，外国政府はより少ない L_r^* を選択するので，外国では民間部門で利用可能な労働量は増加し，その結果外国の GDP は必ず増加する．これに対して自国では，貿易によって L_r は増加し民間部門で利用可能な労働量は減少するので，定常状態における GDP が増加するか否かは不確定である．以上のことから，貿易利益の発生の有無に関する命題 7 は，各国政府が国際公共資本ストックの蓄積において非協力的に行動した場合についても，同様に成立するといえる．

6. おわりに

　本章では，民間部門への生産性効果を持つ公共資本ストックの蓄積と国際貿易について，いくつかのモデルを提示して理論的に分析してきた．国際貿易論の標準的な議論に従い，一国の貿易パターンの決定要因や，貿易自由化が経済厚生に与える影響について検討した．私的財および公共投資に用いられる投資財が労働のみを生産要素として生産される状況において，公共資本ストックが環境創出型インフラと無償生産要素型インフラのどちらの性質を持つかによって，貿易パターンに関して正反対の結果が導かれた．また，公共資本ストックが国際公共財としての性質を持つ場合，各国の公共投資の効率性が貿易パターンの決定要因になることが示された．貿易パターンは，各国が貿易利益を得るか否かとも密接に関連しており，必ずしも自給自足に比べて自由貿易の下で一国の経済厚生が改善するとは限らないことが示された．

　本章で分析した理論モデルは，労働のみを生産要素とする1要素モデルであった．しかし，公共中間財と国際貿易に関する静学モデルによる研究では，各財が2種類の生産要素を用いて生産される状況を想定した研究が既に存在しており，公共資本の蓄積を考慮に入れた動学モデルにおいても，このような複数の生産要素を考慮に入れた分析は今後の重要な研究課題の1つである．特に，もう1つの生産要素として民間資本を考えた場合，それが家計の貯蓄行動を通じて蓄積するならば，経済には公共資本と民間資本という2種類のストック変数が存在することになる．これらのストック変数が貿易を通じてどのように変化していくかは，理論的に興味深いトピックであり，またグローバル化の下では政府主導と民間主導のどちらの形で経済発展を進めていくべきなのか，という政策的課題に示唆を与えるものにもなるだろう．また，本章のモデルは完全競争を前提としており，したがって貿易は各国の比較優位に基づいて行われると想定していた．しかし，1980年代以降の不完全競争下の貿易理論の発展により，規模の経済や製品差別化，企業間の戦略的関係など，比較優位以外にも貿易を決定する要因が存在することが明らかとなってきた．2000年代以降は，不完全競争に加えて企業の異質性を明示的に考慮に入れた貿易理論が発展して

きている．さらには，グローバル化は財の貿易の拡大にとどまらず，企業の国際化や国境を越えた労働移動の活発化という形でも顕著に現れており，こうしたトピックに関する研究も既に数多く存在している．これと関連して，高速鉄道や発電所などのインフラ設備やそれに関わるシステム自体の輸出についても，新興国を主な舞台として各国が活発な競争を行っていることもあり，関心が高まっている．このようにグローバル化と公共資本整備に関わるトピックは更なる広がりを持っており，今後の研究課題として様々な方向への更なる発展が期待される．

補論

A．環境創出型インフラ・モデルにおける最適条件の導出

自由貿易の下での厚生最大化問題を解くために，経常価値ハミルトニアンとラグランジュアンをそれぞれ次のように定義する：

$$\mathcal{H} = \ln E - \beta \ln p + B + \theta \{ f(L_r) - \delta R \}, \tag{A.1}$$

$$\mathcal{L} = \mathcal{H} + w \left\{ L - L_r - \frac{Y_1}{A_1(R)} - \frac{Y_2}{A_2(R)} \right\} + \pi \{ pX + Y - E \} \tag{A.2}$$

最適解の必要条件は，

$$\frac{\partial \mathcal{L}}{\partial Y_1} = -\frac{w}{A_1(R)} + \pi p \begin{cases} < 0 & \text{if} \quad Y_1 = 0 \\ = 0 & \text{if} \quad Y_1 > 0 \end{cases}, \tag{A.3}$$

$$\frac{\partial \mathcal{L}}{\partial Y_2} = -\frac{w}{A_2(R)} + \pi \begin{cases} < 0 & \text{if} \quad Y_2 = 0 \\ = 0 & \text{if} \quad Y_2 > 0 \end{cases}, \tag{A.4}$$

$$\frac{\partial \mathcal{L}}{\partial E} = \frac{1}{E} - \pi = 0, \tag{A.5}$$

$$\frac{\partial \mathcal{L}}{\partial L_r} = \theta f'(L_r) - w = 0, \tag{A.6}$$

$$\dot{\theta} = \rho \theta - \frac{\partial \mathcal{L}}{\partial R} = (\rho + \delta) \theta - w \left\{ \frac{A_1'(R)}{A_1(R)^2} Y_1 + \frac{A_2'(R)}{A_2(R)^2} Y_2 \right\}, \tag{A.7}$$

第4章　公共資本整備と国際貿易の動学分析　　　93

および横断性条件(14)で与えられる.

　(A.3)式と(A.4)式より，(10)式が導かれる．また，(8)式と(A.5)式より $\pi=1/(pY_1+Y_2)$ を得るが，これと(6)式，(A.3)式，(A.4)式より，$L-L_r=1/w$ が成立する．これを(A.6)式に代入すると，(11)式が導かれる．最後に，(A.3)式と(A.4)式を(A.7)式に代入することにより，(13)式が導かれる．

　自国が閉鎖経済の状態にある場合，(8)式より $p=(E-Y_2)/Y_1$ が成立するので，これを(A.1)式と(A.2)式に代入し，Y_1, Y_2, E についてそれぞれ1階の条件を求めると，以下の式を得る：

$$\frac{\partial \mathcal{L}}{\partial Y_1} = \frac{\beta}{Y_1} - \frac{w}{A_1(R)} = 0, \tag{A.8}$$

$$\frac{\partial \mathcal{L}}{\partial Y_2} = \frac{\beta}{E-Y_2} - \frac{w}{A_2(R)} = 0, \tag{A.9}$$

$$\frac{\partial \mathcal{L}}{\partial E} = \frac{1}{E} - \frac{\beta}{E-Y_2} = 0 \tag{A.10}$$

(A.8)式，(A.9)式，(A.10)式より Y_1, Y_2, E を求めると，$Y_1=\beta A_1(R)/w$ および $Y_2=(1-\beta)A_2(R)/w$ を得るので，これらを(A.7)式に代入して整理すると，(15)式が導かれる.

B.　(17)式の導出

　非貿易財の国内消費量 $C_1=\beta(pY_1+Y_2)/p$ を(16)式に代入すると，$(1-\beta)pY_1-\beta Y_2=pD(p;\mu)$ を得る．この式と(6)式および $p=1/A_1(R)$ より，非貿易財と貿易財の各生産量が

$$Y_1 = \beta A_1(R)[L-L^r(\theta;L)]+D(A_1(R)^{-1};\mu), \tag{B.1}$$

$$Y_2 = (1-\beta)[L-L^r(\theta;L)]-\frac{D(A_1(R)^{-1};\mu)}{A_1(R)} \tag{B.2}$$

と求められる．(B.2)式より，$Y_2>0$ は $L^r(\theta;L)<L-D(A_1(R)^{-1};\mu)/[(1-\beta)A_1(R)]\equiv \Lambda(R;\mu)$ と書き換えられる.

　(B.1)式と $w=1/(L-L_r)$ を(A.7)式に代入すれば，$Y_2>0$ のときの θ の動学

方程式が得られる．また，$Y_2=0$ のときは $Y_1=A_1(R)[L-L^r(\theta;L)]$ なので，これと $w=1/(L-L_r)$ を(A.7)式に代入すれば，$\dot{\theta}=(\rho+\delta)\theta-\eta_1(R)/R$ を得る．

C. 無償生産要素型インフラ・モデルにおける最適条件の導出

無償生産要素型インフラ・モデルにおいては，自国の生産可能性フロンティアが(6)式ではなく(19)式で与えられるので，厚生最大化問題における(A.2)式の第2項は

$$w\left\{L-L_r-\left(\frac{Y_1}{R^{\alpha_1}}\right)^{\frac{1}{1-\alpha_1}}-\left(\frac{Y_2}{R^{\alpha_2}}\right)^{\frac{1}{1-\alpha_2}}\right\}$$

で置き換えられる．したがって，Y_1 と Y_2 に関する1階の条件は

$$\frac{\partial \mathcal{L}}{\partial Y_1}=-\frac{w}{(1-\alpha_1)Y_1}\left(\frac{Y_1}{R^{\alpha_1}}\right)^{\frac{1}{1-\alpha_1}}+\pi p=0, \tag{C.1}$$

$$\frac{\partial \mathcal{L}}{\partial Y_2}=-\frac{w}{(1-\alpha_2)Y_2}\left(\frac{Y_2}{R^{\alpha_2}}\right)^{\frac{1}{1-\alpha_2}}+\pi=0 \tag{C.2}$$

となり，また随伴方程式は

$$\dot{\theta}=(\rho+\delta)\theta-w\left\{\frac{\alpha_1}{(1-\alpha_1)R}\left(\frac{Y_1}{R^{\alpha_1}}\right)^{\frac{1}{1-\alpha_1}}+\frac{\alpha_2}{(1-\alpha_2)R}\left(\frac{Y_2}{R^{\alpha_2}}\right)^{\frac{1}{1-\alpha_2}}\right\} \tag{C.3}$$

で表される．

(8)式と(A.5)式より $\pi=1/E=1/(pY_1+Y_2)$ が成立するので，この式と生産関数(18)を用いて(C.1)式と(C.2)式を書き換えると，(20)式を得る．また，(C.1)式と(C.2)式を用いて(C.3)式を書き換えると，(23)式を得る．

D. 国際公共資本モデルにおける最適条件の導出

自給自足の下での世界全体の厚生最大化問題における経常価値ハミルトニアンを

第4章 公共資本整備と国際貿易の動学分析

$$
\begin{aligned}
\mathcal{H}^w = {} & \ln\left[G(P^a(R, L-L_r), R, L-L_r)\right] - \beta \ln\left[P^a(R, L-L_r)\right] \\
& + \ln\left[G(P^a(R, L^*-L_r^*), R, L^*-L_r^*)\right] - \beta \ln\left[P^a(R, L^*-L_r^*)\right] \\
& + 2B + \theta^w(\phi L_r + \phi^* L_r^* - \delta R)
\end{aligned}
$$

で定義する。L_r に関する一階の条件 $\partial \mathcal{H}^w / \partial L_r = 0$ と市場均衡条件 (33) より、(34) 式が導かれる。随伴方程式は

$$
\begin{aligned}
\dot{\theta}^w & = \rho \theta^w - \frac{\partial \mathcal{H}^w}{\partial R} \\
& = (\rho + \delta)\theta^w - \frac{G_R(P^a(R, L-L_r), R, L-L_r)}{G(P^a(R, L-L_r), R, L-L_r)} \\
& \quad - \frac{G_R(P^a(R, L^*-L_r^*), R, L^*-L_r^*)}{G(P^a(R, L^*-L_r^*), R, L^*-L_r^*)}
\end{aligned} \tag{D.1}
$$

で与えられるが、(D.1) 式に $L_r = \lambda^a(\theta^w; \phi, L)$ および $L_r^* = \lambda^a(\theta^w; \phi^*, L^*)$ を代入することにより、(36) 式が導かれる。

自給自足の下での非協力ゲームにおける自国政府の経常価値ハミルトニアンは、次の式で定義される：

$$
\begin{aligned}
\mathcal{H} = {} & \ln\left[G(P^a(R, L-L_r), R, L-L_r)\right] - \beta \ln\left[P^a(R, L-L_r)\right] \\
& + B + \theta(\phi L_r + \phi^* L_r^* - \delta R)
\end{aligned}
$$

L_r に関する最適解のための1階条件は $\partial \mathcal{H} / \partial L_r = 0$ で与えられるが、それは (34) 式の θ^w を θ で置き換えたものとなる。随伴方程式は

$$
\dot{\theta} = \rho \theta - \frac{\partial \mathcal{H}}{\partial R} = (\rho + \delta)\theta - \frac{G_R(P^a(R, L-L_r), R, L-L_r)}{G(P^a(R, L-L_r), R, L-L_r)} \tag{D.2}
$$

で与えられるが、$L_r = \lambda^a(\theta; \phi, L)$ を (D.2) 式に代入することで、(38) 式が導かれる。

$\alpha_1 = \alpha > 0 = \alpha_2$ のとき、自給自足の下での協力解における動学体系 (35), (36) は、以下のように書き換えられる：

$$\dot{R} = \phi L + \phi^* L^* - \frac{2(1-\alpha\beta)}{\theta^w} - \delta R, \tag{D.3}$$

$$\dot{\theta}^w = (\rho+\delta)\theta^w - \frac{2\alpha\beta}{R} \tag{D.4}$$

(D.3)式と(D.4)式から，国際公共資本ストックの定常均衡水準 R_a^C が求められる．非協力解のケースも同様に，動学体系(37)，(38)，(39)は

$$\dot{R} = \phi L + \phi^* L^* - \frac{1-\alpha\beta}{\theta} - \frac{1-\alpha\beta}{\theta^*} - \delta R, \tag{D.5}$$

$$\dot{\theta} = (\rho+\delta)\theta - \frac{\alpha\beta}{R}, \tag{D.6}$$

$$\dot{\theta}^* = (\rho+\delta)\theta^* - \frac{\alpha\beta}{R} \tag{D.7}$$

と書き換えられ，これらの式から定常均衡ストック R_a^N が求められる．

自由貿易の下での世界全体の厚生最大化問題における経常価値ハミルトニアンは，

$$\begin{aligned}
\mathcal{H}^w = {} & \ln\left[G(P^f(R, L-L_r, L^*-L_r^*), R, L-L_r)\right] \\
& -2\beta\ln\left[P^f(R, L-L_r, L^*-L_r^*)\right] \\
& +\ln\left[G(P^f(R, L-L_r, L^*-L_r^*), R, L^*-L_r^*)\right] \\
& +2B+\theta^w(\phi L_r+\phi^* L_r^*-\delta R)
\end{aligned}$$

と定義される．(40)式と(46)式を考慮に入れて最適化の1階条件 $\partial\mathcal{H}^w/\partial L_r=0$ および $\partial\mathcal{H}^w/\partial L_r^*=0$ を求め，これら2本の式から成る連立方程式を解くことにより，自由貿易の協力解における L_r と L_r^* の水準が得られる．これらの式は非線形の方程式であり L_r と L_r^* を明示的に求めるのは困難だが，$\partial\mathcal{H}^w/\partial L_r=0$ に $L-L_r$ を乗じたものと $\partial\mathcal{H}^w/\partial L_r^*=0$ に $L^*-L_r^*$ を乗じたものを足し合わせて整理すると，$\phi L_r+\phi^* L_r^*=\phi L+\phi^* L^*-2(1-\alpha\beta)/\theta^w$ という式を得る．この式を(29)式に代入すると，(D.3)式と同じ式が得られる．また，随伴方程式を求めると，θ^w の動学方程式として自給自足の協力解と同じ(D.4)式が得られる．したがって，自由貿易の下での協力解における R と θ^w の最適経路は，自給自足の下での最適経路と一致する．

第4章　公共資本整備と国際貿易の動学分析　　　97

$\partial \mathcal{H}^w/\partial L_r$ と $\partial \mathcal{H}^w/\partial L_r^*$ をそれぞれ自給自足の下での最適解 $L_r = \lambda^a(\theta^w; \phi, L)$ および $L_r^* = \lambda^a(\theta^w; \phi^*, L^*)$ で評価すると,

$$\frac{\partial \mathcal{H}^w}{\partial L_r}\bigg|_{L_r=\lambda^a(\theta^w;\phi,L),L_r^*=\lambda^a(\theta^w;\phi^*,L^*)} = \theta^w \phi \Phi(\phi - \phi^*) > 0, \tag{D.8}$$

$$\frac{\partial \mathcal{H}^w}{\partial L_r^*}\bigg|_{L_r=\lambda^a(\theta^w;\phi,L),L_r^*=\lambda^a(\theta^w;\phi^*,L^*)} = \theta^w \phi^* \Phi(\phi^* - \phi) < 0 \tag{D.9}$$

を得る. ここで

$$\Phi \equiv \frac{\alpha\beta[(2-\alpha\beta)(\phi^2+\phi^{*2})+2\alpha\beta\phi\phi^*]}{[(2-\alpha\beta)\phi+\alpha\beta\phi^*][(2-\alpha\beta)\phi^*+\alpha\beta\phi](\phi+\phi^*)} > 0$$

である. $\partial \mathcal{H}^w/\partial L_r = 0$ と $\partial \mathcal{H}^w/\partial L_r^* = 0$ を満たす L_r と L_r^* をそれぞれ $\lambda^f(\theta^w; \phi, L)$ と $\lambda^f(\theta^w; \phi^*, L^*)$ で表すと, (D.8)式と (D.9)式より, $\phi > \phi^*$ の仮定の下で $\lambda^f(\theta^w; \phi, L) > \lambda^a(\theta^w; \phi, L)$ および $\lambda^f(\theta^w; \phi^*, L^*) < \lambda^a(\theta^w; \phi^*, L^*)$ が成立する.

自由貿易の下での非協力ゲームにおける自国政府の経常価値ハミルトニアンは, 次の式で定義される:

$$\mathcal{H} = \ln[G(P^f(R, L-L_r, L^*-L_r^*), R, L-L_r)]$$
$$\quad - \beta \ln[P^f(R, L-L_r, L^*-L_r^*)]$$
$$\quad + B + \theta(\phi L_r + \phi^* L_r^* - \delta R)$$

L_r に関する最適解の1階の条件は

$$\frac{\partial \mathcal{H}}{\partial L_r} = -\frac{2-\alpha\beta}{\alpha\beta(L-L_r+L^*-L_r^*)+2(1-\alpha\beta)(L-L_r)}$$
$$\quad + \frac{\alpha\beta}{L-L_r+L^*-L_r^*} + \theta\phi = 0 \tag{D.10}$$

と求められる. 外国政府に関しても, 同様に経常価値ハミルトニアン $\mathcal{H}^*$ を定義し, L_r^* に関する1階の条件を求めると

$$\frac{\partial \mathcal{H}^*}{\partial L_r^*} = -\frac{2-\alpha\beta}{\alpha\beta(L-L_r+L^*-L_r^*)+2(1-\alpha\beta)(L^*-L_r^*)}$$
$$\quad + \frac{\alpha\beta}{L-L_r+L^*-L_r^*} + \theta^*\phi^* = 0 \tag{D.11}$$

を得る．(D.10)式と (D.11) 式を L_r と L_r^* について解くことにより，ナッシュ均衡における各国の公共投資水準が θ と θ^* の関数として導かれる．また，θ と θ^* のそれぞれに関する動学方程式は，自給自足のケースと同じとなることが確かめられる．

　自由貿易の下での定常状態における L_r と L_r^* のナッシュ均衡水準を自給自足の下でのそれらと比較するために，(D.10)式と (D.11) 式を $R = R_a^N$ および $\theta_a = \theta_a^* = \alpha\beta/[(\rho+\delta)R_a^N]$ で評価する．その結果，$\phi > \phi^*$ の仮定の下で以下の各式を得る：

$$\left.\frac{\partial \mathcal{H}}{\partial L_r}\right|_{L_r = \lambda^a(\theta_a; \phi, L), L_r^* = \lambda^a(\theta_a^*; \phi^*, L^*)} = \frac{\alpha^2\beta^2\phi^2(\phi-\phi^*)}{(\phi+\phi^*)[\alpha\beta\phi+(2-\alpha\beta)\phi^*](\rho+\delta)R_a^N} > 0,$$
(D.12)

$$\left.\frac{\partial \mathcal{H}^*}{\partial L_r^*}\right|_{L_r = \lambda^a(\theta_a; \phi, L), L_r^* = \lambda^a(\theta_a^*; \phi^*, L^*)} = \frac{\alpha^2\beta^2\phi^{*2}(\phi^*-\phi)}{(\phi+\phi^*)[(2-\alpha\beta)\phi+\alpha\beta\phi^*](\rho+\delta)R_a^N} < 0$$
(D.13)

(D.12)式と(D.13)式より，自給自足の定常均衡水準と比較して，公共投資の効率性の高い自国では自由貿易の投資水準は増加し，効率性の低い外国では投資水準は減少することが示される．

　(D.10)式に $(L-L_r)/\theta$ を乗じたものと(D.11)式に $(L^*-L_r^*)/\theta^*$ を乗じたものを合計し，(D.6)式および(D.7)式から導かれる $\theta = \theta^* = \alpha\beta/[(\rho+\delta)R]$ という定常均衡条件を代入して整理すると，

$$\phi L_r + \phi^* L_r^* = \phi L + \phi^* L^* - \frac{(\rho+\delta)R}{\alpha\beta}[(2-\alpha\beta)\Psi - \alpha\beta]$$

という式を得る．ここで，

$$\Psi \equiv \frac{L-L_r}{(2-\alpha\beta)(L-L_r)+\alpha\beta(L^*-L_r^*)} + \frac{L^*-L_r^*}{\alpha\beta(L-L_r)+(2-\alpha\beta)(L^*-L_r^*)}$$

である．したがって，自由貿易の下での非協力解における国際公共資本ストックの定常均衡水準 R_f^N は

$$\dot{R} = \phi L + \phi^* L^* - \left\{\frac{[(2-\alpha\beta)\Psi - \alpha\beta](\rho+\delta)}{\alpha\beta} + \delta\right\}R = 0$$
(D.14)

を満たすように決定される．一方，自給自足の下での非協力解における定常均

衡水準 R_a^N は，(D.5)式，(D.6)式，(D.7)式から，以下の式を満たす：

$$\dot{R} = \phi L + \phi^* L^* - \left\{ \frac{2(1-\alpha\beta)(\rho+\delta)}{\alpha\beta} + \delta \right\} R = 0 \qquad (D.15)$$

$0<\Psi<1$が成立するので，$(2-\alpha\beta)\Psi-\alpha\beta<2(1-\alpha\beta)$ となり，したがって(D.14)式と(D.15)式とを比較すれば，$R_i^N>R_a^N$を得る．

[注]

1) 物的なインフラに関しては，説明は不要であろう．市場インフラに関しても，矢野（2005）が述べるように，アメリカでは1890年に制定されたシャーマン法を基礎として，反トラスト法と呼ばれる競争法の体系が20世紀を通じて整備されてきた．すなわち，市場を守るルールの形成には長い歳月と多くの努力が費やされてきた．

2) 公共資本の動学分析は，経済成長理論の分野，特に内生的成長理論の分野では Barro（1990）や Futagami *et al.*（1993）を始めとして多くの研究が存在している．

3) Limão and Venables（2001）は，物的インフラの水準が財の輸送費用を通じて貿易に重大な影響を与えることを実証的に明らかにしている．市場インフラの構成要素の1つである制度の質と国際貿易との関係については，Levchenko（2007）が不完備契約の理論モデルに基づいて制度の質が各国の比較優位の源泉となることを示し，また実証分析を通じて理論がサポートされることを明らかにしている．同様の実証結果は，Nunn（2007）によっても示されている．

4) その意味で，このタイプの公共資本は「要素貢献（factor-augmenting）型」とも呼ばれる．松本（2014）を参照．

5) ただし，McMillan（1978）を除いては，いずれも公共資本の蓄積を想定しない静学的なモデルの枠組みによる研究である．

6) 環境創出型インフラと無償生産要素型インフラに対しては，それぞれ「純粋公共中間財」，「準公共中間財」という名称も用いられる．多和田（2013）を参照．

7) この最適解は，Manning *et al.*（1985）の議論を応用することによって，政府による適切な一括所得税の下で分権化された市場経済の均衡においても達成可能である．

8) なお，以下では表記の簡単化のため時間変数 t を省略する．

9) 最適条件の導出に関しては，補論 A を参照．

10) ここで考える労働賦存量の大小は，必ずしも量的な意味での労働力に基づくものではない．L を効率単位で測った質的な意味での労働の一国全体の総量と解釈することも可能である．

11) (17)式の導出に関しては，補論 B を参照．

12) 最適条件の導出に関しては，補論 C を参照．

13) 国際公共財の理論および現実の諸問題への応用に関しては，Kaul *et. al.* (1999) や飯田ほか (2010) を参照．

14) 公共財の自発的供給の理論を静学的な貿易モデルの枠組みで検討した研究としては，Shimomura (2007) や Long and Shimomura (2007) などがある．

15) もちろん，前節までのモデルも 2 国あるいはそれ以上の国から成る世界経済のモデルに拡張することは可能である．

16) 以下，同様に，外国の変数には * が付されるものとする．

17) 関数の添え字は，その変数に関する偏微分を表す．すなわち，例えば $G_p = \partial G / \partial p$ である．

18) L_r の最適水準は，国際公共資本ストック R に依存しない．証明は Yanase (2015b) を参照．

19) これに対して，各プレイヤーの戦略が状態変数の値に依存し，したがってゲームの途中で変更可能な戦略をフィードバック戦略（feedback strategy）と呼ぶ．フィードバック戦略の下でのナッシュ均衡は，部分ゲーム完全性を満たすことが知られている（Long, 2010）．

20) このモデルにおいては，命題 4 とともに，各国の自給自足均衡価格は各国の労働賦存量に依存しない，という結果も成立する．これは，インフラ生産関数が $f(L_r) = \phi L_r$ という線形関数であることから導かれるものである．労働賦存量 L の増加は，それと同量の L_r の増加をもたらすため，民間部門で利用可能な労働量に変化は生じない．したがって，各国の生産量および消費量も影響を受けない．

21) L および L^* は十分大きく，各国政府は正の公共投資水準を選択すると仮定する．

22) 詳しくは補論 D を参照．なお，この結果は，線形のインフラ生産関数を仮定したことに因る．

23) これは，公共財のパレート最適供給のためのサミュエルソン条件（Samuelson, 1954）に他ならない．Kaizuka (1965) や Sandmo (1972) は，公共投入物が存在する経済におけるパレート最適条件を導出している．

24) (41)式および(46)式より，$\phi > \phi^*$ の仮定の下で，$p_a < p_f < p_a^*$ が成立し，自

由貿易の下で自国は外国に財 1 を輸出することが確かめられる.

25) これは，公共財の自発的供給モデルにおけるナッシュ均衡の条件である．例えば，Cornes and Sandler（1996）や Batina and Ihori（2005）を参照．

［参考文献］

［1］ 飯田幸裕・大野裕之・寺崎克志（2010），『国際公共経済学［改訂版］』創成社．

［2］ 多和田眞（2013），「公共中間財がある場合の国際貿易の理論的分析」『経済科学』第 60 巻第 4 号，pp. 1-12.

［3］ 松本睦（2014），『租税競争の経済学』有斐閣．

［4］ 矢野誠（2001），『ミクロ経済学の応用』岩波書店．

［5］ 矢野誠（2005），『「質の時代」のシステム改革――良い市場とは何か？』岩波書店．

［6］ 矢野誠（2009），「現代の金融危機と『市場の質理論』」『学術の動向』2009 年 6 月号，pp. 44-56.

［7］ Abe, K. (1990), "A Public Input As a Determinant of Trade," *Canadian Journal of Economics* 23, pp. 400-407.

［8］ Altenburg, L. (1992), "Some Trade Theorems with a Public Intermediate Good," *Canadian Journal of Economics* 25, pp. 310-332.

［9］ Barro, R. J. (1990), "Government Spending in a Simple Model of Endogeneous Growth," *Journal of Political Economy* 98, S103-S125.

[10] Batina, R.G. and T. Ihori (2005), *Public Goods: Theories and Evidence*, Springer.

[11] Cornes, R. and T. Sandler (1996), *The Theory of Externalities, Public Goods, and Club Goods* 2nd edition, Cambridge University Press.

[12] Futagami, K., Y. Morita, and A. Shibata (1993), "Dynamic Analysis of an Endogenous Growth Model with Public Capital," *Scandinavian Journal of Economics* 95, pp. 607-625.

[13] Hazari, B.R. and P.M. Sgro (2004), *Tourism, Trade and National Welfare*, Elsevier.

[14] Kaizuka, K. (1965), "Public Goods and Decentralization of Production," *Review of Economics and Statistics* 47, pp. 118-120.

[15] Kaul, I., I. Grunberg, and M.A. Stern, eds. (1999), *Global Public Goods: International Cooperation in the 21st Century*, Oxford University Press.

[16] Khan, M.A. (1983), "Public Inputs and the Pure Theory of Trade," *Journal of Economics* 43, pp. 131-156.

[17] Levchenko, A. (2007), "Institutional Quality and International Trade," *Review of Economic Studies* 74, pp. 791-819.

[18] Limão, N. and A.J. Venables (2001), "Infrastructure, Geographical Disadvantage, Transport Costs, and Trade," *World Bank Economic Review* 15, pp. 451-479.

[19] Long, N.V. (2010), *A Survey of Dynamic Games in Economics*, World Scientific.

[20] Long, N. V. and K. Shimomura (2007), "Voluntary Contributions to a Public Good: Non-Neutrality Results," *Pacific Economic Review* 12, pp. 153-170.

[21] Manning, R., J. R. Markusen, and J. McMillan (1985), "Paying for Public Inputs," *American Economic Review* 75, pp. 235-238.

[22] Manning, R. and J. McMillan (1979), "Public Intermediate Goods, Production Possibilities, and International Trade," *Canadian Journal of Economics* 12, pp. 243-257.

[23] McMillan, J. (1978), "A Dynamic Analysis of Public Intermediate Goods Supply in Open Economy," *International Economic Review* 19, pp. 665-678.

[24] Meade, J. E. (1952), "External Economies and Diseconomies in a Competitive Situation," *Economic Journal* 62, pp. 54-67.

[25] Nunn, N. (2007), "Relationship-Specificity, Incomplete Contracts, and the Pattern of Trade," *Quarterly Journal of Economics* 122, pp. 569-600.

[26] Samuelson, P. A. (1954), "The Pure Theory of Public Expenditure," *Review of Economics and Statistics* 36, pp. 387-389.

[27] Sandmo, A. (1972), "Optimality Rules for Provision of Collective Factors of Production," *Journal of Public Economics* 1, pp. 149-157.

[28] Shimomura, K. (2007), "Trade Gains and Public Goods," *Review of International Economics* 15, pp. 948-954.

[29] Suga, N. and M. Tawada (2007), "International Trade with a Public Intermediate Good and the Gains from Trade," *Review of International Economics* 15, pp. 284-293.

[30] Tawada, M. and K. Abe (1984), "Production Possibilities and International Trade with a Public Intermediate Good," *Canadian Journal of Economics* 17, pp. 232-248.

第4章 公共資本整備と国際貿易の動学分析 103

[31] Tawada, M. and H. Okamoto (1983), "International Trade with a Pubic Intermediate Good," *Journal of International Economics* 17, pp. 101-115.

[32] Yanase, A. (2015a), "Investment in Infrastructure and Effects of Tourism Boom," *Review of International Economics* 23, pp. 425-443.

[33] Yanase, A. (2015b), "On the Provision of International Public Goods in a Dynamic Global Economy," Nagoya University Economic Research Center Discussion Paper, No. E15-2.

[34] Yanase, A. and M. Tawada (2012), "History-Dependent Paths and Trade Gains in a Small Open Economy with a Public Intermediate Good," *International Economic Review* 53, pp. 303-314.

[35] Yanase, A. and M. Tawada (2015), "Public Infrastructure for Production and International Trade in a Small Open Economy: A Dynamic Analysis," unpublished manuscript.

第5章 マクロエコノミック・ダイナミクス における利他性の役割について

藤生　裕

1. はじめに

　社会の中で人々がもつ価値観の1つに利他性がある．市場の質経済学では，市場の高質化のためには人々のもつ利他性が重要であると考えられている．それは，市場の高質化を通じて，経済の活性化につながるからである．

　世代間の利他性は，世代間の所得移転を生む要因である．親から子供の世代への所得移転は，子供の世代の資本蓄積の進度に影響することを通じて，経済パフォーマンスを高め，経済の活性化につながる．本章では，経済の活性化につながるような世代間所得移転が，世代間の利他性により生じるメカニズムについて考えてみたい．

　世代間利他性と世代間所得移転の間の関係を記述するモデルを考えよう．矢野（1994）が説明するように，伝統的な利他性モデルでは，各世代が，子供に対して利他的であり，その利他性ゆえ，各世代は子供に対して遺産のような所得移転をおこなう（Barro (1974)）．このモデルでは，親から子への所得移転は親から子への利他性により生じている．

　それに対して，Fujiu and Yano (2008) は，親から子への利他性がない場合でも，子から親への利他性があれば，親から子へ人的資本投資が生じることを示した．この結果は，本章の分析をすすめる上で重要である．親から子への所得移転（人的資本投資）は，親から子への利他性の大きさだけでなく，子から親への利他性の大きさにも影響を受けることが示唆されるからである．このような子から親への利他性を考えるモデルは後方利他性モデル（Backward altruism model）と呼ばれる．本章では，まず，後方利他性モデルを使って，世代

間の利他性と所得移転の関係をみてみよう.

さらに, 本章では, Hori and Kanaya (1989) および Hori (1992, 1997) により研究されている世代間利他性モデルについても検討してみたい. このモデルでは, 各世代が子供への利他性と親への利他性の両方をもつことが仮定されている (両側利他性モデル, Two-sided altruism model). このような世代間利他性をもつとき, 各世代は親と子供へ向けて所得移転をおこなう. ここで, 後方利他性モデルの分析で明らかにされるように, 子供への人的資本投資は, 子供への利他性だけでなく, 親への利他性にも影響を受けて決定される. 本章では, 各世代のもつ親への利他性と子供への利他性が, 各世代のおこなう子供への人的資本投資とどのように関係しているのかを明らかにしたい.

両側利他性モデルの均衡において, 子供への人的資本投資 (子供への所得移転) と親への贈与 (親への所得移転) は, ともに, 親から子供への利他性の大きさと子供から親への利他性の大きさの両方から影響をうけることがわかる. この関係を分析するため, モデルにおいて世代の選好や生産関数に特定の形を与え, 均衡における世代間利他性と世代間所得移転の関係を特徴づける. しかしながら, 世代間の利他性と所得移転の間の関係は複雑な構造をもっており, 明示的な影響度の分析には限界がある. このため, さらに数値解析をおこなって分析した.

分析の結果, 子供への利他性の大きさと子供への人的資本投資の定常状態水準の間には明確に正の関係が見いだせた. すなわち, 子供への利他性がより大きくなると, 人的資本投資のダイナミクス (動学経路) に影響し, 最終的にその定常状態水準を高めることがわかった (命題 2). また, 親への利他性の大きさと子供への人的資本投資の間には, 必ずしも単調な関係が成立せず, その関係が子供への利他性の大きさと関連して決まることも明らかになった. 子供への利他性がある範囲にあるとき, 親への利他性が極めて低い水準であると, 親への利他性と子供への人的資本投資は反比例し, 親への利他性が極めて高い水準になると, 親への利他性と子供への人的資本投資は正比例する (命題 3).

分析結果をもとにすると, 両側利他性モデルにおいて, 子供への利他性が十分高いとき, 人的資本投資の水準が最大となることがわかる. さらに, 子供への利他性を一定としたとき, 親への利他性が高まることで人的資本投資が増加

する場合もあることがわかる．このように２つの世代間利他性の関係性は，人的資本投資水準に影響して経済パフォーマンスを決めるという意味で，経済の活性化にとって重要な要因であるといえる．

本章の構成は次の通り．第２節では，後方利他性モデルにおける世代間の利他性と所得移転の関係を記述する．第３節は，両側利他性モデルにおける世代間の利他性と所得移転の関係について議論する．ただし，２つの世代間利他性と世代間所得移転の間には複雑な構造があるため，十分な特徴づけが難しい．そこで，第４節では，世代間の利他性と所得移転について数値解析をおこなう．第５節ではまとめの議論をおこなう．

2. 後方利他性モデルの分析

すべての世代は，同質であり，親の世代に対しては利他的であるが，子供の世代に対してはそのような性質をもたないものとする．各期に親の世代と子の世代が存在する．世代は２期間生きる．この経済には貯蓄手段および資金借り入れの手段がないものとする．この場合，各世代が利他性にもとづいて行動する際には，世代間の所得移転が唯一の最適化の手段となり，利他性と世代間所得移転の関係性がより際立って特徴づけできる．

世代の代表として世代 t の行動を記述する．世代 t は，自らの第１期の消費 c_t^1 と第２期の消費 c_{t+1}^2，それに加えて，親の世代の効用 u_{t-1} からも効用を得る．このとき，世代 t の効用 u_t は，

$$u_t = au_{t-1} + v^1(c_t^1) + v^2(c_{t+1}^2) \tag{1}$$

のようにあらわすことができる．ここで，a は親の効用についての割引ファクターであるが，世代 t がもつ親への利他性の大きさを示すと解釈できる．すべての世代が同一の a を持ち，$0 < a < 1$ を満たすものとしよう．

世代 t は第１期にのみ所得 y_t を得る．第１期には所得を自らの第１期の消費 c_t^1，親への贈与 z_t，子供への人的資本投資 x_t にあてる．第２期には子供からの贈与 z_{t+1} で第２期の消費 c_{t+1}^2 をまかなう．

$$c_t^1 + x_t + z_t \leq y_t \tag{2}$$

$$c_{t+1}^2 = z_{t+1} \tag{3}$$

世代 t がおこなう親への贈与は，親の世代（世代 t−1）にとって第2期の消費 c_t^2 にあてられ（$c_t^2 = z_t$），親の世代の効用を高める．親の世代の効用 u_{t-1} も式(1)と同様の構造をもつが，この中で世代 t が影響を与えることができるのは親の第2期の消費に係る効用 $v^2(c_t^2)$ の部分のみである．なぜなら，他の部分は既に前の世代により選択され実現した効用であり，世代 t には覆すことはできないからである．このため，次式を最大にすれば，世代 t の効用を最大化したことになる．

$$\tilde{u}_t = av^2(z_t) + v^1(c_t^1) + v^2(z_{t+1}) \tag{4}$$

世代 t がおこなう子供への人的資本投資 x_t は，世代 t の戦略的な行動である．世代 t がおこなう子供への人的資本投資 x_t は子供の世代の所得 y_{t+1} を決定づける．人的資本投資と所得との間の関係は，すべての世代で同一であり，それを次の関数で記述する．

$$y_{t+1} = f(x_t) \tag{5}$$

世代 t は，子供の世代の所得を操作することで，第2期に受け取る子供からの贈与に影響を及ぼそうとする．それは，子供の世代（世代 t+1）も，式(2)と同様の予算制約のもと，所得 $y_{t+1} = f(x_t)$ にもとづいて親への贈与 z_{t+1} を選択するからである．世代 t は，子供の最適選択について所得と贈与の間に

$$z_{t+1} = \zeta_t(f(x_t)) \tag{6}$$

のような関係を期待するものとしよう．これを世代 t が期待する世代 t+1 の贈与関数と呼ぶことにする．世代 t は，世代 t+1 の贈与関数を合理的に期待し，自らの最適選択をおこなう．

世代 t の最適化行動を考えよう．世代 t は，所得 y_t を所与とし，世代 t+1 の贈与関数 ζ_t を合理的に期待した上で，式(2)，(3)，(6)の制約のもと，式(4)であらわされる効用 $\tilde{u}_t$ を最大にするように選択変数（第1期の消費 c_t^1，子供

への人的資本投資 x_t, 親への贈与 z_t) を決める. ここで, 第 1 期の消費の関数 $c^1(\cdot)$ と親への贈与の関数 $z(\cdot)$ を,

$$(c^1(y_t-x_t), z(y_t-x_t)) = \max_{(c^1_t, z_t)} \{av^2(z_t)+v^1(c^1_t)\} \quad s.t. \quad c^1_t+z_t \leq y_t-x_t \quad (7)$$

と定義すると, 効用 $\tilde{u}_t$ は次のように書き換えることができる.

$$\tilde{u}_t = av^2(z(y_t-x_t))+v^1(c^1(y_t-x_t))+v^2(\zeta_t(f(x_t))) \quad (8)$$

このとき, 世代 t の最適化問題は, 所得 y_t と合理的に期待された世代 t+1 の贈与関数 ζ_t を所与として, 式(8)であらわされる効用 $\tilde{u}_t$ を最大にするように子供への人的資本投資 x_t を選択する問題に書き直すことができる. 世代 t によって最適選択された子供への人的資本投資を,

$$x_t = X(y_t, \zeta_t) \quad (9)$$

とあらわすことにする. この式は, 世代 t がおこなう子供への人的資本投資は, 世代 t の所得 y_t を所与とし, かつ, 世代 t が子供の世代の贈与関数を合理的に期待して選択されることを示している. 式(9)を使うと, 式(7)より, 世代 t の第 1 期の消費 c^1_t, 親への贈与 z_t については,

$$c^1_t = c^1(y_t-X(y_t, \zeta_t)), \qquad z_t=z(y_t-X(y_t, \zeta_t)) \quad (10)$$

のようにあらわすことができる. したがって, 世代 t の第 1 期の消費 c^1_t と親への贈与 z_t は, 子供への人的資本投資 x_t と同様, 所得 y_t と合理的に期待された世代 t+1 の贈与関数 ζ_t にもとづいて決まる.

　モデルの均衡を考えよう. 上で見たように世代 t の最適選択は, 世代 t+1 の贈与関数についての期待に依存している. 世代 t が世代 t+1 の贈与関数を合理的に期待しているのであれば, それは実際に世代 t+1 がおこなう親への贈与 z_{t+1} に等しくなる. すなわち, 式(10)にもとづくと,

$$\zeta_t(y_{t+1}) = z(y_{t+1}-X(y_{t+1}, \zeta_{t+1})) \quad (11)$$

が成立する. ここで, ζ_{t+1} は世代 t+1 が期待する世代 t+2 の贈与関数をあらわしている. 式(11)は, 世代 t がおこなう世代 t+1 の贈与関数について合理

的な期待形成は，将来世代が期待する贈与関数にもとづいていると解釈できる．世代 t が期待する世代 t+1 の贈与関数は，世代 t+1 が期待する世代 t+2 の贈与関数に依存する．同様の再帰的な構造から，世代 t+1 が期待する世代 t+2 の贈与関数は，世代 t+2 が期待する次の世代の贈与関数の期待に依存する．したがって，世代 t の合理的な期待形成は，将来世代の期待に依存する．

このような経済を分析する 1 つの方法は，すべての世代の合理的期待が同一となる場合を考えることである．このような概念は，Hori and Kanaya (1989) や Hori (1992, 1997) で示され，Fujiu and Yano (2008) が後方利他性モデルに適用した．本章もこの概念を使って，すべての世代が次の世代の贈与関数に合理的期待形成をおこない，かつ，同一の贈与関数を期待する状態をモデルの均衡と呼ぶことにする．すなわち，式(11)が成立し，任意の世代 t について，

$$\zeta_t = \zeta \tag{12}$$

を満たす贈与関数 ζ が存在するとき，定常合理的期待均衡（Stationary Rational Expectation Equilibrium, SREE）にあると定義する．この均衡は，特に断りをしない限り，以降，均衡と呼ぶことにする．

均衡における贈与関数が与えられると，子供への人的資本投資は $x_t = X(y_t, \zeta)$ とあらわせることから，子供への人的資本投資は，

$$X(y_t, \zeta) \equiv x(y_t) \tag{13}$$

を満たす関数 x と記述できる．所得の列 $\{y_\tau\}_{\tau=t}^{\infty}$ は子供への人的資本投資の列 $\{x_{\tau-1}\}_{\tau=t}^{\infty}$ で決まる．このような子供への人的資本投資の列は，式(9)と(13)から，

$$x_t = x(f(x_{t-1})) \tag{14}$$

のような均衡動学方程式により決定づけられる．子供への人的資本投資が決まると，第 1 期の消費 c_t^1 と親への贈与 z_t も，それぞれ，

$$c_t^1 = c^1(f(x_{t-1}) - x(f(x_{t-1}))), \qquad z_t = \zeta(f(x_{t-1})) = z(f(x_{t-1}) - x(f(x_{t-1}))) \tag{15}$$

のように決まる．以上のことから，贈与関数 ζ が確定すれば，式(14)のような動学方程式が決まり，任意の x_{t-1} からはじまる子供への人的資本投資の列 $\{x_\tau\}_{\tau=t}^{\infty}$ が求められることから，任意の t について，世代 t の第1期の消費 c_t^1 と親への贈与 z_t も式(15)により求められる．

後方利他性モデルにおいて，ここで定義された均衡が存在し，均衡動学方程式により決まる各世代の人的資本投資は正の値をとる定常状態に収束することを明示的に説明するため，次のような設定をおく．

式(4)と(5)について，$f(x_t)=rx_t^s$ $(r>0, 0<s<1)$，$\tilde{u}_t=a\ln z_t+\ln c_t^1+\ln z_{t+1}$ $(0<a<1)$ と設定する．このとき，均衡において，世代 t は，世代 t + 1 がおこなう親への贈与 $z_{t+1}=\zeta(y_{t+1})$ について，

$$z_{t+1} = \zeta(y_{t+1}) = \frac{a}{1+a+s}\, y_{t+1} \tag{16}$$

と期待する．これは合理的期待形成にもとづくもので実現する．

このことを確かめるためには，世代 t の最適化行動の結果，世代 t の贈与が式(16)と同様に選択されることを確認すればよい．世代 t の最適化行動は，

$$\max_{(c_t^1, x_t, z_t)}\left\{a\ln z_t+\ln c_t^1+\ln \frac{arx_t^s}{1+a+s}\right\}\ \ s.t.\ \ c_t^1+x_t+z_t \leq y_t \tag{17}$$

とあらわされる．このとき，世代 t の最適選択は，

$$c_t^1 = \frac{1}{1+a+s}y_t, \quad z_t = \frac{a}{1+a+s}y_t, \quad x_t = \frac{s}{1+a+s}y_t \tag{18}$$

と求められる．よって，世代 t がおこなう親への贈与 x_t は，式(16)と同一の関数であることが確認できた．

式(18)と所得の決定式 $y_t=rx_{t-1}^s$ より，均衡動学方程式は，

$$x_t = \frac{sr}{1+a+s}x_{t-1}^s \tag{19}$$

となる．したがって，任意の $x_{t-1}>0$ からはじまるとき，この均衡動学方程式により決定づけられる子供への人的資本投資 x_τ $(\tau=t, t+1, …)$ は，必ず，

$x_\tau > 0$ を満たして，一意の定常状態

$$x^* = \left(\frac{sr}{1+a+s}\right)^{\frac{1}{1-s}} > 0 \tag{20}$$

に大域的に収束する．パラメータの仮定より，$x^* > 0$ が保証される．

　均衡のもとでは，任意の世代 t−1 が正の値の所得（$y_{t-1} > 0$）を得るとき，世代 t−1 は子供に利他的でないにもかかわらず，子供に対して正の値の人的資本投資をおこなう（$x_{t-1} > 0$）．このように世代 t−1 が子供に対して人的資本投資をおこなうならば，その後につづく世代も，子供に対して利他的でなくても，子供に対して人的資本投資をおこなうことがわかる．

　以上の分析から，後方利他性モデルでは，ある均衡が存在し，その均衡においては動学方程式により決定される子供への人的資本投資は正の値をとる定常状態に収束することが示された．これは，各世代がもつ選好ならびに人的資本投資と所得の関係式に特定の関数を仮定することで得られた結果である．しかし，同様の結果は，より一般的な仮定のもとでも成立することを Fujiu and Yano (2008) は示した．

命題 1（Fujiu and Yano，2008）　後方利他性モデル（各世代が親の世代に対してのみ利他性をもつ経済）には，ある定常合理的期待均衡が存在して，その均衡において各世代が子供に対して正の値の人的資本投資をおこなっている．

証明　Fujiu and Yano (2008) を参照のこと.

　命題 1 は，親から子供に対して利他性がない場合でも，親から子供への所得移転がおこなわれることを示している．言い換えると，親から子供へ向けての世代間所得移転は，親から子供へ向けての利他性を必ずしも必要としない．この結果は，親が子供へ所得移転をおこなう際，子供がその利他性ゆえに親に対して所得移転をおこなうことを考慮した上で，世代間ゲームのリーダーとして振る舞うことを想定しているために生じる．子供から親への利他性があれば，子供から親に対して世代間所得移転が生じることを想像するのは難しくない．

したがって，各世代が親に対する利他性（後方利他性）をもつならば，各世代（世代 t）は親（世代 t−1）に対して所得移転をおこない，その直前の世代（世代 t−1）は子供からの所得移転をより多く引き出そうとする思惑から子供（世代 t）に対して所得移転をおこなう．

　以上のように，Fujiu and Yano (2008)は，世代間の利他性の向きとは反対方向に所得移転の流れがあることを示すことで，世代間利他性の向きと世代間所得移転の流れの関係を明らかにした．それに対して，藤生 (2014)は，世代間の利他性の大きさと所得移転の大きさに注目した研究である．これについては，次の節でみていこう．

3. 両側利他性モデルの分析

　世代間利他性モデルでは，利他的な世代は自らの効用の中に他の世代の効用を割り引いて加えるというという設定をする．その際，他の世代の効用に係る割引ファクターは世代間利他性の大きさであると解釈できる．本節では，利他性の大きさが変化するとき，世代間の所得移転の大きさはどのように変化するのかを明らかにしていきたい．特に，親から子供への利他性の大きさと子供から親への利他性の大きさの関係が，世代間の所得移転にどのような影響をあたえるのかを明らかにしたい．

　このため，Hori and Kanaya (1989) ならびに Hori (1992, 1997) により研究されている両側利他性モデル（Two-sided Altruism Model）を使うことにする．

　すべての世代が同質で，各世代が親の世代と子供の世代の両方向に利他性をもつような世界を考えよう．それ以外の設定を前節で議論したものと同じとする．代表的な世代である世代 t は，自らの第 1 期の消費 c_t^1，第 2 期の消費 c_{t+1}^2 に加えて，親の効用 u_{t-1} と子供の効用 u_{t+1} から効用を得るので，世代 t の効用 u_t は，

$$u_t = au_{t-1} + v^1(c_t^1) + v^2(c_{t+1}^2) + bu_{t+1} \tag{21}$$

のようにあらわすことができる．ここで，親の効用の割引ファクターである a の値と子供の効用の割引ファクターである b の値は，それぞれ，世代 t から親

への利他性の大きさ，世代 t から子供への利他性の大きさをあらわしている．すべての世代が同一の利他性 a, b をもち，

$$0 < a < 1, \quad 0 < b < 1, \quad a+b < 1, \quad 4ab < 1 \tag{22}$$

を満たすものと仮定する．

　前節と同じく，貯蓄と資金の借り入れが不可能な状況を考える．世代 t は第1期にのみ所得 y_t を得て，その中から自らの第1期の消費 c_t^1，子供への人的資本投資 x_t，親への贈与 z_t を選択する（$c_t^1 + x_t + z_t = y_t$）．親への贈与は親の第2期の消費に等しくなる（$c_t^2 = z_t$）．同じように，世代 t の第2期の消費 c_{t+1}^2 は子供からの贈与 z_{t+1} によってまかなわれる．世代 t の所得 y_t は，世代 t−1 から世代 t への人的資本投資 x_{t-1} により，$y_t = f(x_{t-1})$ のように決まる．

　各世代は贈与を通じて親の世代の消費に影響を与えられるが，それより前の世代の消費には影響を与えられない．この点を考慮すると，世代 t にとって式(21)であらわされる効用を最大にすることは，次式であらわされる $\tilde{u}_t$ を最大にすることに等しい．

$$\tilde{u}_t = v^1(c_t^1) + av^2(z_t) + \sum_{\tau=1}^{\infty} \beta^\tau [v^1(c_{t+\tau}^1) + \beta^{-1}v^2(z_{t+\tau})] \tag{23}$$

ここで，

$$\beta = \frac{1 - \sqrt{1-4ab}}{2a} \tag{24}$$

である．

　ここまでの議論から，世代 t の最適化は，前節と同じ世代 t の予算制約のもと，効用(23)を最大にするような選択をすることである．世代 t がおこなう第1期の消費と親への贈与に係る効用部分 $v^1(c_t^1) + av^2(z_t)$ が，前節のモデルと同じ構造をもつ．式(7)で内生的に決定される第1期の消費の関数 $c^1(\cdot)$ と親への贈与の関数 $z(\cdot)$ を使うと，世代 t とそれ以降の世代 t+τ がおこなう第1期の消費と親への贈与は，式(15)と同様の構造となり，

第5章　マクロエコノミック・ダイナミクスにおける利他性の役割について　　　115

$$c_t^1 = c^1(f(x_{t-1})-x_t), \qquad c_{t+\tau}^1 = c^1(f(x_{t+\tau-1})-x_{t+\tau}), \qquad \tau = 1, 2. \ldots \quad (25)$$

$$z_t = z(f(x_{t-1})-x_t), \qquad z_{t+\tau} = z(f(x_{t+\tau-1})-x_{t+\tau}), \qquad \tau = 1, 2. \ldots \quad (26)$$

のように記述することができる．したがって，式(23)，(25)，(26)より，世代 t の効用 $\tilde{u}_t$ は，

$$\tilde{u}_t = v^1(c^1(f(x_{t-1})-x_t))+av^2(z(f(x_{t-1})-x_t))$$
$$+\sum_{\tau=1}^{\infty}\beta^{\tau}[v^1(c^1(f(x_{t+\tau-1})-x_{t+\tau}))+\beta^{-1}v^2(z(f(x_{t+\tau-1})-x_{t+\tau})))] \quad (27)$$

のように書き換えることができる．それゆえ，世代 t の最適化は，式(27)であらわされる効用 $\tilde{u}_t$ を最大にするように，子供への人的資本投資の列 $\{x_\tau\}_{\tau=t}^{\infty}$ を選択することであると言い換えることができる．

　Hori and Kanaya (1989) および Hori (1992, 1997) で議論されているように，各世代がこのような選好をもつ場合，ある世代の最適選択が他の世代にとっての最適と矛盾をおこす，つまり，時間不整合性が生じる可能性がある．（詳しい議論は Hori and Kanaya (1989) を参照されたい．）このような場合，両側利他性モデルの均衡は，前節で議論した定常合理的期待均衡でとらえることができる．

　世代 t は自身の行動と整合的になるように，将来の世代の所得 $f(x_{t+\tau-1})$ と将来の世代の人的資本投資 $x_{t+\tau}$ の間に，

$$x_{t+\tau} = \chi_{t+\tau}(f(x_{t+\tau-1})), \qquad \tau = 1. 2. \ldots \quad (28)$$

のような関係を期待すると仮定しよう．つまり，世代 t は将来の世代の人的資本投資関数の列 $\{\chi_{t+\tau}\}_{\tau=1}^{\infty}$ を期待するのである．

　世代 t は，自らの所得 $f(x_{t-1})$ と将来の世代の期待人的資本投資関数の列 $\{\chi_{t+\tau}\}_{\tau=1}^{\infty}$ を所与として，子供への人的資本投資について選択おこなう．世代 t の人的資本投資の最適選択を $x_t = X(f(x_{t-1}),\{\chi_{t+\tau}(\cdot)\}_{\tau=1}^{\infty})$ とあらわすことにしよう．このとき，すべての世代（すべての t）について合理的期待形成がおこなわれ，つまり，

$$x_t = X(f(x_{t-1}),\{\chi_{t+\tau}(\cdot)\}_{\tau=1}^{\infty}) = \chi_t(f(x_t)) \quad (29)$$

を満たし，かつ，すべての世代が同一の人的資本投資関数をもつ，つまり，すべての t について，

$$x_t = \chi_t(y) = x(y) \qquad \text{for any } y \tag{30}$$

を満たす関数 $x(\cdot)$ を，このモデルの均衡（定常合理的期待均衡）と定義する．

　このような両側利他性モデルの均衡は，Hori (1997) が議論したように，選好と生産関数（人的資本投資と所得の関係式）について一般的な設定のもとでも存在する．

定理 1（Hori, 1997）　両側利他性モデルにおいて，定常合理的期待均衡が存在する．

証明　Hori (1997) を参照のこと．

　均衡において人的資本投資関数 $x(\cdot)$ の構造が決まると，所得と人的資本投資の間の関係から，人的資本投資の列 $\{x_\tau\}_{\tau=t}^{\infty}$ は，

$$x_t = x(f(x_{t-1})) \tag{31}$$

のような動学方程式により決定づけられる．この人的資本投資の列が決まれば，式(25), (26)より，第 1 期の消費の列 $\{c_\tau^1\}_{\tau=t}^{\infty}$ と親への贈与の列 $\{z_\tau\}_{\tau=t}^{\infty}$ もすべて決まる．

　ここまでは，Hori and Kanaya (1989) および Hori (1992, 1997) をもとに両側利他性モデルとモデルの均衡について説明してきた．ここからは，本章の目的である世代間利他性の大きさと世代間所得移転の大きさの関係に注目したい．

　均衡において，世代間利他性の大きさをあらわすパラメータ a, b が変化すると，世代間所得移転である親への贈与 z_t と子供への人的資本投資 x_t はどのように変化するだろうか．その関係を明らかにできるよう，明示的に均衡を解いてみたい．ここでは均衡が存在するように，世代 t の効用関数を，

$$u_t = au_{t-1} + \ln c_t^1 + \ln z_t + bu_{t+1} \tag{32}$$

のように，人的資本投資と所得の関係式は前節と同じく，

$$f(x_t) = rx_t^s, \qquad r > 0, \qquad 0 < s < 1 \tag{33}$$

のように特定する.

このとき，両側利他性モデルの均衡は存在し，その均衡における人的資本投資の動学方程式 $x_t = x(f(x_{t-1}))$ は，

$$x_t = \phi r\, x_{t-1}{}^s \tag{34}$$

のように明示的に解くことができる. ただし，

$$\phi = \cfrac{1}{1 + \cfrac{(1+a)\left(\dfrac{2a}{s} - 1 + \sqrt{1-4ab}\right)}{1 + 2a - \sqrt{1-4ab}}} \tag{35}$$

であり，パラメータ a, b, s の仮定より，$0 < \phi < 1$ を満たす. 親への贈与 $z_t = z(f(x_{t-1}) - x_t)$ についても，

$$z_t = \frac{a}{1+a}(1-\phi) r x_{t-1}^s \tag{36}$$

のように明示的に求めることができる. 動学方程式(34)と(35)が均衡を満たすこと，また親への贈与関数(36)の導出は補論1でおこなう.

式(34)と(36)は，それぞれ，両側利他性モデルにおける子供への人的資本投資 x_t と親への贈与 z_t をあらわしている. ここで，$b = 0$ と設定することで，後方利他性モデルにおける子供への人的資本投資 x_t と親への贈与 z_t も記述できる. 実際，式(34)と(36)に $b = 0$ を代入すると，$y_t = r x_{t-1}^s$ より，後方利他性モデルにおける子供への人的資本投資と親への贈与に一致する（式(18)）. したがって，式(34)と(36)を使うことで，両側利他性モデルだけでなく，後方利他性モデルにおける世代間利他性の大きさと世代間所得移転の関係を示すことができる.

それでは，まず，人的資本投資についてみてみよう. 式(34)によれば，人的資本投資は，過小な初期水準からはじまれば，世代を重ねるごとにその水準は

単調に増加していく．逆に過大な初期水準からはじまれば，世代を重ねるごとにその水準は単調に減少していく．どちらの場合でも，人的資本投資の列は一意の定常状態に収束する．

命題 2　（藤生, 2014)

(1) 均衡において，動学方程式 (34) にもとづく人的資本投資の列 $\{x_\tau\}_{\tau=t}^{\infty}$ は，任意の初期水準 $x_{t-1}>0$ からはじまると定常状態

$$x^* = (\phi r)^{\frac{1}{1-s}} \tag{37}$$

に一意に収束する．

(2) 親から子への利他性のみがより大きくなると（a は一定で，b のみ上昇すると），人的資本投資の列はより高い値をとる（人的資本投資の均衡動学経路が上方にシフトする）．このとき，人的資本投資の定常状態水準は増加する．

$$\frac{dx^*}{db} > 0 \tag{38}$$

証明

(1) パラメータの仮定より，$\phi r>0$ である．均衡動学方程式 (34) より，

$$x_t - x_{t-1} = \phi r(x_{t-1})^s - x_{t-1} = (\phi r - x_{t-1}^{1-s})\, x_{t-1}^s$$

を求められる．$x_{t-1}>0$ が十分 0 に近いとき，$\phi r>x_{t-1}^{1-s}$ が成立するため，上の関係式より $x_t>x_{t-1}$ を求めることができる．また，$x_{t-1}>0$ が十分大きな値をとるとき，$\phi r<x_{t-1}^{1-s}$ となり，上の関係式より，$x_t<x_{t-1}$ となる．式 (34) は，単調増加で強い意味の凹となる連続関数であり，(x_{t-1}, x_t) 平面上の 45 度線と正の値の範囲で一度だけ交わる．よって，任意の初期値 $x_{t-1}>0$ からはじまる人的資本投資の列は，式 (34) にしたがって一意の定常状態水準 x^* に収束する．定常状態では，式 (34) より，$x^*=\phi r(x^*)^s$ が成立する．この式から式 (37) が得られる．

(2) 親から子への利他性がより大きくなると（パラメータ b が上昇すると），均衡動学方程式が上方にシフトすることを示すことで，均衡動学経路の上方シ

フトを証明する．式(35)であらわされる ϕ は，パラメータ a, b, s の仮定より，

$$\frac{d\phi}{db} = -\frac{\dfrac{-\dfrac{2a(1+a)}{\sqrt{1-4ab}}}{1+2a-\sqrt{1-4ab}} - \dfrac{\dfrac{2a(1+a)\Big(\big(\dfrac{2a}{s}-1+\sqrt{1-4ab}\big)}{\sqrt{1-4ab}}}{(1+2a-\sqrt{1-4ab})^2}}{\left[1+\dfrac{(1+a)\Big(\dfrac{2a}{s}-1+\sqrt{1-4ab}\Big)}{1+2a-\sqrt{1-4ab}}\right]^2} > 0$$

を満たす．このことから，式(34)であらわされる均衡動学方程式 $x_t = \phi r\, x_{t-1}^s$ は，b の上昇により，上方にシフトする．また，式(37)を使うと，$d\phi/db > 0$ より，

$$\frac{dx^*}{db} = \frac{\phi^{\frac{s}{1-s}} r^{\frac{1}{1-s}}}{1-s} \cdot \frac{d\phi}{db} > 0$$

を得る．（証明終わり）

　命題2は，子供から親への利他性 a が一定の状態で，親から子供への利他性 b がより大きくなると，親から子供への人的資本投資 x^* が増加することを示している．なお，パラメータの仮定より，$a+b<1$ である．よって，b が $1-a$ に近づくほど，親から子供への人的資本投資 x^* はより大きな値をとる．

　次に，親への利他性の大きさと子供への人的資本投資の大きさの関係について考えてみたい．親への利他性の大きさをあらわすパラメータ a が上昇するとき，各世代は所得の中から親への贈与を増やそうとする．所得が一定で予算制約に変化がなければ，親への贈与を増やすことで，他の支出（たとえば，子供への人的資本投資）は減らさなければならない．このように考えると，親への利他性がより大きくなると，子供への人的資本投資は減少するように思える．しかしながら，定常状態における子供への人的資本投資（式(37)）を考えると，このような関係は自明ではない．なぜなら，親への利他性の大きさが人的資本投資の水準に与える影響は，子供への利他性の大きさとも大きく関係しているからである．

図 5-1

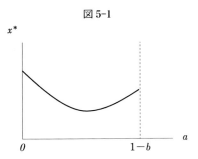

次の命題は，子供への利他性の大きさが，親への利他性の大きさと人的資本投資の間の関係を決定していることを示唆する．

命題 3 ある $0<\tilde{b}<\bar{b}$ が存在し，$\tilde{b}<b<\min(\bar{b},1)$ であれば，親への利他性の大きさ a が十分 0 に近いとき，a が大きくなると人的資本投資の定常状態水準 x^* は減少し，a が十分 $1-b$ に近いとき，a が大きくなると x^* は増加する．

証明 補論 2 を参照．

命題 3 は親への利他性の変化が人的資本投資に与える効果は，親への利他性の大きさだけでなく，子供への利他性の大きさとも関係することを示している．人的資本投資の定常状態水準 x^* は a に関して連続かつ微分可能であるため，微係数 dx^*/da も a に関して連続になる．そこで，命題 3 で説明される x^* と a の関係は，図 5-1 のような形を示唆している．

親への贈与 z_t について，親への利他性の大きさ a と子供への利他性の大きさ b がどのような影響を与えるのかを考えてみたい．式 (36) から，定常状態における親への贈与の水準 z^* は，

$$z^* = \frac{a}{1+a}(1-\phi)(\phi r)^{\frac{1}{1-s}} \tag{39}$$

のようにあらわすことができる．ここで，ϕ は式 (35) で定義されたものである．

後方利他性モデル（$b=0$ のケース）について，藤生 (1998) は，親への贈与

図 5-2

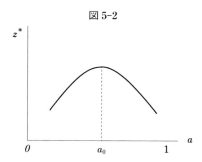

の定常状態水準 z^* と a の間に，図5-2 であらわされるような1つの頂きをもつような形（単峰性）があることを説明している．

命題 4（藤生, 1998）　後方利他性モデルにおいて，$a_0=(1-s^2)/s$ とすると，親への贈与の定常状態水準 z^* の a に関する微係数 dz^*/da は，

$$a < a_0 \Rightarrow dz^*/da > 0, \ a = a_0 \Rightarrow dz^*/da = 0, \ a > a_0 \Rightarrow dz^*/da < 0$$

を満たす．

証明　藤生（1998）を参照のこと．

図5-2 のように a_0 が0と1の間に存在するためには，人的資本投資の効率性 s が十分大きい（1に近い値をとる）ことが必要である．

両側利他性モデルを考える場合，式(39)で示される親への贈与の定常状態水準について，パラメータ a, b と z^* との間に複雑な構造があり，明示的な分析に限界がある．より詳細に世代間利他性と世代間所得移転の関係を明らかにするため，次節で数値解析をおこなう．

4. 数値解析

本節では，利他性モデルのパラメータに具体的な数値を与えることで，明示的に利他性の変化が子供への人的資本投資の動学経路ならびに親への贈与の動学

経路にどのような影響を与えるかについて分析する．前節で示された通り，子供への人的資本投資水準は初期水準から単調に一意の定常状態の水準に近づき収束する．人的資本投資水準により決まる所得にもとづいて親への贈与が決まるため，人的資本投資が定常状態水準に収束するとき，親への贈与も定常状態水準に収束する．ここでは各変数の定常状態の水準が利他性の変化によってどのように変わるかを調べてみよう．

数値解析では，式(37)（と式(35)）と式(39)の中のパラメータに具体的な数値を与えて，子供への人的資本投資 x^* と親への贈与 z^* を求める．まず，$r=10$ に固定する．下に示す分析(1)から(4)では，人的資本投資の効率性が低位の場合（$s=0.1$），中位の場合（$s=0.5$），高位の場合（$s=0.8$）の 3 つの図を使う．各図では，a または b のどちらか一方の値を固定してグラフを描いている．この値は 5 つの数値（0.1, 0.3, 0.5, 0.7, 0.9）をとるものとする．なお，利他性モデルの仮定 a+b<1 を満たすようにグラフが描かれるため，横軸に対する長さがグラフごとに異なっている．

(1) 親への利他性(a)が人的資本投資の定常状態水準(x^*)に与える効果

図 5-3a～c は，親への利他性の大きさを示すパラメータ a が大きくなるにつれて，人的資本投資の定常状態水準(x^*)がどのように変化するのかを示している．各図には，$b=0.1, 0.3, 0.5, 0.7, 0.9$ の値に固定した場合のグラフが描かれている．

3 つの図を比較すると，s の水準に関わらず，$b=0.1$ と $b=0.3$ の場合には，子から親への利他性 a が大きくなるにつれて，人的資本投資の定常状態水準 x^* は減少する傾向にある．

図 5-3a, b の人定資本投資の効率性が低位・中位（$s=0.1, s=0.5$）の場合をみてみると，$b=0.5$ と $b=0.7$ のケースでのグラフは，a の値が 0 から大きくなるにつれて，一度下降し，途中から上昇するような形をとっていることがわかる．これは，**図 5-1**（命題 3）で説明された状況が生じているのである．他方，$b=0.1$ と $b=0.3$ のケースでのグラフは，a の値が 0 から大きくなるにつれて，単調に下降している．

図 5-3c の人的資本投資の効率性が高位($s=0.8$)の場合をみてみると，$b=0.7$

第5章 マクロエコノミック・ダイナミクスにおける利他性の役割について   123

図 5-3 （1）x^* に対する a の効果

図 5-3a
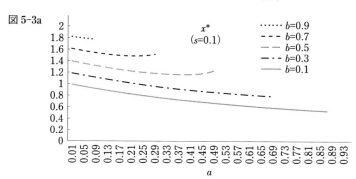

図 5-3b
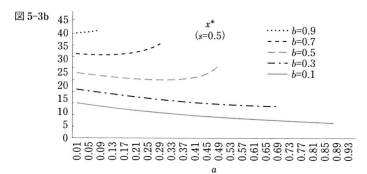

図 5-3c
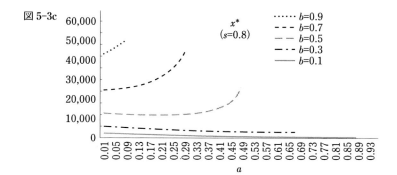

と $b=0.9$ のケースでのグラフは，a の値が大きくなるにつれて，人的資本投資の定常状態水準 x^* は増加する傾向にある．

(2) 子供への利他性 (b) が人的資本投資の定常状態水準(x^*)に与える効果

　図5-4a〜c は，子供への利他性の大きさを示すパラメータ b が大きくなるにつれて，人的資本投資の定常状態水準(x^*)がどのように変化するのかを示している．各図の中には，$a=0.1, 0.3, 0.5, 0.7, 0.9$ の値に固定した場合のグラフが描かれている．

　図5-4a〜c に描かれたグラフは，前節の命題2で示された通り，親から子への利他性 b が大きくなると，人的資本投資の定常状態水準 x^* は増加することを示している．ここで描かれているグラフについて，親への利他性 a の大きさによる違いは，ほとんど見受けられない．

(3) 親への利他性(a) が親への贈与の定常状態水準(z^*)に与える効果

　図5-5a〜c は，親への利他性の大きさを示すパラメータ a が大きくなるにつれて，親への贈与の定常状態水準(z^*)がどのように変化するのかを示している．各図の中には，$b=0.1, 0.3, 0.5, 0.7, 0.9$ の値に固定した場合のグラフが描かれている．

　図5-5a, b に描かれている人的資本投資の効率性が低位($s=0.1$)および中位($s=0.5$)の場合，b の水準に関わらず，親への利他性 a が大きくなるにつれて，親への定常状態水準 z^* は増加する傾向にある．人的資本投資の効率性が高位($s=0.8$)の場合，$b=0.1$ の場合を除いて，親への利他性 a が低水準から大きくなったときには，親への贈与の定常状態水準 z^* は増加する．$b=0.1$ のケースは，親への利他性 a が大きくなるにつれて，まず親への贈与の定常状態水準 z^* は増えるが，a がある水準を超えると，a が大きくなるにつれて，z^* が減る傾向にあることを示している．これは図5-2 でみた後方利他性モデルの特徴である．

(4) 子供への利他性(b)が親への贈与の定常状態水準(z^*)に与える効果

　図5-6a〜c は，子供への利他性の大きさを示すパラメータ b が大きくなるに

第5章 マクロエコノミック・ダイナミクスにおける利他性の役割について　　125

図 5-4　(2) x^* に対する b の効果

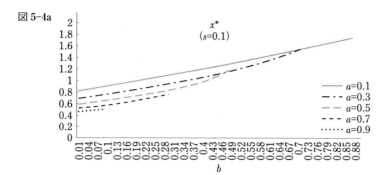

図 5-4a

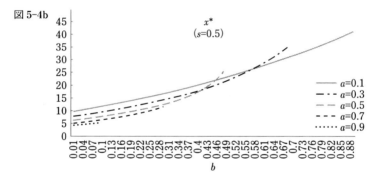

図 5-4b

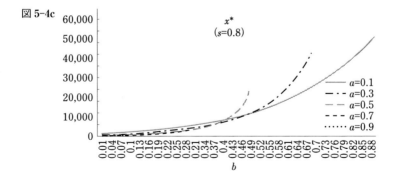

図 5-4c

図5-5　(3) z^* に対する a の効果

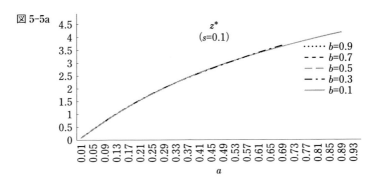

図5-5a

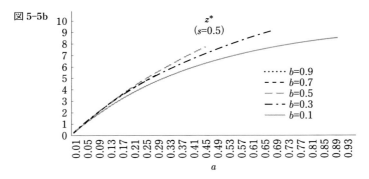

図5-5b

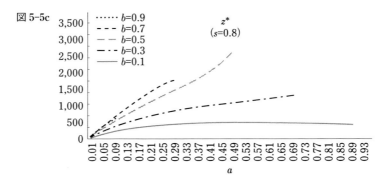

図5-5c

つれて，親への贈与の定常状態水準（z^*）がどのように変化するのかを示している．各図の中には，$a=0.1, 0.3, 0.5, 0.7, 0.9$ の値に固定した場合のグラフが描かれている．

図 5-6a は，人的資本投資の効率性が低位（$s=0.1$）の場合，親から子への利他性 b が変化しても，親への贈与の定常状態水準 z^* はほとんど影響されないことを示している．それに対して，図 5-6b, c から，人的資本投資の効率性が中位・高位（$s=0.5, s=0.8$）の場合，子供への利他性 b が低水準から大きくなると，親への贈与の定常状態水準 z^* は増加する傾向にある．

上の分析結果から，利他性と所得移転（子供への人的資本投資，親への贈与）との間の関係について，次の3つのことが明らかとなった．

① 世代間利他性が大きくなると，その利他性が及ぶのと同じ方向に流れる所得移転が増える：

子供への利他性がより大きくなると，子供への人的資本投資が増える傾向にある．親への利他性がより大きくなると，親への贈与が増える傾向がある．

② 世代間利他性が大きくなるとき，その利他性が及ぶのと反対方向に流れる所得移転が増える場合もある：

子供への利他性がより大きくなるとき，親への贈与が増える場合がある．親への利他性が大きくなるとき，子供への人的資本投資が増える場合もある．

③ 親への利他性 a が大きくなるにつれて，親への贈与 z^* が減少する場合もある．

5. おわりに

本章のまとめとして，子供への人的資本投資 x^* を最も高める世代間利他性について検討してみよう．両側利他性モデルの中で，子供への人的資本投資 x^* が最も高い水準になるのは，図 5-3a〜c を見ると，各世代がもつ子供への利他性が十分に高い場合（$b=0.9$）である．図 5-3a では，子供への利他性が

図 5-6　(4) z^* に対する b の効果

図 5-6a

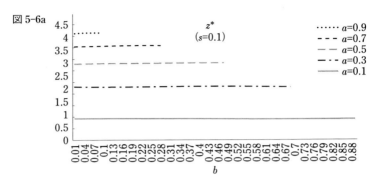

図 5-6b

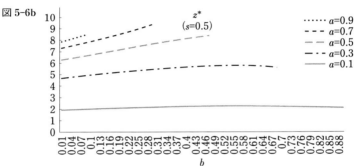

図 5-6c

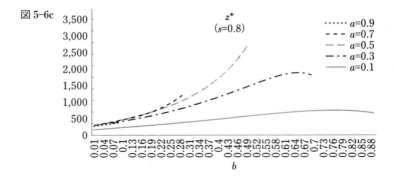

十分に高く（$b=0.9$），また親への利他性が 0 に近いとき，子供への人的資本投資 x^* が最大の値をとる．図 5-3b, c では，子供への利他性が十分に高く（$b=0.9$），また親への利他性が $a=0.1$ に十分近いとき，子供への人的資本投資 x^* が最大の値をとる．

ここで興味深いのは，人的資本投資の効率性が比較的高いケース（$s=0.5$, $s=0.8$）において，子供への利他性が十分高い場合（$b=0.9$），親への利他性が全くないとき（$a=0$）より，わずかでも親への利他性があるとき（$a=0.1$）の方が，人的資本投資の水準が高いことである．このように人的資本投資の効率性が高い経済では，人々が子供に対してのみ利他的であるより，親と子供の両世代に利他的である方が，子供への人的資本投資水準を高め，より高い経済パフォーマンスを実現できる．

以上の議論は，人的資本投資の定常状態水準についてのみ考慮したが，必ずしも親への利他性が大きい方が親への贈与が多いわけではない．各世代の厚生比較をおこない望ましい利他性の大きさを議論することが残された課題である．

補論

補論1　均衡動学方程式（34）と親への贈与関数（36）の導出

効用関数を式（32）のように特定すると，効用関数 $\tilde{u}_t$ は，

$$\tilde{u}_t = \ln c_t^1 + a \ln z_t + \sum_{\tau=1}^{\infty} \beta^\tau [\ln c_{t+\tau}^1 + \beta^{-1} \ln z_{t+\tau}] \tag{A.1}$$

となる．ここで，βは式（24）であらわされる．両側利他性モデルにおける第1期の消費の関数と親への贈与の関数は，式（7）の構造で内生的に決まり，式（33）を使うと，それぞれ，

$$c^1(f(x_{t-1}) - x_t) = \frac{r x_{t-1}^s - x_t}{1+a}, \qquad z(f(x_{t-1}) - x_t) = \frac{a(r x_{t-1}^s - x_t)}{1+a} \tag{A.2}$$

と求めることができる．第1期の消費の列 $\{c_{t+\tau}^1\}_{\tau=1}^{\infty}$ と親への贈与の列 $\{z_{t+\tau}\}_{\tau=1}^{\infty}$

は(A.2)にしたがって決まる．また，式(34)と(35)を使うことで，将来の世代がおこなう人的資本投資の列 $\{x_{t+\tau}\}_{\tau=1}^{\infty}$ はすべての世代 t のおこなう人的資本投資 x_t であらわすことができるようになる．

$$x_{t+\tau} = \phi r x_{t+\tau-1} = (\phi r)^2 x_{t+\tau-2} = \ldots = (\phi r)^{\tau} x_t \tag{A.3}$$

よって，(A.2)と(A.3)を使い，効用関数 $\tilde{u}_t$ を整理すると，

$$\tilde{u}_t = \ln c_t^1 + a \ln z_t + \frac{1+2a-\sqrt{1-4ab}}{\dfrac{2a}{s}-1+\sqrt{1-4ab}} \ln x_t + C \quad (C：定数)$$

のようになる．世代 t は，予算制約 $c_t^1 + x_t + z_t \leq y_t = r x_{t-1}^s$ のもとで，効用 $\tilde{u}_t$ を最大にするような選択をする．このとき，人的資本投資の最適選択は，

$$
\begin{aligned}
x_t &= \frac{\dfrac{1+2a-\sqrt{1-4ab}}{\dfrac{2a}{s}-1+\sqrt{1-4ab}}}{1+a+\dfrac{1+2a-\sqrt{1-4ab}}{\dfrac{2a}{s}-1+\sqrt{1-4ab}}} r x_{t-1}^s \\
&= \frac{1}{1+\dfrac{(1+a)\left(\dfrac{2a}{s}-1+\sqrt{1-4ab}\right)}{1+2a-\sqrt{1-4ab}}} r x_{t-1}^s
\end{aligned}
\tag{A.4}
$$

と求めることができる．ここで，ϕ を式(35)のように定義すると，(A.4)であらわれされる人的資本投資の動学方程式は式(34)と同一となる．したがって，式(34)は均衡を満たす．

また，世代 t の最適選択で親への贈与は，

第 5 章　マクロエコノミック・ダイナミクスにおける利他性の役割について　　　131

$$z_t = \frac{a}{1+a+\dfrac{1+2a-\sqrt{1-4ab}}{\dfrac{2a}{s}-1+\sqrt{1-4ab}}} rx_{t-1}^s$$

$$= \frac{a}{1+a} \cdot \left(1 - \frac{1}{1+\dfrac{(1+a)\left(\dfrac{2a}{s}-1+\sqrt{1-4ab}\right)}{1+2a-\sqrt{1-4ab}}} \right) rx_{t-1}^s$$

と求められる．よって，式(35)より，親への贈与は式(36)のようにあらわせる．

　次に，$0<\phi<1$ を示す．これは，式(35)の分母が 1 より大きい値をとることを示せればよい．まず，$0<\sqrt{1-4ab}<1$ であるから，

$$1+2a-\sqrt{1-4ab} > 0$$

が成立する．次に，$\dfrac{2a}{s}-1+\sqrt{1-4ab}>0$ であることを示そう．式(2)から $b<1-a$ より，

$$\sqrt{1-4ab} > \sqrt{1-4a(1-a)} = \sqrt{(1-2a)^2}$$

が成立する．もし $a>1/2$ なら，$\sqrt{1-4ab}>\sqrt{(1-2a)^2}=2a-1>0$ なので，$0<s<1$ を考慮すると，

$$\frac{2a}{s}-1+\sqrt{1-4ab} > \frac{2a}{s}-1+2a-1 = \frac{2(2a-1)+1-s}{s} > 0$$

となる．また，$a<1/2$ なら，$\sqrt{1-4ab}>\sqrt{(1-2a)^2}=1-2a$ なので，

$$\frac{2a}{s}-1+\sqrt{1-4ab} > \frac{2a}{s}-1+1-2a = \frac{2a(1-s)}{s} > 0$$

となる．したがって，所与の仮定の下では，必ず，$\dfrac{2a}{s}-1+\sqrt{1-4ab}>0$ が成立する．よって，

$$\frac{\dfrac{2a}{s}-1+\sqrt{1-4ab}}{1+2a-\sqrt{1-4ab}} > 0 \tag{A.5}$$

が成立することから，式(35)の分母は1より大きい値をとることがわかる．

補論2 命題3の証明

命題3を証明するため，a の変化による x^* の微係数に注目し，a が十分0に近いとき，

$$\frac{dx^*}{da} < 0 \tag{A.6}$$

となり，a が十分 $1-b$ に近いとき，

$$\frac{dx^*}{da} > 0 \tag{A.7}$$

となるような b の範囲が存在することを示す．

(1) 前半の証明

式(37)より，$d\phi/da < 0$ であれば，(A.6)が成立する．そこで，a が十分0に近いとき，(A.6)が成立することを示すためには，

$$\lim_{a\to 0} \frac{d\phi}{da} < 0 \tag{A.8}$$

を示せばよい．ϕ を a について微分し，整理すると，

$$\frac{d\phi}{da} = \frac{\dfrac{4a+2-4ab(1+3a-s)-(4a^2+4a+2+4abs)\sqrt{1-4ab}}{s\sqrt{1-4ab}}}{\left[a(1+\sqrt{1-4ab})+\dfrac{2a(1+a)}{s}\right]^2} \tag{A.9}$$

を得る．ここで，(A.9)の右辺の分子と分母を，それぞれ

第5章　マクロエコノミック・ダイナミクスにおける利他性の役割について　　133

$$N(a) = \frac{4a+2-4ab(1+3a-s)-(4a^2+4a+2+4abs)\sqrt{1-4ab}}{s\sqrt{1-4ab}}, \quad (A.10)$$

$$D(a) = \left[a(1+\sqrt{1-4ab})+\frac{2a(1+a)}{s}\right]^2 \quad (A.11)$$

とおくと,

$$\lim_{a\to 0} N(a) = 0, \qquad \lim_{a\to 0} D(a) = 0$$

となるため, $\lim_{a\to 0}(d\phi/da)$ の符号を確定できない.

このような場合, ロピタルの定理を使って, 符号を確定できる. しかし,

$$N'(a) = \frac{4b(1+2a+s)}{s(1-4ab)^{1/2}} + \frac{8ab^2(1+a+s)}{s(1-4ab)^{3/2}}$$
$$- \frac{2b}{(1-4ab)^{1/2}}\left(\frac{4a+2}{s}\right) + \frac{4\sqrt{1-4ab}}{s} - \frac{8a+4}{s} - 4b,$$

$$D'(a) = 2\left[1+2a-\sqrt{1-4ab}+(1+a)\left(\frac{2a}{s}-1+\sqrt{1-4ab}\right)\right]$$
$$\times\left[2+\frac{2b}{\sqrt{1-4ab}}+\frac{2a}{s}-1+\sqrt{1-4ab}+(1+a)\left(\frac{2}{s}-\frac{2b}{\sqrt{1-4ab}}\right)\right]$$

となり,

$$\lim_{a\to 0} N'(a) = 0, \qquad \lim_{a\to 0} D'(a) = 0$$

であることから, ロピタルの定理を2回利用して, つまり,

$$\lim_{a\to 0} \frac{N(a)}{D(a)} = \lim_{a\to 0} \frac{N'(a)}{D'(a)} = \lim_{a\to 0} \frac{N''(a)}{D''(a)} \quad (A.12)$$

の関係を利用して, $\lim_{a\to 0}(d\phi/da)$ の符号を確定する.

まず, $D''(a)$ について調べてみると,

$$D''(a) = 2\left[2 + \frac{2b}{\sqrt{1-4ab}} + \frac{2a}{s} - 1 + \sqrt{1-4ab} + (1+a)\left(\frac{2}{s} - \frac{2b}{\sqrt{1-4ab}}\right)\right]^2$$
$$+ 2\left[1 + 2a - \sqrt{1-4ab} + (1+a)\left(\frac{2a}{s} - 1 + \sqrt{1-4ab}\right)\right]\frac{d\delta}{da}$$
$$\left(\text{但し,}\ \ \delta = 2 + \frac{2b}{\sqrt{1-4ab}} + \frac{2a}{s} - 1 + \sqrt{1-4ab} + (1+a)\left(\frac{2}{s} - \frac{2b}{\sqrt{1-4ab}}\right)\right)$$

となるため,

$$\lim_{a\to 0} D''(a) = 2\left[2 + 2b - 1 + 1 + \left(\frac{2}{s} - 2b\right)\right]^2 = 2\left(2 + \frac{2}{s}\right)^2 > 0 \qquad \text{(A.13)}$$

が成立する.

次に,$N''(a)$ について調べてみると,

$$N''(a) = \frac{8bs\sqrt{1-4ab} + \dfrac{16b^2 s(1+2a+s)}{2\sqrt{1-4ab}}}{s^2(1-4ab)}$$
$$+ \frac{8b^2 s(1+2a+s)(1-4ab)^{3/2} + 48ab^3 s(1+a+s)\sqrt{1-4ab}}{s^2(1-4ab)^3}$$
$$- \frac{8bs\sqrt{1-4ab} + \dfrac{4b^2 s(4a+2)}{\sqrt{1-4ab}}}{s^2(1-4ab)} - \frac{8b}{s\sqrt{1-4ab}} - \frac{8}{s}$$

となるため,

$$\lim_{a\to 0} N''(a) = \frac{8((2s+1)b^2 - b - 1)}{s} \qquad \text{(A.14)}$$

が得られる.

ここで,$(2s+1)b^2 - b - 1 < 0$ のとき,$\lim_{a\to 0} N''(a) < 0$ となり,(A.13) を使うと,(A.12) の関係から,$\lim_{a\to 0}(d\phi/da) < 0$ が成立する.よって,b が,

$$0 < b < \frac{1 + \sqrt{8s+5}}{4s+2}$$

第5章　マクロエコノミック・ダイナミクスにおける利他性の役割について　　　135

の範囲にあるとき，$(2s+1)b^2-b-1<0$ となり，$\lim_{a\to 0}(d\phi/da)<0$ が成立する．ここで，

$$\bar{b}=\frac{1+\sqrt{8s+5}}{4s+2}$$

と定義すると，

$$\bar{b}-\frac{1}{2}=\frac{1+\sqrt{8s+5}}{4s+2}-\frac{1}{2}=\frac{\sqrt{8s+5}-2s}{4s+2}>\frac{\sqrt{8s}-2s}{4s+2}$$

$$=\frac{2\sqrt{s}\,(\sqrt{2}-\sqrt{s}\,)}{4s+2}>0$$

である．仮定より，$0<b<1$ であることから，b が，

$$0<b<\min(1,\bar{b}) \tag{A.15}$$

の範囲にあれば，$\lim_{a\to 0}(d\phi/da)<0$ が成立し，(A.6)が成立する．

(2) 後半の証明

a が十分 $1-b$ に近いとき，(A.7)が成立することを示すため，ある b の範囲で，

$$\lim_{a\to 1-b}\frac{d\phi}{da}>0 \tag{A.16}$$

が成立することを示そう．

式(A.10)と(A.11)について，b の範囲で場合分けをおこなう．まず，$b>1/2$ の場合を考えよう．このとき，$\sqrt{(1-2b)^2}=2b-1$，$b(b-1)>-1/4$ であることに注意すると，

$\lim_{a \to 1-b} N(a)$

$$= \frac{4(1-b)+2-4(1-b)b(1+3(1-b)-s)-(4(1-b)^2+4(1-b)+2+4(1-b)bs)\sqrt{1-4(1-b)b}}{s\sqrt{1-4(1-b)b}}$$

$$= \frac{4(1-b)[(7-2s)b(b-1)+2]}{s(2b-1)} > \frac{4(1-b)[(7-2s)(-1/4)+2]}{s(2b-1)} = \frac{4(1-b)\left[\frac{1}{4}+\frac{s}{2}\right]}{s(2b-1)} > 0$$

ならびに,

$$\lim_{a \to 1-b} D(a) = \left[(1-b)(1+\sqrt{1-4(1-b)b}) + \frac{2(1-b)(2-b)}{s}\right]^2$$

$$= \left[2b(1-b) + \frac{2(1-b)(2-b)}{s}\right]^2 > 0$$

を得る. よって, (A.16) が成立する.

次に, $b=1/2$ の場合を考える. このとき,

$$N(a) = \frac{4a+2-2a(1+3a-s)}{s\sqrt{1-2a}} - (4a^2+4a+2+2as),$$

$$D(a) = \left[a(1+\sqrt{1-2a}) + \frac{2a(1+a)}{s}\right]^2$$

となる. ここで,

$$\lim_{a \to 1/2}[4a+2-2a(1+3a-s)] = 2+2-(1+3/2-s) = 3/2-s > 0,$$

なので,

$$\lim_{a \to 1/2} N(a) = +\infty > 0$$

となり, また,

$$\lim_{a \to 1/2} D(a) = \left(\frac{1}{2} + \frac{3}{2s}\right)^2 > 0$$

が成立する. よって, (A.16) が成立する.

第5章 マクロエコノミック・ダイナミクスにおける利他性の役割について   137

最後に，$b<1/2$ の場合を考えよう．このとき，$\sqrt{(1-2b)^2}=1-2b$ であることに注意すると，

$$\lim_{a\to 1-b} D(a) = \left[(1-b)(1+\sqrt{1-4(1-b)b})+\frac{2(1-b)(2-b)}{s}\right]^2$$
$$= \left[2(1-b)^2+\frac{2(1-b)(2-b)}{s}\right]^2 > 0$$

が成立するが，

$$\lim_{a\to 1-b} N(a)$$
$$= \frac{4(1-b)+2-4(1-b)b(1+3(1-b)-s)-(4(1-b)^2+4(1-b)+2+4(1-b)bs)\sqrt{1-4(1-b)b}}{s\sqrt{1-4(1-b)b}}$$
$$= \frac{4(1-b)[1-b(4-3b-s)-((1-b)+1+bs)(1-2b)]+2-2(1-2b)}{s(1-2b)}$$
$$= \frac{4[b(1-b)(1+b+bs)-(1-2b)]}{s(1-2b)}$$

となり，符号は確定しない．ここで，

$$\lim_{b\to 0}(1+b+bs) = 1 < \lim_{b\to 0}\frac{1-2b}{b(1-b)} = +\infty$$
$$\lim_{b\to 1/2}(1+b+bs) = \frac{3}{2}+\frac{s}{2} > \lim_{b\to 1/2}\frac{1-2b}{b(1-b)} = 0$$

が成立することから，

$$1+\hat{b}+\hat{b}s = \frac{1-2\hat{b}}{\hat{b}(1-\hat{b})} \tag{A.17}$$

を満たす $\hat{b}\in(0,1/2)$ が存在し，$\hat{b}<b$ ならば，

$$\lim_{a\to 1-b} N(a) = \frac{4[b(1-b)(1+b+bs)-(1-2b)]}{s(1-2b)} > 0$$

が成立する．

以上のことから，（A.17）を満たす $\hat{b}\in(0,1/2)$ をとると，b が，

$$\tilde{b} < b \tag{A.18}$$

の範囲を満たすとき，$\lim_{a \to 1-b}(d\phi/da)>0$ を満たし，（A.7）が成立する．

証明の前半と後半の結果をまとめよう．まず，

$$\bar{b} = \frac{1+\sqrt{8s+5}}{4s+2} > \frac{1}{2}, \qquad \tilde{b} = \left\{ b \in (0, 1/2) : 1 + b + bs = \frac{1-2b}{b(1-b)} \right\}$$

とおくと，$\bar{b} < b$ のとき，$\lim_{a \to 0}(d\phi/da)<0$ となることから，

$$\lim_{a \to 0} \frac{dx^*}{da} < 0 \tag{A.19}$$

が成立し，$b < \min(1, \bar{b})$ のとき，$\lim_{a \to 1-b}(d\phi/da)>0$ となることから，

$$\lim_{a \to 1-b} \frac{dx^*}{da} > 0 \tag{A.20}$$

が成立する．よって，b が，

$$\tilde{b} < b < \min(1, \bar{b})$$

の範囲にあれば，（A.19）と（A.20）が成立する．

[注]

　　本章は，京都大学経済研究所共同利用・共同研究拠点平成24年度・平成25年度プロジェクト研究「市場の質の経済学アプローチによる災害復興のための理論的及び実証的研究」の成果を一部含んでいる．本プロジェクト研究を通じて，京都大学経済研究所・矢野誠教授をはじめ研究メンバーから有益なコメントを多数いただいた．ここに厚く御礼申し上げます．

[参考文献]

　[1]　藤生裕(1998)，「後方利他性モデルにおける世代間所得移転のメカニズム」，『横浜国際開発研究』第3巻第1号，pp. 49-56.

第5章　マクロエコノミック・ダイナミクスにおける利他性の役割について　　139

［2］　藤生裕（2014），「マクロエコノミック・ダイナミクスにおける利他性の役割について――市場の質の経済学アプローチによる考察」，*KIER Discussion Paper*, No. 1401, 京都大学経済研究所.

［3］　矢野誠（1994），「一般均衡理論の動学的展開――安定性とカオスをめぐって」，岩井克人・伊藤元重編『現代の経済理論』第6章，東京大学出版会.

［4］　Barro, R. (1974), "Are Government Bonds Net Wealth?," *Journal of Political Economy* 82, pp. 1095-1117.

［5］　Fujiu, H. and M. Yano (2008), "Altruism as a Motive for Intergenerational Transfers," *International Journal of Economic Theory* 4, pp. 95-114.

［6］　Hori, H. (1992), "Utility Functionals with Nonpaternalistic Intergenerational Altruism: The case Where Altruism Extends to Many Generations," *Journal of Economic Theory* 46, pp. 451-467.

［7］　Hori, H. (1997), "Dynamic Allocation in an Altruistic Overlapping Generations Economy," *Journal of Economic Theory* 73, pp. 292-315.

［8］　Hori, H. and S. Kanaya (1989), "Utility Functionals with Nonpaternalistic Intergenerational Altruism," *Journal of Economic Theory* 49, pp. 241-265.

第6章　市場の質の経済動学

佐藤健治，矢野　誠

1.　はじめに

　外生的なショックを伴わない経済動学モデルであっても恒常的かつ複雑な循環が発生する可能性がある．この事実は1970年代後半ごろから注目を集めはじめ，現在では非線形経済動学と呼ばれる分野を形成している[1]．決定論的循環現象が限られたモデルでのみ発生する特異な性質でないことを示す数多くの研究が行われてきた中で，Yano and Furukawa (2013) は「市場の質」の経済学との深い結び付きを示した最初の論文の1つであり，第一次産業革命以後の経済が市場の質の悪化と改善を繰り返しながら成長を続けてきた様子を巧みに描写している．つまり，非線形経済動学は矢野（2005）による「C字型曲線」の理論的基礎づけを与えていると言える．

　本章では恒常的かつ複雑な循環現象を説明する概念の1つであるエルゴードカオスについて概略を述べる．均衡動学系がエルゴードカオスとなる条件について解説し，C字型曲線と類似した動学を発生させるモデルを2つ紹介する．なお，本章の内容は主に Sato and Yano (2013) および Sato, Yano and Kanehara (2014) に基づいている．

2.　エルゴードカオス

　恒常的な景気循環を説明するための道具立てとして経済学ではいくつかの概念を利用してきたが，本章では「エルゴードカオス」と呼ばれる非線形現象に注目する．エルゴードカオスを利用することの利点は，ほとんどすべての初期

値について複雑な循環現象が発生するという意味で「観測可能[2)]」なカオスであるということ，さらに動学に付随する確率測度を用いて動学経路の平均的な振る舞いを特徴づけられるということが挙げられる．定義には測度論の概念を用いるが，示唆するところを理解することは難しくない．エルゴードカオスの動学は長期的に見ればあたかも独立なサイコロ投げを繰り返しているように見える．時系列の複雑性が擬似的なランダムネスをもたらすのである．結果として，「出目」の確率に対応する確率測度が動学の長期的・平均的性質を集約することになる．

集合 J を $\mathbb{R}$ 上の閉区間，$\mathscr{J}$ を J のボレル集合族とする．以下，特に断らない限り力学系 $f : J \to J$ は上への写像であるとする．$m(\cdot)$ を $(J, \mathscr{J})$ 上のルベーグ測度であるとする．

定義 1　力学系 $f : J \to J$ が（狭義の）エルゴードカオスであるとは，次の性質を持つ $(J, \mathscr{J})$ 上の確率測度 μ が一意的に存在することをいう．

1. [不変性]すべての $A \in \mathscr{J}$ について $\mu(f^{-1}(A)) = \mu(A)$.
2. [エルゴード性]　$A \in \mathscr{J}$ が $f^{-1}(A) = A$ を満たせば $\mu(A) = 0$ あるいは $\mu(A) = 1$ のいずれかが成り立つ．
3. [絶対連続性]　$A \in \mathscr{J}$ が $m(A) = 0$ を満たせば $\mu(A) = 0$ が成り立つ．

上の定義で与えられる確率測度 μ をエルゴード測度と呼ぶ．

可測集合 $A \in \mathscr{J}$ に対する指示関数を $\mathbb{I}_A$ と書き，写像の反復を再帰的に $f^n(x) = f(f^{n-1}(x)), n = 1, 2, ..., f^0(x) = x$ と書く．エルゴード定理として知られる次の事実は動学の長期的な振る舞いを μ によって特徴づけられることを示している．

事実 2　力学系 $f : J \to J$ がエルゴードカオスであるとし，そのエルゴード測度を μ とする．このとき，（ルベーグ測度に関して）ほとんどすべての $x \in J$ について，

$$\lim_{T \to \infty} \frac{1}{T} \sum_{t=0}^{T-1} \mathbb{I}_A(f^t(x)) = \mu(A) \tag{1}$$

が成り立つ.

　式(1)は力学系の軌道が集合 A に入る平均頻度を計算している．これがエルゴード測度 μ と同一であるという事実によって，長期平均(左辺)を単一時点の確率分布(右辺)で表現できることが分かる．ここで力学系 f には一切の確率的要因は存在しないということに注意しておきたい．力学系が持つ非線形性が定常確率過程に類似した性質を生んでいる．

　エルゴードカオスに関する応用上の関心は，どのような条件下でエルゴード確率測度が一意的に存在するか，という問題である．定理を述べる前にいくつかの用語を導入しておく．

　点 $c \in \mathrm{int}\, J$ が写像 $f : J \to J$ の強いキンクであるとは，c の左右で増減が入れ替わるか，あるいは f が c で不連続であることをいう．すなわち，$f'(c+)f'(c-)<0$,[3) あるいは $f(c+) \neq f(c-)$ のいずれかが成り立つ．一方，弱いキンクとは連続な微分不可能点で増減を入れ替えないの点のことをいう．すなわち，c が弱いキンクのとき $f'(c+) \gtrless 0 \gtrless f'(c-), f(c+)=f(c-)$ が成り立つ．$f : J \to J$ が単峰的であるとは，強いキンクが1つだけ存在し，弱いキンクが高々有限個のみ存在することをいう[4)．例えば，典型的な単峰写像は $J=[0,1]$ 上のテント写像,

$$x \mapsto \begin{cases} 2x & \text{if } 0 \le x \le \dfrac{1}{2}, \\ 2-2x & \text{if } \dfrac{1}{2} < x \le 1 \end{cases}$$

である．これは連続な単峰写像の例であり，強いキンク $c=\dfrac{1}{2}$ の前後において増加から減少に転じる．不連続な例としては,

$$x \mapsto \begin{cases} 2x & \text{if } 0 \le x \le \dfrac{1}{2}, \\ 2x-1 & \text{if } \dfrac{1}{2} < x \le 1 \end{cases}$$

が挙げられる．同じく $J=[0,1]$ 上の写像であるが $c=\dfrac{1}{2}$ において不連続である．この写像は Kamihigashi (2013) による離散選択モデルの特殊ケースである．いずれの例も強いキンク以外の点で微分可能であるが，弱いキンクが有限個あってもかまわない．そのような例は第 4 節で紹介する．

写像 $f: J \to J$ が区分的に C^2 であるとは，J を有限個の部分区間に分割することができて，それぞれの部分区間の内点で 2 階連続微分可能であり，関数，1 階導関数，2 階導関数のすべてが端点まで連続的に拡張できることをいう．写像 $f: J \to J$ に対して，ある自然数 n が存在して，

$$\inf |(f^n)'(x)| > 1$$

が成り立つとき，f は反復拡大的であるという．ただし，微分が定義されている点で下限を取るものとする．

次の定理は Lasota and Yorke (1973)，Kowalski (1975)，Li and Yorke (1978) および Deneckere and Judd (1992) の拡張である．

定理 3　(Sato and Yano (2012, 2013))．力学系 $f: J \to J$ が単峰的，区分的に C^2 であるとする．このとき，f が反復拡大的であれば（狭義の）エルゴードカオスである．

3. Matsuyama モデル

Matsuyama (1999) によるイノベーションモデルでは，資本蓄積と技術開発のフェーズを交互に繰り返しながら経済が成長する．技術開発は中間財数を増加させることによって生産性を高める一方で，固定費用として資本を減少させるため，資本蓄積が十分に進んでいない経済では技術開発が行われないという特徴がある．詳細は省略するが，Matsuyama モデルの動学は次の方程式で特徴づけられる．

$$
k_t = \Phi(k_{t-1}) = \begin{cases} Gk_{t-1}^{1-1/\sigma} & \text{if } k_{t-1} \leq 1 \\[2mm] \dfrac{Gk_{t-1}}{1+(1-1/\sigma)^{1-\sigma}(k_{t-1}-1)} & \text{if } k_{t-1} > 1, \end{cases}
$$

$t=1, 2, \dots$ ここで，k_0 は所与，$\sigma>1$ は同質な中間財間の代替の弾力性である．σ が独占のマークアップを決定するため，これを特許の強さ（σ が小さいほど特許権が強い）と解釈することができる．G は外生変数から決定される複合的なパラメータであり，潜在的な成長率と解釈されている．なお，状態変数 k_t は資本量を中間財の数で割ったものに比例する変数である．$k_{t-1}\leq1$ が資本蓄積のフェーズに対応し，$k_{t-1}>1$ が技術開発のフェーズに対応している．$G\leq1$ のケース，および $G\geq(1-1/\sigma)^{1-\sigma}-1$ の場合には循環は発生しない[5]．資本蓄積と技術開発が共に起こり続ける循環現象を捉えるために $1<G<(1-1/\sigma)^{1-\sigma}-1$ を仮定すると，状態変数は有限期間の後に $J=[\Phi^2(1),\Phi(1)]$ に入り，以後その区間から出ることがない[6]．したがって，実質的に Φ を閉区間 J 上の写像と見ることができる．

Yano, Sato and Furukawa (2011)，Sato and Yano (2013) は定理3を用いて Matsuyama モデル，$\Phi:J{\to}J$，にエルゴードカオスが存在することを示している．動学のおおまかな性質は図6-1から読み取ることができる．

特許保護が弱くなれば，すなわち σ が大きくなれば景気循環を不安定化させる傾向がある．また，イノベーションにかかる固定費用の増大は G を減少させることを通じて（Matsuyama 1999; 339f.)，景気循環を不安定化させる．ただし，十分に特許保護が強ければ，固定費用の大きさにかかわらず（$G>1$ である限り），循環を伴う成長が起こるということもこの図から見て取れる．

4. 2部門最適成長モデル

Nishimura and Yano (1995) は Lasota and Yorke (1973)，Kowalski (1975)，Li and Yorke (1978) に基づく定理を用い，消費財部門が資本集約的であるような2部門最適成長モデルでエルゴードカオスが生じることを証明している．最適経路上では，資本が少ないときには資本蓄積を優先させ消費財の生産を一時

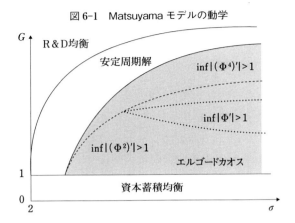

図 6-1 Matsuyama モデルの動学

的に停止し，資本蓄積が進んだ後に消費財の生産を再開することで，資本の蓄積と利用を繰り返す循環現象が起こる．これは 2 部門最適成長モデルの最適成長が迂回原理を通して達成されることを端的に表現している（矢野・中澤 2015）．

ここでは，Sato, Yano and Kanehara (2014) に基づき，2 部門 3 生産要素の最適成長モデルに定理 3 を応用できることを簡単に紹介しよう．

経済には，消費財部門（$i=1$）と資本財部門（$i=2$）の 2 部門が存在し，生産要素として資本（$j=1$），労働（$j=2$），土地（$j=3$）の 3 つがあるものとする．各部門の生産関数はレオンチェフ型でそれぞれ，

$$c_t \leq \min\left\{\frac{k_t^1}{a_{11}}, \frac{l_t^1}{a_{21}}, \frac{n_t^1}{a_{31}}\right\}, \tag{2}$$

$$k_{t+1} \leq \min\left\{\frac{k_t^2}{a_{12}}, \frac{l_t^2}{a_{22}}, \frac{n_t^2}{a_{32}}\right\} \tag{3}$$

と書けるものとする．c_t は t 期に消費できる消費財の量，k_{t+1} は t 期の期末資本量である．k_t^i, l_t^i, n_t^i はそれぞれ t 期に利用できる資本，労働，土地の内，第 i 部門に投入された量を表す．労働と土地の賦存量を一定（$l_t \equiv l, n_t \equiv n$）とすると，次の要素制約を満たさなければならない．

第6章　市場の質の経済動学　　　　　　　　　　　　147

$$k_t^1 + k_t^2 \le k_t, \qquad l_t^1 + l_t^2 \le n, \qquad n_t^1 + n_t^2 \le n. \tag{4}$$

所与の k_0 に対して，代表的個人の最適化問題を，

$$\max \sum_{t=0}^{\infty} \rho^t c_t \qquad \text{s.t.} \quad (2)\text{-}(4)$$

と定義する．要素集約度に関する仮定，

$$\frac{a_{11}}{a_{12}} > \frac{a_{21}}{a_{22}} > \frac{a_{31}}{a_{32}},$$

およびいくつかの技術的な仮定の下で，最適動学関数 $h : k_t \mapsto k_{t+1}$ は，

$$h(k_t) = \begin{cases} \dfrac{1}{a_{12}} k_t & \text{if} \quad I_{\min} \le k_t \le \dfrac{a_{12}}{a_{32}} n \\[2mm] -\dfrac{a_{31}}{\Delta_{1,3}} k_t + \dfrac{a_{11}}{\Delta_{1,3}} n & \text{if} \quad \dfrac{a_{12}}{a_{32}} n \le k_t \le \dfrac{\Delta_{1,3} l - \Delta_{1,2} n}{\Delta_{2,3}} \\[2mm] -\dfrac{a_{21}}{\Delta_{1,2}} k_t + \dfrac{a_{11}}{\Delta_{1,2}} l & \text{if} \quad \dfrac{\Delta_{1,3} l - \Delta_{1,2} n}{\Delta_{2,3}} \le k_t \le I_{\max} \end{cases}$$

と書ける．ただし，$\Delta_{1,2} := a_{11}a_{22} - a_{12}a_{21} > 0, \Delta_{1,3} := a_{11}a_{32} - a_{12}a_{31} > 0, \Delta_{2,3} :=$ $a_{21}a_{32} - a_{22}a_{31} > 0$．ここでも，$h$ の定義域を実質的な定義域

$$I = [I_{\min}, I_{\max}] = \left[-\frac{a_{21}}{a_{32}\Delta_{1,2}} n + \frac{a_{11}}{\Delta_{1,2}} l, \ \frac{1}{a_{32}} n \right]$$

に制限していることに注意してほしい．典型的な動学関数は**図 6-2**(右)の太線の形状をしている．**図 6-2** では比較のために 2 部門 2 要素モデルの典型的な動学関数を併記している．

　要素制約の追加によって，動学関数は弱いキンクをもつ単峰関数に変化する．不動点を $\hat{k} = h(\hat{k})$ とすれば，この動学がエルゴードカオスであることを保証するもっとも簡単な十分条件は，

$$h'(\hat{k}) < -1 \quad \text{かつ} \quad \left(-\frac{a_{31}}{\Delta_{1,3}} \right) \times \left(-\frac{a_{21}}{\Delta_{1,2}} \right) > 1$$

である．すなわち，右下がり部分の傾きの積が 1 を超えていればよい．定理 3

図6-2 2部門モデルの最適動学関数(太線)

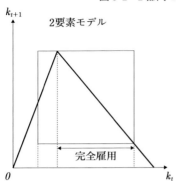
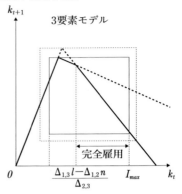

が適用できることは，$\inf |(h^2)'| > 1$ によって分かる[7]．

　最後に，エルゴード測度の利用について大まかな議論をしてこの節の結びとしたい．このモデルでは要素集約度の仮定により最も右側にある右下がり部分が労働の完全雇用条件に対応している．したがって，$\dfrac{\Delta_{1,3}l - \Delta_{1,2}n}{\Delta_{2,3}} \leq k_t \leq I_{\max}$ であるときに労働力が完全雇用の状態で生産活動が行われる一方で，$\dfrac{\Delta_{1,3}l - \Delta_{1,2}n}{\Delta_{2,3}} > k_t$ が成り立つときには雇用されない労働力が存在する．モデルの概説では第3要素を土地としたが，これは規制強化によって追加されたり規制緩和によって消滅する抽象的な政策変数と考えることもできる．第3要素の追加・消滅は動学の領域を変化させると同時に経済変数の確率分布（エルゴード測度）を変化させるので，完全雇用になる確率や不完全雇用の程度の変化に関する定量的な評価が可能になる[8]．

5. おわりに

　上の2例ではどちらも複数の経済活動からその時点でより望ましいものを選ぶことを通して循環が発生している．矢野・中澤（2015）で詳しく述べられている通り，このような「迂回原理」は市場の質の経済学を支える概念であり，非線形経済動学は市場の質の動学を理解するための重要な役割を担っている．

［注］

1) 関連文献および基礎的な解説は西村・矢野（2007）を参照.
2) 観測可能でないカオスについては，西村・矢野（2007）を参照.
3) $f(c+):=\lim_{x\to c, x>c} f(x), f(c-):=\lim_{x\to, x<c} f(x)$. $f'(c+), f'(c-)$ についても同様.
4) 通常，「単峰的」という場合には連続な山型写像のことをいうが，本章では不連続な写像を含めている.
5) $G\leq 1$ の場合には，資本蓄積が起こり続ける均衡に収束し，$G\geq(1-1/\sigma)^{1-\sigma}$ では技術開発のみが起こり続ける均衡に収束する.
6) 自明なケース $k_0=0$ は排除する必要がある.
7) 前述の「技術的な仮定」の中に $\frac{1}{a_{12}}>\rho^{-1}>1$ が含まれる. これは原点を最適な長期均衡にしないための条件である.
8) エルゴード測度の数値計算手法については，Ding and Zhou（1996）を参照.

［参考文献］

［1］ 西村和雄，矢野誠（2007），『非線形経済動学』岩波書店.

［2］ 矢野誠（2005），『「質の時代」のシステム改革』岩波書店.

［3］ 矢野誠，中澤正彦（2015），『なぜ科学が豊かさにつながらないのか？』慶應義塾大学出版会.

［4］ Deneckere, R. J. and K. L. Judd (1992), "Cyclical and Chaotic Behavior in a Dynamic Equilibrium Model, with Implications for Fiscal Policy," J. Benhabib ed., *Cycles and Chaos in Economic Equilibrium*, pp. 308–329, Princeton: Princeton University Press.

［5］ Ding, J. and A. Zhou (1996), "Finite Approximations of Frobenium-Perron operators. A Solution of Ulam's Conjecture to Multi-dimensional Transformations," *Physica* D 92, pp. 61–68.

［6］ Kamihigashi, T. (2013), "Ergodic Chaos and Aggregate Stability: A Deterministic Discrete-choice Model of Wealth Distribution Dynamics," *International Journal of Economic Theory* 9, pp. 45-56.

［7］ Kowalski, Z. S. (1975), "Invariant Measures for Piecewise Monotonic Transformations," *Lecture Notes in Mathematics* 472, pp. 77-94.

［8］ Lasota, A. and J. A. Yorke (1973), "On the Existence of Invariant Measures for Piecewise Monotonic Transformations," *Transactions of the American Mathematical Society* 186, pp. 481-488.

[9] Li, T.-Y., and J. A. Yorke (1978), "Ergodic Transformations from an Interval into Itself," *Transactions of the American Mathematical Society* 235, pp. 183-192.

[10] Matsuyama, K. (1999), "Growing through Cycles," *Econometrica* 67, pp. 335-347.

[11] Nishimura, K. and M. Yano (1995), "Nonlinear Dynamics and Chaos in Optimal Growth: An Example," *Econometrica* 63, pp. 981-1001.

[12] Sato, K. and M. Yano (2012), "A Simple Condition for Uniqueness of the Absolutely Continuous Ergodic Measure and its Application to Economic Models," *AIP Conference Proceedings* 1479.

[13] Sato, K. and M. Yano (2013), "An Iteratively Expansive Unimodal Map is Strong Ergodic Chaos" mimeo, Kyoto University.

[14] Sato, K., M. Yano and D. Kanehara (2014), "Nonlinear Dynamics in the Two Sector Optimal Growth Model: Comparative Dynamics of Factor Choice" mimeo, Kobe University.

[15] Yano, M. and Y. Furukawa (2013), "Chaotic Industrial Revolution Cycles and Intellectual Property Protection in an Endogenous Exogenous Growth Model," mimeo, Kyoto University.

[16] Yano, M., K. Sato and Y. Furukawa (2011), "Observability of Chaotic Economic Dynamics in the Matsuyama Model," K. G. Dastidar, H. Mukhopadhyay, and U. B. Sinha eds., *Dimensions of Economic Theory and Policy Essays for Anjan Mukherji*, New Delhi: Oxford University Press.

第7章　仲介取引市場の経済分析

大石尊之[*]

1. 仲介取引市場と市場の質経済学

　経済学では，伝統的に市場を分析する際には，売り手と買い手からなる競争市場を対象としてきた．一方，仲介業者が市場取引に重要な役割を果たしている，仲介取引市場も現実には数多く見出すことができる．例えば，派遣労働市場や不動産ブローカーのいる住宅市場は，仲介取引市場の代表例である．これらの市場では，売り手と買い手の双方が互いに相手を見つけるかわりに，仲介業者が彼らをマッチングする．この意味で，仲介取引市場において，仲介業者はマッチメイカーの役割を持っているといえる[1].

　近年，さまざまな仲介取引市場の問題が重要な社会問題になっている．例えば，1990年代の日本の景気停滞を背景に，雇用の多様化と市場の活性化を意図した派遣労働の規制緩和は，正規労働者との格差拡大などで国内の重要な経済問題になっている[2].また，仲介業者のおかげで労働者と企業双方が互いに相手を見つけやすくなった一方で，人と働き場所の適切なマッチングが実現しているかどうかは議論の余地がある．

　仲介取引市場の社会・経済問題の本質は，経済学で強調される「市場の持つコーディネーション機能の停滞」にある．市場のコーディネーション機能とは，資源配分機能と交換利益の分配機能の2つの機能のことを指す（詳細は，例えば，矢野（2001）を参照）．資源配分機能は，派遣労働市場の例でいうと，人と働き場所の最適な組み合わせが実現するような機能のことをいう．一方，交換利益の分配機能とは，価格を通じて取引から生じる交換の利益が取引参加者間で公正に分配される機能のことをいう．派遣労働市場のコーディネーショ

ンがうまく機能していれば，人と働き場所のミスマッチも起きないし，派遣労働者の賃金が不当に安価に抑えられることもないであろう．

矢野誠京都大学教授が初めて提唱し，国内外で注目を集めている「市場の質経済学」は，市場のコーディネーション機能を高めることで，市場を高質化し，豊かな社会・経済を形成していくことを志向した，新しいタイプの経済学である（例えば，一般向けの解説書として，矢野（2005），入門的な学術論文として，Yano（2009）がある）．市場の質経済学の観点からすると，先述の日本の派遣労働市場は，市場の質が高いとはいえない．では，派遣労働市場のような仲介取引市場を高質化するためには，どのような市場インフラの適切な設計が望ましいだろうか．このような現実的な経済問題を解決するためには，まずは仲介取引市場が本来備えているコーディネーション機能を，詳細に分析することが重要である．

本章では，仲介取引を伴う競争市場のコーディネーション機能に関する分析に焦点を当てて，筆者による過去の研究成果（Oishi（2012），Oishi and Sakaue（2009, 2014））に基づき解説する．仲介取引を伴う競争市場では，市場の価格メカニズムだけでなく，仲介業者の役割も重要である．そのため，伝統的な競争市場の分析のときとは異なり，仲介業者を明示的に取り込んだモデルが必要となる．本章では，Oishi and Sakaue（2014）によって開発された，仲介取引を伴う競争市場モデルを紹介し，どのような状況のもとで，（均衡上で）仲介取引が起きたり，売り手と買い手間の直接取引が起きたりするのかを説明する．そして，仲介業者が効率的な資源配分をもたらすのかどうかや，市場価格の形成を通じて，交換利益の公正な分配をもたらすのかどうか，についても検討していく．

本章の主要な結論を述べる前に，Oishi and Sakaue（2014）による仲介取引市場の基本モデルのエッセンスを説明する．この基本モデルでは，非分割財を1単位だけ最初に保有する売り手，財を高々1単位欲している買い手，および財を高々1単位仲介するマッチメイカーとしての仲介業者がそれぞれ複数いるような競争市場を想定する．非分割財とは，分割することが不可能な財あるいは分割することがふさわしくないような財のことをいう．モデルでは，非分割財は金銭を通じて交換されている．また，売り手と買い手は，互いに相手を見つ

けるのに取引費用（探索費用）がかかるとする．一方，マッチメイカーとしての仲介業者は，売り手と買い手をマッチングすることで，彼らの探索費用を削減することができるが，マッチングする際に取引費用（マッチング費用）がかかるとする．

Shapley and Shubik（1971）を嚆矢とする金銭移転を伴う非分割財の競争市場モデルの分析は，Kelso and Crawford（1982）や Kaneko（1983）など，労働市場や住宅市場の経済問題に応用されてきたが，仲介取引市場の問題には応用されてこなかった．なぜなら，マッチメイカーとしての仲介業者の役割は，売り手や買い手とは異なるものであり，既存のモデルをそのまま援用できないからである．一方で，仲介取引市場に関する既存の経済分析の多くは，市場の摩擦を考慮した分権的な市場モデルであるサーチモデルを使って行われてきた（例えば，Rubinstein and Wolinsky（1987），Yavaş（1994），Johri and Leach（2002）など）．Oishi and Sakaue モデルで想定している仲介業者の着想は，仲介取引市場の経済分析の先駆けである Rubinstein and Wolinsky（1987）から得たものである．しかし，サーチモデルを使った仲介取引市場の分析では，資源配分機能は分析できるが，交換利益の分配機能を分析できるような構造になっていない．なぜならば，売り手と買い手が仲介業者を通じてマッチングしたときの交換の利益は，あらかじめ外生的に与えられたルールで決まるようなモデルの構造になっているからである．一方，競争市場モデルでは，Edgeworth（1881）以来，コアと呼ばれる概念を用いて，交換利益の分配機能が分析されてきた．Oishi and Sakaue モデルは，サーチモデルで想定されてきた仲介業者を，非分割財の競争市場モデルに導入することで，仲介取引市場のコーディネーション機能の分析に成功している．

本章の主要な結論を要約すると，次の通りである．まず，仲介業者のマッチングスキルが同質（すなわち，仲介業者のマッチング費用が同一）であるような仲介取引市場を考える．このような市場では，売り手と買い手の探索費用の総和がマッチング費用より十分高く，仲介業者の数が相対的に多ければ，均衡上で仲介取引は必ず起きる．対照的に，売り手と買い手の探索費用の総和がマッチング費用より十分低いときには，均衡上で売り手と買い手間の直接取引が必ず起きる．仲介取引を経由する競争均衡はコアと一致する（すなわち，コア一

致定理が成立する）ので，仲介取引が均衡上で起きるときには効率的な資源配分が達成される．コアはコア配分の集合である．市場のコア配分とは，簡潔に言えば，交渉を通じた相対取引において，交換の恣意的な価格付けが起きない状態のときの交換利益のことである．この意味でコアは公正な交換利益を実現しているといえる．したがって，コア一致定理は，交換利益の分配機能が仲介取引市場でも働いていることを示している．また，仲介業者の均衡上の利得が必ず正になるような経済環境があることも明らかにされる．次に，基本モデルの拡張として，仲介業者のマッチングスキルが異質的である（すなわち，仲介業者のマッチング費用が一般的に異なる）ような仲介取引市場のモデルや，各仲介業者が取引できる財の数が複数となるような仲介取引市場のモデルを考える．これらの市場のもとでも，コア一致定理は成り立つが，一般にはコアが空かもしれないために，競争均衡の存在は必ずしも保証されない．仲介業者のいない通常の非分割財の競争市場では，必ず競争均衡が存在することが知られているので（例えば，Shapley and Shubik (1971), Kaneko (1982)），仲介取引市場で競争均衡が必ずしも存在しないという事実は，仲介取引市場と伝統的な競争市場の特性の違いを示すものになる．仲介取引市場では価格メカニズムだけなく，仲介業者のマッチング能力も市場のコーディネーション機能に欠かせない．したがって，仲介取引市場を高質化していくためには，仲介業者のマッチング能力を高めていくための市場インフラが本質的に重要といえるだろう．

　本章の構成は次の通りである．第2節で，仲介取引のある競争市場の基本モデルを説明し，市場のコーディネーション機能を分析する．第3節で，基本モデルをいくつかの方向性で拡張し，市場のコーディネーション機能を分析する．第4節で，仲介取引市場の経済分析に関する今後の課題を，市場の質経済学の観点などから，簡潔に述べる．

2. 仲介取引のある競争市場モデル

2.1 基本モデル

Oishi and Sakaue (2014) によって導入された，仲介取引を伴う競争市場の基

本モデルを紹介する．まず，売り手と買い手の有限集合をそれぞれ，$S=\{s_1, s_2, ..., s_{n_S}\}$ および $B=\{b_1, b_2, ..., b_{n_B}\}$ で表す．売り手の人数を n_S で，買い手の人数を n_B で表す．各売り手 s は，非分割財を 1 単位所有している．これを $\omega_s=1$ で表す．売り手たちの財は，それぞれ異なっているとする．すなわち，売り手の集合 S は財の集合でもある．これらの財は金銭によって交換されるとする．一方，各買い手は，高々 1 単位の財を購入したいと考えている．

次に，仲介業者の有限集合を $M=\{i_1^M, i_2^M, ..., i_{n_M}^M\}$ で表し，仲介業者の人数を n_M で表す．仲介業者は初期時点では財を保有しておらず，また買い手から購入した財を消費することはないとする．分析の単純化のため，各仲介業者は高々 1 単位の財を仲介するケースに焦点を当てる．各仲介業者は売り手と買い手のマッチングを行う**マッチメイカー**の役割を持つとする．マッチメイカーである仲介業者の存在により，売り手と買い手が自分たちで相手を探索する必要がなくなる．ただし，仲介業者はマッチングを行う際に，マッチング費用と呼ぶ取引費用 $c_{iM} \geq 0$ がかかる．例えば，不動産市場では仲介業者はオーナーから購入した家を，潜在的な買い手のために改装したり，修繕したりするかもしれない．その際にかかる取引費用をここではマッチング費用と呼ぶ．

次に，**マーケットプレイス**という概念を導入する．マーケットプレイスは，売り手と買い手が出会える場所を意味する．売り手と買い手が直接取引をするためには，マーケットプレイスで互いに取引相手を探索して，取引を行うとする．マーケットプレイス上では，各売り手は探索費用 $c_s \geq 0$ をかければ，必ず取引相手（つまり買い手）が見つかるとする．同様に，マーケットプレイス上では，各買い手は探索費用 $c_b \geq 0$ をかければ，必ず取引相手（つまり売り手）が見つかるとする．このようにマーケットプレイスは売り手と買い手が出会う「場所」である．マーケットプレイスに別の解釈を与えることも可能である．売り手・買い手間のマッチングを行うわけでないが，出会いの場所は提供するという経済主体としての解釈である．このような経済主体をここでは「疑似的仲介人」と呼ぶことにする．ただし，疑似的仲介人は実質的には「場所」であるので，出会いの場所を提供することで利益を獲得することはないとする．今後，読者はマーケットプレイスを疑似的仲介人として読み替えても差支えない．マーケットプレイスの有限集合を $P=\{i_1^P, i_2^P, ..., i_{n_P}^P\}$ で表し，各マーケット

プレイスでは，高々1組の売り手・買い手間の取引しか生じないとする．マーケットプレイスの数はn_Pである．ここでは，マーケットプレイスの数が潜在的な財の割り当て数よりも大きいと仮定する．すなわち，$n_P > \min\{n_S, n_B\}$を仮定する．この仮定は，売り手と買い手の双方が出会える場所が十分あることを保証するものである．

仲介業者とマーケットプレイスの集合の合併を$I = M \cup P$で表す．集合Iを仲介機関の集合とする．ここでいう仲介機関とは仲介業者とマーケットプレイス（あるいは疑似的仲介人）の双方を指す．仲介機関の数をn_Iで表し，$n_I = n_M + n_P$とする．売り手，仲介機関および買い手の集合の合併を$N = S \cup I \cup B$とする．Nはすべての経済主体の集合である．すべての経済主体の数をnで表すと，$n = n_S + n_I + n_B$である．

市場の需給は次のように記述される．

売り手サイド：各売り手$s \in S$は，次の行動の1つを選択する．
（ⅰ）　自分の所有する財を仲介業者に売る．
（ⅱ）　マーケットプレイスで，自分の所有する財を買い手に売る．ただし，売り手sは買い手を探すために探索費用$c_s \geq 0$をかける．
（ⅲ）　自分の所有する財を自分で消費する．
　　　　売り手sの消費をx_sで表すと，$x_s \in \{0, 1\}$である．

仲介機関サイド：各仲介業者$i^M \in M$は，買い手に高々1単位の財を売りたいと考えている．この目的のために，各仲介業者は売り手から高々1単位の財を購入する．仲介業者i^Mが財を1単位仲介するのにマッチング費用$c_{i^M} \geq 0$がかかる．一方，各マーケットプレイス$i^P \in P$では，売り手・買い手間で高々1単位の財の取引が起きる．換言すれば，疑似的仲介人である$i^P \in P$は，売り手から高々1単位の財を購入し，購入した場合は買い手に売る．もちろんi^Pのマッチング費用はゼロである．売り手$s \in S$の仲介機関$i \in I$への供給を$\tilde{x}_{si}$で表すと，$\tilde{x}_{si} \in \{0, 1\}$である．

買い手サイド：各買い手$b \in B$は，次の行動の1つを選択する．

図 7-1　仲介取引市場の需給

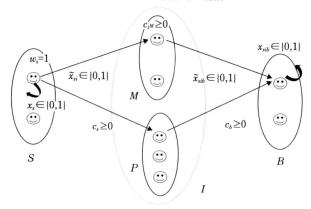

(ⅰ) 仲介業者から財を高々 1 単位購入する．

(ⅱ) マーケットプレイスで，売り手から財を高々 1 単位購入する．その際に探索費用 $c_b \geq 0$ がかかる．

買い手 $b \in B$ の消費を $x_{sib} \in \{0, 1\}$ で表す．$x_{sib} = 1$ は，仲介機関 $i \in I$ が売り手 $s \in S$ から購入した財に対する，買い手 $b \in B$ の需要が 1 単位であることを意味する．$x_{sib} = 0$ は，仲介機関 $i \in I$ が売り手 $s \in S$ から購入した財に対する，買い手 $b \in B$ の需要がないことを意味する．一方，仲介機関の供給を $\tilde{x}_{sib} \in \{0, 1\}$ で表す．$\tilde{x}_{sib} = 1$ は，仲介機関 $i \in I$ が売り手 $s \in S$ から購入した 1 単位の財を，買い手 $b \in B$ に供給していることを意味する．$\tilde{x}_{sib} = 0$ は，仲介機関 $i \in I$ が売り手 $s \in S$ から購入した財を，買い手 $b \in B$ に供給していないことを意味する．

図 7-1 は，仲介取引市場の需給の様子を簡潔に表したものである．

売り手 $s \in S$，仲介機関 $i \in I$，買い手 $b \in B$ の実現可能な配分の集合をそれぞれ X_s, X_i, X_b で表す．これらの配分の集合は，上述の市場の需給の説明から，次の A1, A2, A3 のように与えられる．

A1 すべての売り手 $s \in S$ に対して，
$$X_s \equiv \{(x_s, (\tilde{x}_{si})_{i \in I}) \in \mathbb{Z}_+^{1+n_I} : x_s + \sum_{i \in I} \tilde{x}_{si} = \omega_s = 1\}.$$

A2 すべての仲介機関 $i \in I$ に対して,

$$X_i \equiv \{(\tilde{x}_{sib})_{s \in S, b \in B} \in \mathbb{Z}_+^{n_S n_B} : \sum_{s \in S} \sum_{b \in B} \tilde{x}_{sib} \leq 1\}.$$

A3 すべての買い手 $b \in B$ に対して,

$$X_b \equiv \{(x_{sib})_{s \in S, i \in I} \in \mathbb{Z}_+^{n_S n_I} : \sum_{s \in S} \sum_{i \in I} x_{sib} \leq 1\}.$$

各売り手 $s \in S$ と各買い手 $b \in B$ は財の消費から効用を得る. 効用は金銭で測ることができるとする. 売り手 s の効用関数を $U_s : \mathbb{Z}_+ \to \mathbb{R}$, 買い手 b の効用関数を $U_b : \mathbb{Z}_+^{n_S n_I} \to \mathbb{R}$ で表す. 効用関数 $U_s(\cdot)$ および $U_b(\cdot)$ は非減少関数とし, 何も消費しない場合の効用をそれぞれゼロとする.

任意の仲介機関 $i \in I$ に対して, 単位ベクトル $\omega_s^i = (0, ..., 0, e_s^i, 0, ..., 0) \in \mathbb{Z}_+^{n_S n_I}$ (ただし $e_s^i = 1$) を定義する. ここで, e_s^i は仲介機関 $i \in I$ が財 s について仲介していることを意味する. 買い手 b が仲介機関 $i \in I$ を通じて, 財 s を消費するときの効用は $U_b(\omega_s^i)$ で表される.

ここで, 分析の対象を, 仲介機関が同質的である場合に絞る. 仲介業者 $i^M \in M$ が同質的であるとは, 任意に売り手 $s \in S$ と買い手 $b \in B$ を選んで固定したときに, どのような仲介業者 $i^M \in M$ が売り手 s と買い手 b をマッチングしても, 買い手 b の効用は不変であることを意味する. すなわち, 買い手 b にとって, 財 s を消費する際の効用は, 仲介業者に依存しない. 同様に, マーケットプレイス $i^P \in P$ が同質的であるとは, 任意に売り手 $s \in S$ と買い手 $b \in B$ を選んで固定したときに, どのようなマーケットプレイス $i^P \in P$ を経由しても, 買い手 b の効用は不変であることを意味する. すなわち, 買い手 b にとって, 財 s を消費する際の効用は, マーケットプレイスに依存しない. 以上をまとめると, 次のように表される.

同質的仲介機関の仮定 任意の売り手と買い手のペア $(s, b) \in S \times B$, 任意の仲介業者 $i^M, \tilde{i}^M \in M$ (ただし $i^M \neq \tilde{i}^M$), および任意のマーケットプレイス $i^P, \tilde{i}^P \in P$ (ただし $i^P \neq \tilde{i}^P$) に対して,

$$U_b(\omega_s^{i^M}) = U_b(\omega_s^{\tilde{i}^M}), \qquad U_b(\omega_s^{i^P}) = U_b(\omega_s^{\tilde{i}^P}).$$

第7章 仲介取引市場の経済分析 159

　この仮定のもとでは，仲介業者のマッチング能力は同質でなくてはならないので，マッチング費用は仲介業者間ですべて同じになる．すなわち，すべての $i^M \in M$ に対して，マッチング費用は $c_{i^M} = c \geq 0$（ただし c は一定）である．

　次に価格体系を導入する．各仲介業者 $i^M \in M$ は，任意の売り手 $s \in S$ から価格 $p_s^M \in \mathbb{R}_+$ で高々1単位の財を購入するとする．また，各仲介業者 $i^M \in M$ は，任意の買い手 $b \in B$ に財 $s \in S$ を価格 $q_s^M \in \mathbb{R}_+$ で高々1単位売るとする．
　同様に，各マーケットプレイス $i^P \in P$ は，任意の売り手 $s \in S$ から価格 $p_s^P \in \mathbb{R}_+$ で高々1単位の財を購入する．各マーケットプレイス $i^P \in P$ は，任意の買い手 $b \in B$ に財 $s \in S$ を価格 $q_s^P \in \mathbb{R}_+$ で高々1単位売る．
　価格の組 p および q を次のように定義する．

$$p \equiv (p_s^M, p_s^P)_{s \in S} \in \mathbb{R}_+^{2n_S}, \qquad q \equiv (q_s^M, q_s^P)_{s \in S} \in \mathbb{R}_+^{2n_S}.$$

　価格の組 p は売り手と仲介機関の取引に関連した価格体系を表す．価格の組 q は買い手と仲介機関の取引に関連した価格体系を表す．
　次に各経済主体が市場取引から得る効用を考える．まず，すべての売り手 $s \in S$ に対して，売り手 s の効用水準は次のように表される．

$$U_s(x_s) + (p_s^P - c_s) \sum_{i \in P} \tilde{x}_{si} + p_s^M \sum_{i \in M} \tilde{x}_{si}.$$

上記の式における第1項は，自己消費から得られる買い手 s の効用である．第2項は，マーケットプレイス上で買い手に財を販売したときの，売り手 s の純便益である．この場合，売り手 s には探索費用 c_s がかかる．第3項は，仲介業者に財を販売したときの売り手 s の収入である．
　次に，すべての仲介業者 $i \in M$ に対して，仲介業者 i の効用水準は次のように表される．

$$-\sum_{s \in S} p_s^M \left(\sum_{b \in B} \tilde{x}_{sib} \right) + \sum_{s \in S} \sum_{b \in B} (q_s^M - c) \tilde{x}_{sib}.$$

上記の式における第1項は，売り手から財を購入する際の仲介業者 i の支出である．第2項は，仲介業者が買い手に財を販売するときの，仲介業者 i の純便益である．この場合，仲介業者 i にはマッチング費用 c がかかる．

同様に，すべてのマーケットプレイス $i \in P$ に対して，マーケットプレイス i の効用水準は次のように表される．

$$-\sum_{s \in S} p_s^P (\sum_{b \in B} \tilde{x}_{sib}) + \sum_{s \in S} \sum_{b \in B} q_s^P \tilde{x}_{sib}.$$

上記の式の解釈は仲介業者の場合と同様であるが，マーケットプレイス i にはマッチング費用がかからないことに注意する．

次に，すべての買い手 $b \in B$ に対して，買い手 b の効用水準は次のように表される．

$$U_b((x_{sib})_{s \in S, i \in I}) - \sum_{s \in S} \sum_{i \in P} (q_s^P + c_b) x_{sib} - \sum_{s \in S} \sum_{i \in M} q_s^M x_{sib}.$$

上記の式における，第1項は財の消費から得られる買い手 b の効用である．第2項は，マーケットプレイスで売り手から財を購入する際の買い手 b の支出である．財に対する支払額である q_s^P だけなく，探索費用 c_b も支出に含まれる．第3項は，仲介業者から財を購入する際の買い手 b の支出である．

次の条件 A4 は，簡潔に言えば，仲介機関が財を仲介する場合は，必ず買い手に供給することを意味する．

A4 すべての売り手と仲介機関の組 $(s, i) \in S \times I$ に対して，

$$\sum_{b \in B} \tilde{x}_{sib} = \tilde{x}_{si}.$$

一方，条件 A5 は，簡潔に言えば，買い手に財が供給されると，その財は必ず買い手に消費されることを意味する．

A5 すべての売り手，仲介機関，買い手の組 $(s, i, b) \in S \times I \times B$ に対して，

$$x_{sib} = \tilde{x}_{sib}.$$

ここで，仲介取引市場の競争均衡を次のように定義する．

仲介取引市場の競争均衡の定義　価格体系の組と消費の組

$$(p^*, q^*, x^*) = ((p_s^{*M}, p_s^{*P})_{s \in S}, (q_s^{*M}, q_s^{*P})_{s \in S}, ((x_s^*)_{s \in S}, (x_{sib}^*)_{s \in S, i \in I, b \in B}))$$

が競争均衡であるとは，(p^*, q^*, x^*) が次の条件 (I)-(V) を満たすことをいう．

（I）　すべての買い手 $s \in S$ に対して，

$$
U_s(x_s^*) + \max \{p_s^{*P} - c_s, \, p_s^{*M}\}(\omega_s - x_s^*)
$$
$$
= \max_{(x_s, (\tilde{x}_{si})_{i \in I}) \in X_s} \left[U_s(x_s) + (p_s^{*P} - c_s)\sum_{i \in P} \tilde{x}_{si} + p_s^{*M}\sum_{i \in M} \tilde{x}_{si} \right]
$$

（II）　すべての仲介業者 $i \in M$ に対して，

$$
\sum_{s \in S}\sum_{b \in B}(q_s^{*M} - p_s^{*M} - c)x_{sib}^*
$$
$$
= \max_{(\tilde{x}_{sib})_{s \in S,\, b \in B} \in X_i} \left[\sum_{s \in S}\sum_{b \in B}(q_s^{*M} - p_s^{*M} - c)\tilde{x}_{sib} \right]
$$

（III）　すべてのマーケットプレイス $i \in P$ に対して，

$$
\sum_{s \in S}\sum_{b \in B}(q_s^{*P} - p_s^{*P})x_{sib}^*
$$
$$
= \max_{(\tilde{x}_{sib})_{s \in S,\, b \in B} \in X_i} \left[\sum_{s \in S}\sum_{b \in B}(q_s^{*P} - p_s^{*P})\tilde{x}_{sib} \right]
$$

（IV）　すべての買い手 $b \in B$ に対して，

$$
U_b((x_{sib}^*)_{s \in S,\, i \in I}) - \sum_{s \in S}\left\{(q_s^{*P} + c_b)\sum_{i \in P} x_{sib}^* + q_s^{*M}\sum_{i \in M} x_{sib}^*\right\}
$$
$$
= \max_{(x_{sib})_{s \in S,\, i \in I} \in X_b} \left[U_b((x_{sib})_{s \in S,\, i \in I}) - \sum_{s \in S}\left\{(q_s^{*P} + c_b)\sum_{i \in P} x_{sib} + q_s^{*M}\sum_{i \in M} x_{sib}\right\} \right]
$$

（V）　すべての財 $s \in S$ に対して，

$$
x_s^* + \sum_{i \in I}\sum_{b \in B} x_{sib}^* = \omega_s.
$$

　条件 (I), (II), (III), (IV) は，それぞれ売り手，仲介業者，マーケットプレイスおよび買い手の主体均衡条件を表す．すなわち，各経済主体は，市場取引から得られる自分たちの効用を最大にするように，実現可能な配分を選択する．

　条件 (V) は，仲介市場全体で見たときに，財の需給が均衡していることを述べている．需給の均衡条件 (V) は，条件 A1 から A5 までの 5 つの条件をまとめたものと数学的に同値になる．

競争均衡 (p^*, q^*, x^*) が存在するとき，価格の組 (p^*, q^*) を**均衡価格**といい，x^* を**競争均衡配分**という．また，均衡価格のもとで，市場取引から得られる各経済主体の効用を**競争均衡の帰結**という．売り手 $s \in S$，仲介機関 $i \in I$，買い手 $b \in B$ の競争均衡の帰結を，それぞれ u_s^*，v_i^* および w_b^* で表す．

2.2 競争均衡の存在と仲介取引市場の効率性

仲介取引市場の競争均衡について分析する．まず分析すべきは，競争均衡は存在するのかどうか，存在するならばパレートの意味で効率的な資源配分をもたらすのどうかを明らかにすることである．

分析を始める前に，仲介取引で各仲介機関がもたらす相対的な粗便益という概念を導入しよう．任意に売り手 $s \in S$ と買い手 $b \in B$ を選んで固定する．このときすべての仲介機関の組 $(i^M, i^P) \in M \times P$ に対して，

$$\alpha_{sb} \equiv U_b(\omega_s^{i^M}) - U_b(\omega_s^{i^P})$$

を定義する．

$\alpha_{sb} > 0$ ならば，α_{sb} は売り手 s と買い手 b の取引に対して，**仲介業者がもたらす相対的な粗便益**と解釈する．ここで「相対的な粗便益」と呼んでいる理由は，探索費用やマッチング費用は無視したうえで，仲介業者 $i^M \in M$ を経由した際の市場の取引価値の合計である $U_b(\omega_s^{i^M})$ とマーケットプレイス $i^P \in P$ を経由した際の市場の取引価値の合計である $U_b(\omega_s^{i^P})$ を比較しているからである．簡潔に言えば，$\alpha_{sb} > 0$ ならば，グロス（粗）の意味では仲介業者を経由する市場の取引価値が相対的に高いことを意味する．一方，$\alpha_{sb} < 0$ ならば，$-\alpha_{sb}$ は売り手 s と買い手 b の取引に対して，**マーケットプレイスがもたらす相対的な粗便益**と解釈する．簡潔に言えば，$-\alpha_{sb} > 0$ ならば，グロス（粗）の意味ではマーケットプレイスを経由する市場の取引価値が相対的に高いことを意味する．

次に，本章の主要な結果を導くために必要な数学的手法を説明する．この手法は，もともとは非分割財競争市場のゲーム論的分析のために Shapley and Shubik（1971）によって使用された線形計画法であり，Quint（1991）によって一般化されたものである．仲介取引市場のモデルに沿って，Quint による線形

第7章 仲介取引市場の経済分析　　163

計画法を定式化しよう.

　個々の経済主体の集合と買い手, 仲介機関, 売り手の3人の経済主体からなる組の集合の合併を π で表し, **仲介取引市場のマッチング構造**と呼ぶ. 仲介取引市場のマッチング構造 π は, 以下で定義される.

$$\pi \equiv \{\{j\}|j \in N\} \cup \{\{s, i, b\}|s \in S, i \in I, b \in B\}.$$

π は, 各経済主体が単独でいるような状況もしくは仲介機関を経由した取引が起きる潜在的なマッチングの状況 (すなわち, 売り手, 仲介機関, 買い手の3人の経済主体からなるマッチングのすべての組) を記述している.

　次の条件 (i)–(iv) を満たす $(n+n_S n_I n_B)$ 次元の実数ベクトルを $a \equiv (a_T)_{T \in \pi}$ で表す. ベクトル a の各成分 a_T は, マッチングの状況が $T \in \pi$ であるとき, このマッチングを通じてもたらされる社会的余剰を表す. 具体的には, 次の通りである.

（ⅰ）　すべての売り手 $s \in S$ に対して,

$$a_{\{s\}} = U_s(\omega_s).$$

（ⅱ）　すべての仲介機関 $i \in I$ およびすべての買い手 $b \in B$ に対して,

$$a_{\{i\}} = a_{\{b\}} = 0.$$

（ⅲ）　すべての売り手, マーケットプレイス, 買い手からなる組 $(s, i^P, b) \in S \times P \times B$ に対して,

$$a_{\{s, i^P, b\}} = U_b(\omega_s^{i^P}) - c_s - c_b.$$

（ⅳ）　すべての売り手, 仲介業者, 買い手からなる組 $(s, i^M, b) \in S \times M \times B$ に対して,

$$a_{\{s, i^M, b\}} = U_b(\omega_s^{i^M}) - c.$$

　条件 (ⅰ) では, 売り手 s が単独でもたらす余剰, すなわち売り手 s が自己消費したときの効用 $U_s(\omega_s)$ を $a_{\{s\}}$ に対応させている. 条件 (ⅱ) では, 仲介機関と買い手がそれぞれ単独でもたらす余剰はそれぞれ0であることを述べている.

条件(iii)では，マーケットプレイスを経由した市場取引がもたらす社会的余剰 $U_b(\omega_s^{i^P})-c_s-c_b$ を $a_{(s,i^P,b)}$ に対応させている．市場の取引費用は，売り手と買い手の探索費用の和である．条件(iv)では，仲介業者を経由した市場取引がもたらす社会的余剰 $U_b(\omega_s^{i^M})-c$ を $a_{(s,i^M,b)}$ に対応させている．市場の取引費用は，仲介業者のマッチング費用である．

分析の単純化のため，すべての売り手，マーケットプレイス，買い手の組 $(s,i^P,b)\in S\times P\times B$ とすべての売り手，仲介業者，買い手の組 $(s,i^M,b)\in S\times M\times B$ に対して，

$$a_{(s,i^P,b)}\geq 0, \qquad a_{(s,i^M,b)}\geq 0$$

を仮定する．なお，この仮定を自然な形で緩めても本質的な結果は変わらない[3]．

本章の主要な結果を導くためには，線形計画法が有益である（線形計画法については，Dantzig (1963)が詳しい）．ここで紹介する線形計画法は，仲介取引市場から導出される**分割線形計画法**（Partitioning Linear Program，略して PLP）と呼ばれるものである．PLP の最初の定式化は Quint (1991) による．

仲介取引市場の分割線形計画法（PLP）

$$(P): \max_{(y_T)_{T\in\pi}} \sum_{T\in\pi} a_T y_T$$
$$s.t. \sum_{T\in\pi, T\ni j} y_T = 1 \ \text{ for all } \ j\in N$$
$$y_T \geq 0 \ \text{ for all } \ T\in\pi.$$

ここで (P) は，PLP の主問題を表す．$(y_T)_{T\in\pi}$ は $(n+n_S n_I n_B)$ 次元の実数ベクトルを表す．

PLP の双対問題を (D) とすると，次のように定式化される．

$$(D): \min_{(d_j)_{j\in N}} \sum_{j\in N} d_j$$
$$s.t. \sum_{j\in T} d_j \geq a_T \ \text{ for all } \ T\in\pi.$$

Quint (1991) は，PLP について次の事実を証明した．

Quint の定理　分割線形計画法（PLP）において，双対問題 (D) の最適解の集合が非空であることと主問題 (P) に整数解が存在することは同値である．ただし，ここでいう整数解とは，すべての成分が整数であるような (P) の最適解のことである．

　経済主体が売り手・買い手だけからなる市場についても同様に PLP を定式化することができる．仲介機関の存在しない市場を，**2 サイド市場**と呼ぶことにする．

　ここでは，仲介業者を経由する仲介取引のある市場から 2 サイド市場の PLP を構成することを考えよう．2 サイド市場のマッチング構造を $\pi' \equiv \{\{j\}|j \in S \cup B\} \cup \{\{s,b\}|s \in S, b \in B\}$ で定義する．マッチング構造 π' は，各経済主体が単独でいるような状況もしくは売り手と買い手の潜在的なマッチングの状況（すなわち，売り手と買い手の 2 人の経済主体からなるマッチングのすべての組）を記述している．

　次の 2 つの条件を満たす $(n_S + n_B + n_S n_B)$ 次元の実数ベクトルを $a' \equiv (a'_T)_{T \in \pi'}$ で表す．

条件 B1　すべての売り手 $s \in S$ に対して，$a'_{\{s\}} = a_{\{s\}}$．

条件 B2　すべての売り手，仲介業者，買い手の組 $(s, i^M, b) \in S \times M \times B$ に対して，$a'_{\{s,b\}} = a_{\{s,i^M,b\}}$．

　条件 B1 では，$a'_{\{s\}}$ は売り手 s が自己消費したときに得る効用の値であることを述べている．条件 B2 は，買い手 b が財 s を消費したときの効用の値 $a_{\{s,b\}}$ が先述の $a_{\{s,i^M,b\}}$ と等しいことを述べている．

2 サイド市場の分割線形計画法（PLP）

$$(P): \max_{(y_T)_{T \in \pi'}} \sum_{T \in \pi'} a'_T y_T$$

$$s.t. \sum_{T \in \pi', T \ni j} y_T = 1 \text{ for all } j \in S \cup B$$

$$y_T \geq 0 \text{ for all } T \in \pi'.$$

2サイド市場において，PLP の双対問題 (D) の最適解の集合は必ず非空であるので，Quint の定理から，主問題 (P) の整数解が必ず存在する.

最初の結果は，均衡上で仲介取引が常に起きる場合があることを述べている．具体的には，仲介業者によってもたらされる相対的な純便益（すなわち，相対的な粗便益からマッチング費用を除いたもの）が非負で，かつ仲介業者の人数が潜在的な財の割り当て数以上であるときには，均衡上で仲介取引が常に起きる.

命題1 すべての売り手 $s \in S$ とすべての買い手 $b \in B$ に対して，

$$a_{sb} - c \geq -(c_s + c_b), \qquad n_M \geq \min \{n_S, n_B\}$$

ならば，仲介業者を経由する競争均衡が必ず存在する.

この命題がどのように PLP から導出されるのか，そのエッセンスを説明しよう．この説明を通じて，どのように均衡価格を構成すればよいのかも明らかになる．証明の詳細は Oishi and Sakaue (2014) を参照していただきたい.

前述の通り，2サイド市場の PLP には必ず整数解が存在する．2サイド市場の PLP の整数解の集合から任意に選んだ1つの $(n_S + n_B + n_S n_B)$ 次元の整数解を y とする．整数解 y から構成される，ある $(n + n_S n_I n_B)$ 整数ベクトル y^* が，仲介業者を経由する仲介市場における PLP の整数解になることを証明できる.

すべての売り手 $s \in S$ に対して $\hat{y}_{\{s\}} \equiv y^*_{\{s\}}$，すべての $\{s, i, b\} \in \pi$ に対して $\hat{y}_{\{sib\}} \equiv y^*_{\{sib\}}$ となるような $(n_S + n_S n_I n_B)$ 次元の整数ベクトルを $\hat{y}$ とする．すべての整数ベクトル $\hat{y}$ の集合を Y とする．整数ベクトル $\hat{y} \in Y$ を用いて，次の3つの条件を満たす効用ベクトル $(\bar{u}, \bar{v}, \bar{w}) \in \mathbb{R}^n$ の集合 C を定義する.

条件 C1 π 分割構造のもとでの効率性

(1) $\hat{y}_{\{sib\}} = 1$ ならば，$\bar{u}_s + \bar{v}_i + \bar{w}_b = a_{\{s,i,b\}}$.

(2)　$\bar{y}_{(s)}=1$ ならば $\bar{u}_s=a_{(s)}$.

条件 C2　個人合理性条件

(1)　すべての $s\in S$ に対して，$\bar{u}_s\geq a_{(s)}$.

(2)　すべての $i\in I$ に対して，$\bar{v}_i\geq a_{(i)}=0$.

(3)　すべての $b\in B$ に対して，$\bar{w}_b\geq a_{(b)}=0$.

条件 C3　安定性条件

すべての $\{s,i,b\}\in\pi$ に対して，$\bar{u}_s+\bar{v}_i+\bar{w}_b\geq a_{(s,i,b)}$.

条件 C1 は，$\bar{y}_{(sib)}=1$ が成り立つ（すなわち仲介機関を通じた取引が行われる）ならば，各経済主体の効用の和は取引価値の合計に等しくなければならないことを述べている．一方，$\bar{y}_{(s)}=1$（財が売り手によって消費される）ならば，売り手の効用は自己消費のときの効用と等しくなければならない．

条件 C2 は，取引を行うことでどの経済主体も損をすることがないことを述べている．

効用ベクトル $(\bar{u},\bar{v},\bar{w})$ と売り手、仲介機関、買い手からなる、あるマッチングの組 $\{s,i,b\}\in\pi$ が存在して，$\bar{u}_s+\bar{v}_i+\bar{w}_b<a_{(s,i,b)}$ が成り立つとき，$(\bar{u},\bar{v},\bar{w})$ はマッチングの組 $\{s,i,b\}$ にブロックされるという．条件 C3 は，効用ベクトル $(\bar{u},\bar{v},\bar{w})$ はあらゆるマッチングの組 $\{s,i,b\}$ にブロックされないことを述べている．

先述の Quint の定理と線形計画法の相補スラック条件を用いることで，集合 C が非空であることを証明できる．この集合 C の中から任意に 1 つ選んで固定した効用ベクトルを $(\bar{u},\bar{v},\bar{w})\in\mathbb{R}^n$ で表す．この効用ベクトルから価格体系 $(\bar{p},\bar{q})$ を次のように構成する．

すべての売り手 $s\in S$ に対して，

$$\bar{p}_s^M=\bar{u}_s,\quad \bar{p}_s^P=\bar{u}_s+c_s.$$

すべての売り手と仲介業者の組 $(s,i^M)\in S\times M$ に対して，

$$\hat{q}_s^M = \bar{u}_s + \bar{v}_{i^M} + c.$$

すべての売り手とマーケットプレイスの組 $(s, i^P) \in S \times P$ に対して,

$$\hat{q}_s^P = \bar{u}_s + \bar{v}_{i^P} + c_s.$$

この価格体系の構成方法は,Shapley and Shubik (1971) の構成方法(Shapley and Shubik (1971) の 3.2 節を参照)を一般化したものである.

このように構成された価格体系 $(\hat{p}, \hat{q})$ と整数ベクトル $\bar{y} \in Y$ の組 $(\hat{p}, \hat{q}, \bar{y})$ が,競争均衡で,その帰結が $(\bar{u}, \bar{v}, \bar{w})$ になることを証明することができる.従って,仲介業者を経由する競争均衡が必ず存在する.

仲介業者を経由する競争均衡は,実は市場のコア配分を達成する.古典的なエッジワースによる交換経済の研究(Edgeworth, 1881)に代表されるように,コアは市場理論における価格メカニズムの理解に貢献してきた概念である.

まず,本章のモデルに沿って,コアを簡潔に説明する.経済主体の集合 N のメンバー間での取引を通じて,各経済主体が得る実現可能な効用ベクトルを $z \in \mathbb{R}^n$ とする.ある提携 $N' \subseteq N$ が逸脱して,N' のメンバーだけで取引を行う場合,その取引でもたらされる価値の総和が,効用の和 $\sum_{k \in N'} z_k$ より厳密に大きいならば,N' は N から逸脱する誘因を持つ.なぜなら,N' は自分たちで取引を行い,その結果を再分配することで,N のメンバー間での取引のときよりも効用を改善することができるからである.実現可能な効用ベクトル $z \in \mathbb{R}^n$ に対して,あらゆる提携 $N' \subseteq N$ が逸脱する誘因を持たないとき,z を**コア配分**という.すべてのコア配分の集合を**コア**という.

厳密にコアを定義するには**提携形ゲーム**と呼ばれるゲームを導入する必要がある.一般的に提携形ゲームは次のように定義する.プレイヤーの有限集合を N する.任意の提携 $N' \subseteq N$ に対して,N' が独力で獲得できる値を対応させる関数 $V : 2^N \to \mathbb{R}$ を,**特性関数**という.ただし,空集合 $\emptyset$ に対して,$V(\emptyset) = 0$ とする.提携形ゲームはプレイヤーの有限集合 N と特性関数 V の組 (N, V) で定義される.

Shapley and Shubik (1971) を嚆矢とする非分割財市場の提携形ゲームを**アサインメントゲーム**という.アサインメントゲームは,通常は 2 サイド市場を

第7章 仲介取引市場の経済分析 169

扱う提携形ゲームであるが，本章では売り手，仲介機関，買い手のいわば3サイド市場を扱うので，この市場に適切な提携形ゲームを考える必要がある．そこで，Kaneko and Wooders (1982) によって定式化された**3サイド・アサインメントゲーム**を導入しよう[4]．

先述の通り，仲介取引市場のマッチング構造を π とする．提携 $N' \subseteq N$ をマッチング構造 π を使って分割することを N' の π 分割と呼び，$\rho_{N'}$ で表す．すなわち，N' の π 分割の1つが $\rho_{N'} = \{T_1, T_2, \cdots, T_k\}$ であるとは，$T_1, T_2, \cdots, T_k$ が次の条件を満たすことをいう．

- 各 $T_1, T_2, \cdots, T_k$ はマッチング構造 π の要素（1点集合あるいは3点集合）である．
- $T_1, T_2, \cdots, T_k$ の合併はちょうど N' である．
- $T_1, T_2, \cdots, T_k$ の交わりは空である．

提携 $N' \subseteq N$ に対して，N' の π 分割の集合を $\mathcal{P}_{N'}$ で表す．

PLP を定義する際に導入した $(n + n_S n_I n_B)$ 次元の実数ベクトル $a = (a_T)_{T \in \pi}$ と N' の π 分割を使うことで，3サイド・アサインメントゲーム (N, V) の特性関数 V を次のように定義できる．

3サイド・アサインメントゲームの特性関数

すべての任意の提携 $N' \subseteq N$ に対して，

$$V(N') \equiv \max_{\rho_{N'} \in \mathcal{P}_{N'}} \sum_{T \in \rho_{N'}} a_T.$$

ただし $V(\emptyset) = 0$ とする．

簡潔に言えば，N' のメンバー間での実現可能なマッチングのなかで，取引価値の総和が最大になるようなマッチングを行ったときの，その取引価値の総和が $V(N')$ である．なお，3サイド・アサインメントゲームは優加法性と呼ばれる性質を満たすことが知られている．提携形ゲーム (N, V) が優加法性を満たすとは，互いに交わらない任意の提携 $N', N'' \subset N$ に対して，$V(N' \cup N'') \geq V(N') + V(N'')$ が成り立つことをいう．この性質は，簡潔に言えば，提携の合併によるシナジー効果があることを述べている．

効用ベクトル $z \in \mathbb{R}^n$ が実現可能であるとは，各経済主体の効用の和が，N

を通じた取引価値の総和を超えることはないことをいう。すなわち,

$$\sum_{s \in S} z_s + \sum_{i \in I} z_i + \sum_{b \in B} z_b \leq V(N)$$

である。このような実現可能な効用ベクトル $z \in \mathbb{R}^n$ に対して,あらゆる提携 $N' \subseteq N$ が逸脱する誘因をもたないならば,すなわち,すべての提携 $N' \subseteq N$ に対して,

$$\sum_{k \in N'} z_k \geq V(N')$$

ならば,z をコア配分という。すべてのコア配分 z の集合を,3 サイド・アサインメントゲームのコアという。命題 1 の証明の概略で登場した集合 C はコアであることが証明できる(詳細は,Oishi and Sakaue (2009) を参照)。ここからは,集合 C を単にコアと呼ぶ。命題 1 の条件もとでは,コアは非空であることに注意しよう。

実現可能な効用ベクトル $z, z' \in \mathbb{R}^n$ を考えよう。効用ベクトル z から z' に変更することで,各経済主体の効用水準を悪化させることなく,少なくとも誰か 1 人の効用水準を厳密に改善することができるとき,z' は z を**パレート改善**するという。実現可能な効用ベクトル $z \in \mathbb{R}^n$ に対して,他のいかなる実現可能な効用ベクトルも z をパレート改善しないとき,z は**パレート効率的**であるという。コアの定義から,コア配分はパレート効率的である。

仲介業者を経由する競争均衡を任意に 1 つ選んで固定し,それを (p^*, q^*, x^*) で表す。この競争均衡の帰結を (u^*, v^*, w^*) とする。競争均衡の帰結 (u^*, v^*, w^*) がコアに属することは,次のように簡単に確認できる。

まず,競争均衡の定義から,帰結 (u^*, v^*, w^*) は実現可能な効用ベクトルであり,また,個人合理性を満たすことがわかる。帰結 (u^*, v^*, w^*) が安定性条件を満たすことを確認しよう。

仮に安定性条件が満たされないとすると,次の条件を満たすマッチングの組 $\{s, i^M, b\} \in S \times M \times B$ が存在しなければならない。

$$u_s^* + v_{i^M}^* + w_b^* < a_{\{s, i^M, b\}} = U_b(x_{si^Mb}) - c.$$

一方,競争均衡の定義から $u_s^* \geq p_s^M$,$v_{i^M}^* \geq -p_s^M + q_s^M - c$,および $w_b^* \geq U_b(x_{si^Mb}) -$

q_s^M が成り立つので,

$$U_b(x_{s_i M_b}) - c = p_s^M + (-p_s^M + q_s^{*M} - c) + (U_b(x_{s_i M_b}) - q_s^M)$$
$$\leq u_s^* + v_{i^M}^* + w_b^*$$

が成り立つことになり,矛盾である.以上から,競争均衡の帰結 (u^*, v^*, w^*) はコア配分になるので,次の命題が成立する.

命題2 仲介業者を経由する競争均衡はパレート効率的である.

命題1の証明に関する説明で明らかなように,任意のコア配分は競争均衡の帰結になる.一方,命題2の証明に関する説明で明らかなように,任意の競争均衡の帰結はコア配分になる.これらの事実をまとめると,次の命題が得られることになる.

命題3 仲介業者を経由する競争均衡の帰結の集合はコアと一致する.

非分割財の2サイド市場では,競争均衡の帰結の集合とコアが一致すること(**コア一致定理**)はよく知られている.上記の命題は,コア一致定理が仲介取引市場でも成り立つことを述べている.

次に,均衡上で売り手と買い手間の直接取引が起きる場合を検討する.命題4は,命題1の条件とは対照的に,マーケットプレイスによってもたらされる相対的な純便益(すなわち,相対的な粗便益から売り手と買い手の探索費用の総和を除いたもの)が非負であるときには,均衡上で仲介業者を経由しない取引(すなわち,マーケットプレイスにおける売り手と買い手間の直接取引)が起きることを述べている.

命題4 すべての売り手 $s \in S$ とすべての買い手 $b \in B$ に対して,

$$-\alpha_{sb} - (c_s + c_b) \geq -c$$

ならば，仲介業者を経由しない競争均衡が必ず存在する．

この命題を証明するには，すべての売り手 $s \in S$ とすべての買い手 $b \in B$ に対して，$-a_{sb}-(c_s+c_b) \geq -c$ ならば，マーケットプレイスを経由する競争均衡が常に存在し，各マーケットプレイスに対する競争均衡の帰結がゼロであることを示す必要がある．

命題4の結論を導くために，マーケットプレイスを経由する取引のある市場から2サイド市場の PLP を構成することを考えよう．次の2つの条件を満たす $(n_S+n_B+n_S n_B)$ 次元の実数ベクトルを $a^* \equiv (a_T^*)_{T \in \pi'}$ で表す．

条件 D1　すべての売り手 $s \in S$ に対して，$a_{\{s\}}^* = a_{\{s\}}$.

条件 D2　すべての売り手，マーケットプレイス，買い手の組 $(s, i^P, b) \in S \times P \times B$ に対して，$a_{\{s,b\}}^* = a_{\{s, i^P, b\}}$.

条件 D1, D2 の意味は，仲介業者を経由する取引のある市場から2サイド市場の PLP を構成するときに定義した実数ベクトル $a' \equiv (a_T')_{T \in \pi'}$ の条件 B1, B2 とそれぞれ同様である．

2サイド市場の PLP は次のように定義される．

$$(P): \max_{(y_T)_{T \in \pi'}} \sum_{T \in \pi'} a_T^* y_T$$
$$s.t. \sum_{T \in \pi', T \ni j} y_T = 1 \text{ for all } j \in S \cup B$$
$$y_T \geq 0 \text{ for all } T \in \pi'.$$

この2サイド市場の PLP を使って，命題1の証明と同様に，マーケットプレイスを経由する競争均衡が常に存在することを示すことができる．次に，なぜ各マーケットプレイスに対する競争均衡の帰結がゼロになるのか，その概略を説明する．証明の詳細は Oishi and Sakaue (2014) を参照していただきたい．

マーケットプレイスを経由する取引のある市場の PLP に対する，任意の $(n + n_S n_I n_B)$ 次元の整数解を y^* とする．すべての売り手 $s \in S$ に対して

$\bar{y}^*_{(s)} \equiv y^*_{(s)}$, すべてのマッチングの組 $\{s, i, b\} \in \pi$ に対して $\bar{y}^*_{(sib)} \equiv y^*_{(sib)}$ を満たすような $(n_S + n_S n_I n_B)$ 次元の整数解を $\bar{y}^*$ とする.

マーケットプレイスを経由する取引のある市場の PLP の制約条件から,

$$\sum_{s \in S} \sum_{i \in I} \sum_{b \in B} \bar{y}^*_{(sib)}$$
$$= \sum_{s \in S} \sum_{i \in I} \sum_{b \in B} y^*_{(sib)} = \sum_{s \in S} (1 - y^*_{(s)}) = n_S - \sum_{s \in S} y^*_{(s)} \le n_S$$

であり, 同様にして,

$$\sum_{b \in B} \sum_{s \in S} \sum_{i \in I} \bar{y}^*_{(sib)} \le n_B$$

が成り立つ. すなわち,

$$\sum_{s \in S} \sum_{i \in I} \sum_{b \in B} \bar{y}^*_{(sib)} \le \min \{n_S, n_B\} < n_P$$

が成り立つ. いま, すべてのマーケットプレイス $i^P \in P$ に対して, 売り手と買い手の組 $(s, b) \in S \times B$ が存在して, $\bar{y}^*_{(si^Pb)} = 1$ と仮定する. このとき,

$$\sum_{i \in I} \sum_{s \in S} \sum_{b \in B} \bar{y}^*_{(sib)} = \sum_{i \in P} \sum_{s \in S} \sum_{b \in B} \bar{y}^*_{(sib)} \ge \sum_{i \in P} 1 = n_P$$

が成り立つので, 矛盾する. ゆえに, あるマーケットプレイス $i^P \in P$ が存在して, すべての売り手と買い手の組 $(s, b) \in S \times B$ に対して, $\bar{y}^*_{(si^Pb)} = 0$ である. このようなマーケットプレイス i^P の競争均衡の帰結はゼロになることが証明できる. 一方, すべてのマーケットプレイス $i^P \in P$ の競争均衡の帰結は等しくなることも証明できる. 以上をまとめると, すべてのマーケットプレイス $i^P \in P$ の競争均衡の帰結はゼロになる.

仲介業者を経由しない競争均衡は, 2 サイド市場の競争均衡と実質的に同じである. したがって, Shapley and Shubik (1971) のコア一致定理から, 仲介業者を経由しない競争均衡の帰結はパレート効率的になる.

2.3 仲介業者の市場参入

ここでは, 各仲介業者が市場へ参入する動機を持つような条件を検討する.

すなわち，すべての仲介業者の競争均衡の帰結が常に正になるような条件を検討する．

まず，命題1および命題4の証明と同様にして，次の命題を導くことができる．

命題5 すべての売り手 $s \in S$ とすべての買い手 $b \in B$ に対して，

$$\alpha_{sb} - c \geq -(c_s + c_b), \quad n_M > \min\{n_S, n_B\}$$

ならば，すべての仲介業者の競争均衡の帰結はゼロである．

この命題は，命題1の条件のもとでは，仲介業者の人数が潜在的な財の割り当て数より厳密に大きいならば，彼らの競争均衡の帰結はゼロであることを述べている．

一方，次の命題は，仲介業者によってもたらされる相対的な純便益が正であり，かつマッチングでもたされる取引価値の総和が消費者の自己消費を通じた効用水準より厳密に大きく，さらに仲介業者の人数が潜在的な財の割り当て数と等しいときには，仲介業者に対する競争均衡の帰結は常に正になることを述べている．

命題6 すべての売り手 $s \in S$，すべての仲介業者 $i^M \in M$ とすべての買い手 $b \in B$ に対して，

$$\alpha_{sb} - c > -(c_s + c_b)$$
$$U_b(\omega_s^{i^M}) - c > U_s(\omega_s)$$
$$n_M = \min\{n_S, n_B\}$$

ならば，仲介業者を経由する競争均衡は必ず存在し，すべての仲介業者に対する競争均衡の帰結は正になる．

命題6の条件がなぜ必要なのかは必ずしも直観的ではないので，命題6の証明の概略を説明することを通じて，当該の条件が必要なことを明らかにする．

第 7 章　仲介取引市場の経済分析　　175

　具体的な説明をする前に，証明のエッセンスについて触れよう．命題 6 の条件は命題 1 の条件を満たすので，仲介業者を経由する競争均衡は必ず存在し，命題 3 からこの帰結の集合はコアと一致する．仲介業者に対するコア配分が正であれば証明することはない．したがって，議論の中心になるのは，仲介業者に対するコア配分がゼロであるときである．このとき，コア配分を再分配して，仲介業者に対する帰結を正になるようにすると，その配分が再びコア配分になることを示すことができれば，所望の結論を得ることになる．

　では概略を示す．命題 1 の証明から明らかなように，仲介取引市場の競争均衡 (p^*, q^*, x^*) をもたらすコア配分 $(\bar{u}, \bar{v}, \bar{w}) \in C$ とこのコア配分に対応する $(n_S + n_S n_I n_B)$ 次元の整数ベクトル $\bar{y} \in Y$ が存在する．命題 6 の条件 $\alpha_{sb} - c > -(c_s + c_b)$ と $n_M = \min\{n_S, n_B\}$，および命題 1 から，すべての仲介業者 $i^M \in M$ に対して，$\sum_{s \in S} \sum_{b \in B} x^*_{si^M b} = 1$ であり，またすべてのマーケットプレイス $i^P \in P$ に対して，$\sum_{s \in S} \sum_{b \in B} x^*_{si^P b} = 0$ である．同質的な仲介業者に対する競争均衡の帰結はすべて等しく，またマーケットプレイスに対する帰結はすべてゼロになる．仲介業者 $i^M \in M$ に対して，$\bar{v}_{i^M} = 0$ としよう．任意に 1 人の売り手 $s \in S$ と 1 人の買い手 $b \in B$ を選んで固定する．命題 6 の条件 $U_b(\omega_s^{i^M}) - c > U_s(\omega_s)$ から，次のように効用ベクトル $(\hat{u}, \hat{v}, \hat{w}) \in \mathbb{R}^n$ を構成しよう．

- $x^*_{si'^M b} = 1$ を満たす，すべての仲介業者 $i'^M \in M$ に対して，$\bar{u}_s > U_s(\omega_s)$ が成り立つ場合：
  十分小さな正の実数 $\epsilon > 0$ に対して，
  $$\hat{u}_s = \bar{u}_s - \epsilon, \quad \hat{v}_{i'^M} = \bar{v}_{i'^M} + \epsilon > 0, \quad \hat{w}_b = \bar{w}_b.$$

- $x^*_{si'^M b} = 1$ を満たす，すべての仲介業者 $i'^M \in M$ に対して，$\bar{u}_s = U_s(\omega_s)$，$\bar{w}_b > 0$ が成り立つ場合：
  十分小さな正の実数 $\epsilon > 0$ に対して，
  $$\hat{w}_b = \bar{w}_b - \epsilon, \quad \hat{v}_{i'^M} = \bar{v}_{i'^M} + \epsilon > 0, \quad \hat{u}_s = \bar{u}_s.$$

- それ以外の場合：
  $x^*_{sib} = 0$ を満たす，すべての $(s, i, b) \in S \times I \times B$ に対して，

$$\hat{u}_s = \bar{u}_s, \qquad \hat{v}_i = \bar{v}_i, \qquad \hat{w}_b = \bar{w}_b.$$

コア配分 $(\bar{u}, \bar{v}, \bar{w})$ に対応する整数ベクトル $\hat{y} \in Y$ は，効用ベクトル $(\hat{u}, \hat{v}, \hat{w})$ にも対応することがわかるので，$(\hat{u}, \hat{v}, \hat{w})$ がコア配分になることが示せる．ただし，すべての売り手，マーケットプレイス，買い手の組 $(s, i^P, b) \in S \times P \times B$ に対して，$\hat{u}_s + \hat{v}_{i^P} + \hat{w}_b > a_{(s, i^P, b)}$ が成り立つことを確認する必要がある．つまり，すべての売り手と買い手は，再分配の結果を，マーケットプレイスを経由した取引により改善することはできないことを確認しなくてはならない．これは，次の計算により容易に確認できる．まず，効用ベクトル $(\bar{u}, \bar{v}, \bar{w})$ がコア配分であることと，仲介業者 $i^M \in M$ に対して，$\bar{v}_{i^M} = 0$ であるので，

$$\hat{u}_s + \hat{v}_{i^M} + \hat{w}_b = \bar{u}_s + \bar{v}_{i^M} + \bar{w}_b = \bar{u}_s + \bar{w}_b \geq a_{(s, i^M, b)}.$$

次に，すべてのマーケットプレイス $i^P \in P$ に対して，$\bar{v}_{i^P} = 0$ であるので，

$$\hat{u}_s + \hat{v}_{i^P} + \hat{w}_b = \bar{u}_s + \bar{v}_{i^P} + \bar{w}_b = \bar{u}_s + \bar{w}_b.$$

命題6の条件 $\alpha_{sb} - c > -(c_s + c_b)$ から，$a_{(s, i^M, b)} > a_{(s, i^P, b)}$ が成り立つので，

$$\hat{u}_s + \hat{v}_{i^P} + \hat{w}_b > a_{(s, i^P, b)}.$$

以上から，所望の結論を得る．

2.4 仲介取引市場の比較静学

仲介取引市場をサーチモデルで初めて分析した Rubinstein and Wolinsky (1987) では，仲介業者が社会厚生に及ぼす影響を考察している．ここでは，本章の市場モデルを使う場合，仲介業者が社会厚生に及ぼす影響をどのように分析することができるのか，簡潔に説明する．

いま仲介取引市場の PLP に整数解が存在するとき，任意の $(n + n_S n_I n_B)$ 次元の整数解を $y^* = (y_T^*)_{T \in \pi}$ とする．また，マーケットプレイスを経由する取引のある市場から導出される2サイド市場の PLP における任意の $(n_S + n_B + n_S n_B)$ 次元の整数解を $y' = (y_{T'}')_{T' \in \pi'}$ とする．2サイド市場の PLP における整数解は必

第7章　仲介取引市場の経済分析　　　　177

ず存在することに注意しよう．先述の $(n+n_S n_I n_B)$ 次元の実数ベクトル a と $(n_S+n_B+n_S n_B)$ 次元の実数ベクトル a^* を用いて，次の Δ を定義する．

$$\Delta \equiv \sum_{T \in \pi} a_T y_T^* - \sum_{T' \in \pi'} a_{T'}^* y_{T'}'.$$

　簡潔に言えば，仲介取引が起きたときの競争均衡で達成される社会厚生と，売り手と買い手間の直接取引が起きたときの競争均衡で達成される社会厚生の差を Δ で表している．$\Delta>0$ ならば，仲介業者が社会厚生に正の効果を与えるといえるし，$\Delta<0$ ならば，仲介業者が社会厚生に負の効果を与えるといえる．具体的には，命題4の状況のもとでは，$\Delta=0$ になり，仲介業者が社会厚生に与える影響はない．一方，命題6の状況のもとでは，$\Delta>0$ になり，仲介業者は社会厚生に正の影響を与える．このように，PLP を通じて，仲介業者が社会厚生に与える影響を吟味することができるのが，本章のモデル分析の特徴の1つといえる．

3. 仲介取引市場モデルの拡張

　前節で紹介した仲介取引市場の基本モデルでは，仲介業者のマッチング費用が同一であることが仮定されてきた．この仮定は，各仲介業者のマッチングスキルが同質であることを意味しているが，一般的には各仲介業者のマッチングスキルは異なっていると考えるのが自然であろう．一方，基本モデルでは，各仲介業者が扱うことができる非分割財の数は高々1個であったが，本来は複数のほうが自然である．この節では，これら2つの方向性に沿ったモデルの拡張について簡潔に説明する．

3.1　仲介業者のマッチングスキルが異なる場合

　同質的仲介機関の仮定を置かないで，仲介取引市場を分析してみよう．この方向性での分析は Oishi (2012) によって試みられている．
　各仲介業者 $i^M \in M$ のマッチング費用 $c_{i^M} \geq 0$ は，仲介業者間で同じではないとする．次の命題7は，仲介業者のマッチングスキルが異なる仲介取引市場に

おいて，コアの一致定理が成り立つことを述べている．この意味で，命題7
は，仲介業者のマッチングスキルが同じである仲介取引市場におけるコアの
一致定理を述べた命題3の一般化になっている．

命題7 仲介業者のマッチングスキルが異なる仲介取引市場において，すべて
の売り手$s \in S$，すべての買い手$b \in B$とすべての仲介業者$i^M \in M$に対して，

$$\alpha_{sb} - c_{i^M} \geq -(c_s + c_b), \qquad n_M \geq \min\{n_S, n_B\}$$

ならば，仲介業者を経由する競争均衡の帰結の集合とコアは一致する．

命題7の証明方法は，命題3とほぼ同じようにしてできる．証明の詳細は，
Oishi (2012) を参照していただきたい．

ここで注意すべきは，命題3ではコアが必ず非空であるのに対して，命題7
の状況では，コアが必ずしも非空になる保証はないということである．この事
実を確認するために，次の例をみてみよう．

競争均衡が存在しない例

売り手の有限集合を$S = \{s_1, s_2\}$，仲介業者の有限集合を$M = \{i_1^M, i_2^M\}$，マーケ
ットプレイスの有限集合を$P = \{i_1^P, i_2^P, i_3^P\}$，買い手の有限集合を$B = \{b_1, b_2\}$と
する．次の効用関数と費用構造を仮定しよう．

(i) $U_{s_1}(\omega_{s_1}) = U_{s_2}(\omega_{s_2}) = 0$

(ii) $U_{b_1}(\omega_{s_2}^{i_2^M}) = U_{b_1}(\omega_{s_1}^{i_2^M}) = U_{b_2}(\omega_{s_2}^{i_2^M}) = 1.5$

(iii) $U_{b_2}(\omega_{s_2}^{i_1^M}) = 1.2$

(iv) 上記の3つの場合以外のとき $U_b(\omega_s^i) = 0.6$

(v) $c_{i_1^M} = 0.2$ $\quad$ $c_{i_2^M} = 0.5$.

(vi) $c_{s_1} = c_{s_2} = c_{b_1} = c_{b_2} = 0.3$.

この仲介取引市場から導かれる3サイド・アサインメントゲームのコアは空で
あることが確かめられる．したがって，命題7から，この仲介取引市場では競
争均衡は存在しないことになる．

第7章　仲介取引市場の経済分析　　179

　命題3ではコアが必ず非空になることから，競争均衡の存在は保証されているが，上述のように命題7ではコアが必ずしも非空にならないので，一般的に競争均衡の存在は保証されない．この事実は，重要なので命題の形でまとめておこう．

命題8　仲介業者のマッチングスキルが異なる仲介取引市場では，仲介業者を経由する競争均衡は必ずしも存在しない．

　Quint (1991) によれば，仲介取引市場の PLP で整数解が存在することと，3サイド・アサインメントゲームのコアが非空であることは同値である[5]．この事実と命題7から，次の命題を得ることになる．

命題9　仲介業者のマッチングスキルが異なる仲介取引市場において，すべての売り手 $s \in S$，すべての買い手 $b \in B$ とすべての仲介業者 $i^M \in M$ に対して，

$$\alpha_{sb} - c_{i^M} \geq -(c_s + c_b), \qquad n_M \geq \min\{n_S, n_B\}$$

とする．このとき，次の (i) と (ii) は同値である．
(i)　仲介業者を経由する競争均衡が存在する．
(ii)　仲介取引市場の PLP で整数解が存在する．

3.2　仲介できる財が複数の場合

　最後に，異なるマッチングスキルを持つ仲介業者 $i \in M$ が扱うことができる財の数は高々1個ではなく，高々 K_i 個（ただし $2 \leq K_i < \infty$ ）であるような仲介取引市場を分析してみよう．この方向性での分析は Oishi and Sakaue (2009) によって試みられている．ここでは，分析手法の概略と結論を簡潔に紹介する．

　いま仲介業者 $i \in M$ が高々 K_i 個の財を取引できるという状況を，高々1単位の財を取引できる同質的な仲介業者が K_i 人いるという状況に変換する．言い換えれば，タイプ $i \in M$ の仲介業者が全部で K_i 人いるという状況に変換す

る．また，分析の単純化のため，各仲介業者 $i \in M$ に対して，その仲介業者が仲介する財1単位あたりのマッチング費用は等しいと仮定する．ただし，異なる仲介業者 $j, k \in M (j \neq k)$ の間では，財1単位あたりのマッチング費用は異なるとする．

先述のような変換をすべての仲介業者 $i \in M$ に対して行うと，仲介業者のタイプの数は n_M であり，各タイプに属している各仲介業者は高々1個の財を取引できる状況を考えることになる．このような状況における仲介取引市場を，**エージェント標準形仲介市場**と呼ぶことにしよう．この名称の由来は，Selten (1975) の展開形ゲームの理論における，エージェント標準形の着想に由来している．エージェント標準形に変換する前の仲介市場を**オリジナルの仲介市場**と呼ぶことにする．

エージェント標準形仲介市場は，本章3.1項で分析された仲介取引市場と同じ構造である．エージェント標準形仲介市場では，同じタイプの仲介業者は同一の価格のもとで行動する．

エージェント標準形仲介市場に競争均衡があるならば，オリジナルの仲介取引市場における仲介業者 $i \in M$ に対する競争均衡の帰結は，エージェント標準形仲介市場におけるタイプ $i \in M$ のすべての仲介業者に対する競争均衡の帰結の総和になることが証明できる（Oishi and Sakaue (2009) を参照のこと）[6]．一方，エージェント標準形仲介市場での売り手および買い手に対する競争均衡の帰結は，オリジナルの仲介市場での売り手および買い手に対する競争均衡の帰結とそれぞれ一致することも証明できる（Oishi and Sakaue (2009) を参照のこと）．命題9によれば，エージェント標準形仲介市場に競争均衡が存在することと，エージェント標準形仲介市場に対する PLP に整数解が存在することは同値である．これらの事実を組み合わせると，マッチングスキルが異なる仲介業者が複数単位の財を扱うことができるような仲介取引市場における競争均衡の存在について，次の命題を得る．

命題10　仲介業者のマッチングスキルが異なり，各仲介業者が扱うことができる財は高々2個以上とする．また，各仲介業者が仲介する財1単位あたりのマッチング費用は等しいとする．さらに，エージェント標準形仲介市場におい

て，すべての売り手$s \in S$，すべての買い手$b \in B$とすべての仲介業者$i^{M*} \in M^{*}$に対して，

$$a_{sb} - c_{i^{M*}} \geq -(c_s + c_b), \qquad n_{M*} \geq \min \{n_S, n_B\}$$

とする．ただし，M^{*}はエージェント標準形仲介市場における仲介業者の集合で，$|M^{*}| = \sum_{i=1}^{n_M} K_i$である．また，タイプ$i^{M} \in M$の仲介業者$i^{M*}$に対して，$c_{i^{M*}} = c_{i^{M}}$とする．このとき，エージェント標準形仲介市場のPLPで整数解が存在するならば，オリジナルの仲介市場のもとで仲介業者を経由する競争均衡が存在する．

4. 今後の課題

　本章では，仲介取引を伴う競争市場のモデルを導入し，仲介取引市場のコーディネーション機能を詳細に分析してきた．仲介取引市場は価格メカニズムだけでなく，仲介業者のマッチング機能も，市場のコーディネーション機能に重要な役割を果たすことがわかった．本章で得られた，さまざまな結果を総括すると，仲介業者のマッチング機能の質を高める市場インフラの整備が，仲介取引市場の質を高めるためには欠かせないということになるだろう．ここまで紹介してきた仲介取引市場の経済分析において，まだ多くの重要な課題が残されている．特に興味深いと思われる次の2つの課題を，最後に指摘したい．

　(1)まず，本章では仲介取引市場の公正な分配機能を，コアという概念を使って分析した．しかし，Yano (2008, 2009)で提唱された市場競争の公正性は，理想的なファンダメンタルズによって想定される市場の本源的ルールに基づいて定まるものとされており，コアの概念を含む豊かな概念である．この市場競争の公正性の観点から，仲介取引市場の公正性を検討することは，仲介取引市場の質を検討するうえで重要である．

　(2)仲介業者のマッチングスキルが異なり，かつ複数単位の財を仲介できるような，仲介取引市場モデル（本章3.2項を参照）を適切な形で拡張して，分

析することも重要な課題である．例えば，各仲介業者が取引する財1単位あたりのマッチング費用はそれぞれ異なり，買い手も複数単位の財を需要できるような，仲介取引市場のモデルは，派遣労働市場のモデルとしてより説得的になる．このようなモデル分析を通じて，経済学的な観点から，派遣労働市場の政策提言を行うことが可能になるであろう．

[注]

* まず，本章の研究テーマへの探求の契機を作ってくださった，恩師の矢野誠教授（京都大学）に感謝申し上げたい．また，本章の執筆にあたり，貴重な助言を頂いた古川雄一准教授（中京大学），坂上紳研究員（上智大学）および富岡淳講師（青森公立大学）に御礼を申し上げたい．最後に，丁寧に原稿を読み，有益なご意見を下さった阿部俊典氏にも謝意を表したい．本稿で紹介した研究の1部は，科研費若手（B）「仲介取引のある競争市場理論の構築と派遣労働市場への応用」（課題番号25870575）からの支援を受けている．本稿における誤りはすべて筆者に帰する．

1) 本章では，仲介業者の役割としてマッチメイカーに着目して議論しているが，文献では市場の価格形成の役割を担うマーケットメイカーや財の質を選別できる情報エキスパートとしての役割に注目して議論しているものもある．例えば，Spulber（1996）やBiglaiser（1993）を参照．また，Yano（2008）は，公開市場バーゲニング・モデルと呼ばれる，売り手と買い手に対して影響力を持つ潜在的な仲介業者に注目した，新しい交渉モデルを提唱し，M&A市場における，無羨望（エンヴィー・フリー）な価格形成のメカニズムを初めて解明した．

2) 最近の原子力発電所の改修工事においても，工事に従事する派遣労働者と電力会社の間に下請業者が複数介入して労働者の賃金を安価に抑えている事件が発覚し，話題になった．詳しくは，和田（2014）を参照のこと．

3) この仮定の自然な緩和として次のようなものが考えられる．すなわち，すべての売り手，マーケットプレイス，買い手の組 $(s, i^P, b) \in S \times P \times B$ とすべての売り手，仲介業者，買い手の組 $(s, i^M, b) \in S \times M \times B$ に対して，

$$a_{(s,i^P,b)} = \max \{U_b(\omega_s^{i^P}) - c_s - c_b, 0\}, \quad a_{(s,i^M,b)} = \max \{U_b(\omega_s^{i^M}) - c, 0\}$$

と仮定する．このような仮定のもとでも，本質的な結果は本章と変わらない．

4) Kaneko and Wooders（1982）では，3サイド・アサインメントゲームを含む，ある興味深いゲームのクラスを導入している．彼らは，このクラスのコア

の非空性について分析している.

5) Quint (1991) では,3 サイド・アサインメントゲームのコアの非空性を PLP に関連づけて議論している.しかし,競争均衡の存在やコア一致定理といった経済学的問題は Quint (1991) では扱われていない.

6) Oishi and Sakaue (2009) では,各経済主体の取引費用は考慮されていない.しかし,各経済主体の取引費用を考慮したうえで,オリジナルの仲介取引市場とエージェント標準形仲介市場の間での競争均衡の帰結の関係について分析を行っても,Oishi and Sakaue (2009) と同様の結果が成り立つ.

[参考文献]

[1] 和田肇 (2014),「多重下請関係にある原発事故作業現場の法的問題」,『学術の動向』2014 年 2 月号,pp. 72-75.

[2] 矢野誠 (2001),『ミクロ経済学の応用』岩波書店.

[3] 矢野誠 (2005),『「質の時代」のシステム改革——よい市場とは何か?』岩波書店.

[4] Biglaiser, G. (1993), "Middlemen as Experts," *Rand Journal of Economics* 24, pp. 212-223.

[5] Dantzig, G. B. (1963), *Linear Programming and Extensions*, Princeton University Press, Princeton, NJ.

[6] Edgeworth, F. (1881), *Mathematical Psychics*, Kegan Paul & Co, London.

[7] Johri, A. and J. Leach, (2002), "Middlemen and the Allocation of Heterogeneous Goods," *International Economic Review* 43, pp. 347-361.

[8] Kaneko, M. (1982), "The Central Assignment Game and the Assignment Markets," *Journal of Mathematical Economics* 10, pp. 205-232.

[9] Kaneko, M. (1983), "Housing Markets with Indivisibilities," *Journal of Urban Economics* 13, pp. 22-50.

[10] Kaneko, M. and M. Wooders, (1982), "Cores of Partitioning Games," *Mathematical Social Sciences* 3, pp. 313-327.

[11] Kelso, A. S. and V. P. Crawford, (1982), "Job Matching Coalition Formation and Gross Substitutes," *Econometrica* 50, pp. 1483-1504.

[12] Oishi, T. (2012), "A Core Equivalence Theorem of an Assignment Market with Middlemen," *Aomori Public College Journal of Management&Economics* 18, pp. 3-15.

[13] Oishi, T. and S. Sakaue, (2009), "Competitive Equilibria in a Market for

Indivisible Goods with Middlemen," Keio-Kyoto Global COE Discussion Paper Series DP2008-016.

[14]   Oishi, T. and S. Sakaue, (2014), "Middlemen in the Shapley-Shubik Competitive Markets for Indivisible Goods," *Mathematical Economics Letters* 2, pp. 19–26.

[15]   Quint, T. (1991), "Necessary and Sufficient Conditions for Balancedness in Partitioning Games," *Mathematical Social Sciences* 22, pp. 87–91.

[16]   Rubinstein, A. and A. Wolinsky, (1987), "Middlemen," *Quarterly Journal of Economics* 102, pp. 581–593.

[17]   Selten, R. (1975), "Reexamination of the Perfectness Concept for Equilibrium Points in Extensive Games," *International Journal of Game Theory* 4, pp. 25–55.

[18]   Shapley, L. S., M. Shubik (1971), "The Assignment Game I: The Core," *International Journal of Game Theory* 1, pp. 111–130.

[19]   Spulber, D. F. (1996), "Market Microstructure and Intermediation," *Journal of Economic Perspectives* 10, pp. 135–152.

[20]   Yano, M. (2008), "Competitive Fairness and the Concept of a Fair Price under Delaware Law on M&A," *International Journal of Economic Theory* 4, pp. 175–190.

[21]   Yano, M. (2009), "The Foundation of Market Quality Economics," *Japanese Economic Review* 60, pp. 1–31.

[22]   Yavaş, A. (1994), "Middlemen in Bilateral Search Markets." *Journal of Labor Economics* 12, pp. 406–429.

第8章 金融市場における情報の質と金融危機の可能性

リュドミーラ・サフチェンコ

1. はじめに

現代の金融危機，特に1994年から1995年におけるメキシコ・ペソ切り下げ，1997年のアジア通貨危機，1998年のロシアの債務不履行，および2008年のリーマンショックを契機に発生した世界金融危機は，このような危機を繰り返さないように金融市場の質をどのように高めればよいのか，という問題を提起した．言うまでもなく，金融危機が頻繁に発生するような市場を質の高い市場と呼ぶことはできない．矢野（2008, 2009）は，市場の質を決定する主な要因として「競争の質」，「情報の質」と「製品の質」を挙げている．本研究では，このうちの金融市場における「情報の質」に焦点を当て，金融危機の発生メカニズムを分析する．

「情報の質」とはどういうものだろうか．この問いに答えるために，まず「質」とは何かを考えてみよう．Praxiom Research Group 社が国際規格ISO9000を次のように解釈している．

「あるものの品質は，そのあるものに求められている要件とそのあるものが実際に有している特性を比較することによって決定できる．つまり，あるものが有している特性が，そのあるものに求められているすべての要件を満たしている場合は，高いまたは優れた品質とされる．その特性がすべての要件を満たしていない場合は，低いまたは劣悪な品質とされる．」（筆者訳）

この解釈を用いて情報の質について考えてみると，情報に求められている要件としては，市場参加者が保有している情報が適切な精度であるか，完全であるか，適時であるか，基準を遵守したものであるか，などがある．したがっ

て，ある情報がこれらの要件をどれだけ満たしているかどうかで，その情報の質が決まることになる．矢野（2005, p. 131）の言葉を借りれば，「高質な情報とは市場参加者の誰もが，より均等な精度で共有できる情報のことだと考えるのが適切である．透明度の高い情報と言い換えてもよい」のである．

金融市場においては，質の高い情報が特に重要である．それは，取引が成立する現在時点において将来時点で行われる不確実な返済等を可能な限り正確に予測する必要があり，このような予測は借り手の企業の返済能力，将来性，信頼性に関して質の高い情報なしには不可能だからである．しかし，実際には金融取引に参加している経済主体の間での情報の受け渡しは困難で，市場の参加者が保有している情報に量，質ともに大きな差がある場合が多い．そのため，市場参加者は適切な判断ができず，その結果バブル，株価の大暴落，通貨危機，銀行取り付け騒ぎなどの金融危機が頻繁に発生している．金融市場を機能させるためには，金融市場における情報の問題を分析し，情報の質を高める必要があるのである．

本章の以下の部分は次のように構成されている．第2節で情報の質と金融危機の関連性を述べる．続く第3節では通貨危機とその連鎖を，投資家の私的情報のあり方と関連づけて分析したうえで，第4節で前節のまとめを簡潔に述べることとする．

2. 金融市場における情報の質の重要性

2.1 投資家と企業との間の情報の非対称性と金融危機

金融の最も重要な機能は，余剰資金を持つ経済主体（貸し手）から資金を必要とする経済主体（借り手）への資金移転である．言い換えれば，金融取引とは，現在時点と将来時点の間で資金の交換を行う取引である．そのため，取引が成立する現在時点では将来時点で行われる不確実な返済等を可能な限り正確に予測することが必要になる．このような予測は，借り手の企業の返済能力，将来性，信頼性に関する質の高い情報なしには不可能であることは言うまでもない．しかし，企業の返済能力，将来性，信頼性に関して，借り手である企業

第8章　金融市場における情報の質と金融危機の可能性　　　187

の経営者が持っている情報，いわゆる内部情報と，一般的な投資家が収集でき
る情報との間は，量と質ともに大きな差がある．このような内部情報を一般的
な投資家に受け渡すのは技術的にも経営戦略的にも難しい場合が多い．情報の
受け渡しが困難で，貸し手と借り手との間で保有する情報の質や量が異なるこ
とを情報の非対称性と言う．この問題は，プリンシパル＝エージェント理論の
枠組みの中で分析されてきたもので，情報の非対称性が存在している場合，金
融取引が円滑にできなくなる可能性が高いとされている．

　情報の非対称性は，事前情報の非対称性（hidden information）と事後的な行
動に関する情報の非対称性（hidden action）に大きく分類することができる．
ここでは，貸し借りを例に両方のタイプの情報の非対称性と，それぞれが引き
起こす問題を考えてみよう．まず，事前情報の非対称性とは，貸し手が契約を
結ぶ前に借り手の情報を把握できない場合（例えば，貸し手にとって借り手が収
益率の高い事業計画を保有しているかどうかを把握できない場合など）をいう．こ
のような事前情報の非対称性が存在している場合には，貸し手は，過去の取引
で蓄積した情報，あるいは市場に存在する借り手の平均的な質をもとに，貸借
契約の利子率を決めるであろう．そうなれば，収益率の高い事業を行う優良の
借り手にも，収益率の低い事業を行う不良の借り手にも，同じ平均的な利子率
を提示するのが普通である．このとき，優良の借り手には情報の非対称性がな
い場合と比べて高めの利子率が提示されるため，資金を借りるのを諦め，市場
から撤退する可能性がある．逆に，不良の借り手は本来よりも低い利子率で資
金を借りることができるため市場に残る．このような現象を逆選択という．逆
選択の問題が深刻になると，金融市場に優良な借り手がいなくなって貸し借り
が完全に行われなくなり，市場の崩壊につながることもあり得る．

　次に，事後的な行動に関する情報の非対称性とは，貸し手が契約を結んだ後
で借り手の行動を把握できない場合をいう．例えば，貸し手にとって貸し出し
た資金が契約通りに使われているかどうかを把握することが困難であれば，借
り手には資金をよりリスクの高い事業投資に回そうというインセンティブが生
じる．もしくは，借り手の事業計画が終了しても貸し手がその事業の収益を正
確に把握できない場合，借り手が本当の収益を隠し，事業が失敗したと申告す
る可能性がある．このような現象をモラル・ハザードと呼ぶ．市場においてモ

ラル・ハザードが発生する可能性が極めて高いと予測されるようになると，貸し手は資金を貸さずに市場から撤退し，市場が崩壊する恐れがある．

逆選択やモラル・ハザードの発生を防ぎ，金融取引が適切に行われるよう市場が機能するためには，情報の非対称性を軽減もしくは緩和する仕組みが必要になってくる．

2.2 投資家の私的情報と金融危機

金融市場の円滑な運営を妨げるのは情報の非対称性だけではない．もう1つの問題は，投資家がそれぞれ異なった私的情報を保有し，その情報に差があることである．教科書では，投資家が全員同じ情報を持っていることを前提にしているが，実際はそうではない．投資家の中には，より正確な情報を持っている人もいれば，情報を持っていない人もいる．また，すべての投資家が同じ公表されたニュースを聞いたとしても，全員が同じように解釈するとは限らない．同じ情報であっても解釈が異なれば，投資をするかしないか，資産を売却するか購入するかという結論も変わってくる．

しかしその一方で，投資家は他の投資家の行動と同じ行動をとる（行動をコーディネートする）インセンティブがある．それは，他の市場参加者と同じ行動を取った方が利得が高いという，ネットワーク外部性（戦略的補完性）があるケースが多いからである．通貨危機を例に考えてみよう．一般的に見れば，市場には多数の投資家が存在し，個々の投資家の投機的な攻撃は通貨価値を左右するだけの影響力を持たない．しかし，投資家が一定の割合以上まとまれば，投機的な攻撃が成功し投資家が利益を取得するため，個人の投資家にとって他の投資家と同じ行動をとることがインセンティブになるのである．このようなコーディネーション・インセンティブが特に強い場合，自己実現的な危機が起こる可能性がある．例えば，ある投資家が，他の投資家が固定相場制を採用しているある国の通貨に投機的な攻撃をかけると期待し，自分も投機的な攻撃をかける結果，政府が実際に通貨切り下げをせざるを得なくなる．あるいは，ある銀行に資金を預けている預金者が，銀行が倒産しそうなので他の預金者はお金を引き出すであろうと予想すれば，自分も引き出した方がいいということになり，結果的に預金が一斉に引き出されて銀行が実際に倒産する．特

に，私的情報の質が低い場合（情報がない場合，不正確な場合，あるいは信憑性に欠けている場合），このような自己実現的な危機の可能性が高くなる．

投資家は，他人の行動の予測と自らの決定を同時に行うことが多いが，投資家の決定までにタイムラグがあって，投資決定が順番に行われている場合もある．この場合も，戦略的補完性がある，ないしは私的情報の質が低いときに，投資家は他の投資家の行動から情報を推測したり，他の投資家の行動を真似したりするインセンティブがある．この現象は群衆行動と呼ばれ，Banerjee (1992) と Bikhchandani, Hirshleifer and Welch (1992) が示したように，この群衆行動は結果として社会的に望ましくない均衡をもたらす可能性がある．Kindleberger and Aliber (2005) は，金融危機は金融もしくは技術的なイノベーションの導入直後に起こることが多いと指摘する．例えば，18世紀のイギリスで発生した南海商会バブルは，株式という新しい投資方法が導入された後に起こったものだった．1929年の大恐慌は，電気や輸送の技術的なイノベーションが起きた後で発生した．最近の金融危機を見ても，2001年のドットコム・バブルはIT技術の革新の後に発生し，2008年のリーマンショックに端を発する世界金融危機も金融緩和と新しい金融商品が導入された後で発生した．これらの危機の発生はいずれも，新しい金融商品やイノベーションに関する情報の欠如と投資家の群衆行動で説明できる．その理由は次の通りである．投資家は，新しい商品・技術を正しく評価できないため，他人の行動を見て判断する．投資する投資家が増えれば資産価格が上昇するので，最初は投資をためらっていた投資家も投資をし始め，資産価格はさらに上昇する．このような群衆行動の結果として価格がファンダメンタルズ（経済の基礎的な要因）から想定される適正な水準を大幅に超えると，バブルになる．そして，何らかの理由で投資家がバブルを認識したとたん，価格は暴落し，金融危機が発生する．

このように，投資家が私的情報しか持たない環境においては，噂やニュース，外国で起こった出来事などの影響を受けやすい．次の節で具体的に考察する．

3. 私的情報のコーディネーション・ゲームにおける金融危機と その連鎖

この節では，私的情報のコーディネーション・ゲーム，いわゆるグローバル・ゲームにおける通貨危機の発生とその連鎖を考える．つまり，一国で発生した通貨危機が他国の通貨危機発生の可能性にどのように影響を与えるかについて分析を試みる．また，外国で起こった通貨危機が自国の経済主体の情報を変化させ，均衡の性質を変える可能性があることを証明する．次のモデルを考える．

3.1　投機的な攻撃——通貨切り下げゲーム

このモデルでは，H という国（自国）と F という国（外国）の2つの国と，その他の国々（他国）とに分類し，自国および外国はいずれも為替レートを他国の通貨であるドルにペッグしていると仮定する．また，両国の経済主体は政府と投資家であり，投資家は $[0,1]$ で分布しているとする．

これらの国のファンダメンタルズは確率変数 θ_i，$i=H,F$ で表される．θ_i の値が高ければ高いほど，i 国のファンダメンタルズが良好な状態にあると解釈する．自国のファンダメンタルズは地域共通のショック θ に依存する．つまり，$\theta_H=\theta$ である．外国のファンダメンタルズは地域共通のショック θ と国特有のショック δ に依存する．つまり，$\theta_F=\theta+\delta$ である．ここでは，θ と δ は互いに独立していると仮定する．

まず，両国のファンダメンタルズ θ_i は偶然の要因により決定される．その後，各国の投資家はファンダメンタルズに関する不確実な私的情報を受け取り，i 国の1単位の通貨を借りて，空売りをするか，もしくは何もしないと決める．空売りという行動は i 国のペッグに投機的な攻撃をかけることである．その結果，i 国の政府がペッグを放棄し為替レートを切り下げれば，投機的な攻撃が成功した，もしくは通貨危機が発生したということにする．投資家はそれぞれの国の事情に精通していて，2国のうち自分の専門である1国だけに投

第 8 章　金融市場における情報の質と金融危機の可能性　　　　191

機的な攻撃をかける．実際に通貨危機，つまり通貨の切り下げに至るには，一定割合以上の投資家が投機的な攻撃をかける必要がある．ファンダメンタルズが悪化すればするほど，または，同国通貨を売却する投資家の数が多くなればなるほど，個々の投資家の利得は高くなる．そのような状況では，投資家は他の投資家と同じ行動を取る（行動をコーディネートする）必要がある．

　F 国で通貨危機が発生しなかった場合，自国の投資家 j は自国のファンダメンタルズに関して不確実な私的情報のみを受け取る．つまり，H 国の真のファンダメンタルズが θ_i となっているとき，自国の投資家は $x_H^j = \theta + \varepsilon_H^j$ を受け取る．この ε_i^j は，平均ゼロ，分散 σ_i^2 の正規分布に従う確率変数である．また，ε_i^j はそれぞれ，国のファンダメンタルズ，投資家のいずれからも独立している．F 国で通貨危機が発生すると，私的情報 x_i^j に加え，共有情報 $y = \theta + \eta$, $(\eta \sim N(0, \tau))$, を受け取る．F 国の投資家は F 国のファンダメンタルズである $\theta_F = \theta + \delta$ に関して私的情報 x_F^j しか受け取らないとする．

　F 国の政府がペッグを放棄すれば，ペッグの $\bar{e}_F$ の代わりに変動相場制，$e_F(\theta_F)$, を導入する．一方，H 国の政府がペッグを放棄すれば，固定相場制 $\bar{e}_F$ を切り下げ，他のペッグ e_H を採用する．投機的な攻撃には，その成功あるいは失敗に関係なく，投資家は $t > 0$ のコストを払わなければならない．成功すれば i 国の投資家は $\bar{e}_i - e_i$ の利益を受け取り，t のコストを支払う．投機的な攻撃に参加しなければ，投資家の利益はゼロである．

　期待利益を最大化するため，各投資家はスイッチング戦略を取る．説明のために次の定義を行う．

$$I(k, x_i^j) = \begin{cases} 1 & if \quad x_i^j \leq k \\ 0 & if \quad x_i^j > k \end{cases}$$

投資家 j は戦略的に閾値，例えば k を選ぶ．投資家は，情報 x_i^j を観察した後に何らかの行動を取るが，受け取った情報が閾値 k よりも良いものであった場合 $(x_i^j > k)$ には投機的な攻撃をせず，逆に下回った場合 $(x_i^j \leq k)$ は投機的な攻撃をする，ということになる．つまり，このゲームにおいては，各投資家の戦略は閾値を選ぶことであると想定する．

　投資家と違い，政府はファンダメンタルズの真の値を観察できる．各国の政

府は，通貨価値を防衛することにより利益を得るが，同時に，通貨価値の防衛には費用が発生することにする．そして，ファンダメンタルズが悪ければ悪いほど，または，同国通貨を売却する投資家の数が多ければ多いほど，その費用は高くなる．各国の政府はファンダメンタルズの値と投機的な攻撃をしかける投資家の割合をみて，ペッグを維持するかどうかを決める．ここでは，θ_i と $\bar{\theta}_i$ が存在しているとする．i 国のファンダメンタルズが θ_i を下回るとき，i 国の政府は投資家の行動とは関係なくペッグを維持することが不可能になる．逆に，i 国のファンダメンタルズが $\bar{\theta}_i$ を上回るとき，i 国の政府は投資家の行動とは関係なくペッグを維持することができる．ファンダメンタルズが $\theta_i < \theta_i < \bar{\theta}_i$ の値を取るとき，政府がペッグを維持できるかどうかは，投機的な攻撃をかける投資家の割合に左右される．ここでは，投機的な攻撃をかける投資家の割合 s_i が θ_i よりも小さい場合，政府はペッグを維持することができるとする．逆に，投機的な攻撃をかける投資家の割合 s_i が θ_i よりも大きい場合，政府はペッグを維持することができないとする．つまり，両国の政府がペッグを維持したくても，ファンダメンタルズが非常に悪い状況にある場合，あるいは投機的な攻撃をかける投機家の割合がある閾値を越える場合には，ペッグの維持が不可能になると仮定する．

　上記の設定の下では，i 国の政府，G_i，の戦略は次の通りとなる．

$$I_G(s_i) = \begin{cases} 1 & if \quad \theta_i \leq s_i \\ 0 & if \quad \theta_i > s_i \end{cases}.$$

3.2 投機的な攻撃と通貨危機

　ここでは，外国における投資家と政府のゲームの均衡は単一の均衡になることを示す[1]．以下で，$\Phi(\cdot)$ は標準正規累積分布関数を示す．ここでは，関数 $\theta_F = \theta_F(\bar{e}_F)$ を次の式のソリューションとして定義する．

$$\theta_F = 1 - \frac{t}{\bar{e}_F - e_F(\theta_F)}.$$

定理1 投資家と政府のゲームは単一均衡 (x_F^*, θ_F^*) となる．均衡における投資家と政府の戦略はそれぞれ次の通りとなる．

$$I(x_F) = \begin{cases} 1 & if \quad x_F^j \leq x_F^* \\ 0 & if \quad x_F^j > x_F^* \end{cases}$$

と

$$I_{G_F} = \begin{cases} 1 & if \quad \theta_F \leq \theta_F^* \\ 0 & if \quad \theta_F > \theta_F^* \end{cases}$$

である．ここでは，

$$x_F^* = \theta_F^* - \sigma_F \Phi^{-1}\left(\frac{t}{\bar{e}_F - e_F(\theta_F)}\right),$$

と

$$\theta_F^* = \theta_F(\bar{e}_F)$$

になる．

証明 ここでは証明をスケッチするに留めるが，証明の詳細は Morris and Shin (1998)，Heinemann (2000) および Heinemann and Illing (2002) を参照されたい．私的情報 x_F^j を受け取った投資家は，投機的な攻撃をかけるかどうかを決めなければならない．投機的な攻撃をかければ，不確実な利益 $(\bar{e}_F - e_F(\theta_F) - t)$ を取得できるが，かけなければ利益は確実にゼロをとなる．この状況下では，投資家が投機的な攻撃をかけてもかけなくても無差別になるような x_F^* が存在していることが，以下で述べる通り証明できる．ここでいう「無差別」とは，投機的な攻撃をかけてもかけなくても同じ利益を得られるという意味である．無差別になるための条件は次の通りである．

$$(\bar{e}_F - e_F(\theta_F)) \Pr(attack\ successful \mid x_F) - t = 0. \tag{1}$$

投機的な攻撃が成功する（attack successful）ということは，政府がペッグを放

棄することを意味し，それはファンダメンタルズがある閾値を下回るときに起こる．この閾値を θ_F^* とすると，(1)式を次の通りに書き換えることができる．

$$(\bar{e}_F - e_F(\theta_F)) \Pr(\theta_F \leq \theta_F^* | x_F) - t = 0,$$
$$(\bar{e}_F - e_F(\theta_F)) \Phi\left(\frac{\theta_F^* - x_F^*}{\sigma_F}\right) - t = 0. \tag{2}$$

　一方で，政府がペッグを維持することもしくは放棄することが無差別になるのは，ファンダメンタルズの値 θ_i が投機的な攻撃をかける投資家の割合 s_i に等しいときである．投機的な攻撃は受け取った私的情報 x_F^j が閾値 x_F^* よりも低い場合にのみ行われることを考慮すれば，政府のペッグの維持および放棄の決定が無差別になる条件は次の通りとなる．

$$\theta_F = s_F(\theta_F, x_F^*),$$
$$\theta_F = \Pr(x_F \leq x_F^* | \theta_F),$$
$$\theta_F = \Phi\left(\frac{x_F^* - \theta_F}{\sigma_F}\right). \tag{3}$$

　(2)式と(3)式から，投資家の閾値 x_F^* と政府の閾値 θ_F^* を計算することができる．それぞれ，

$$x_F^* = \theta_F^* - \sigma_F \Phi^{-1}\left(\frac{t}{\bar{e}_F - e_F(\theta_F)}\right),$$

と

$$\theta_F^* = \theta_F(\bar{e}_F)$$

となる．

　モデルの結果を次の命題にまとめることができる．

命題 1　定理 1 で得られた (x_F^*, θ_F^*) を均衡における閾値であるとすると，$x_F^j \leq x_F^*$ を受け取った投資家のみが投機的な攻撃をかける一方，$\theta_F \leq \theta_F^*$ の場合のみ政府はペッグを放棄する．

第8章 金融市場における情報の質と金融危機の可能性 195

Morris and Shin（1998）は，私的情報が一様分布にしたがっていると仮定し，同様な結果を得た．次に，自国での均衡を分析することで，通貨危機の連鎖が起こる可能性があることを示す．

3.3 通貨危機の連鎖

この節では，自国への投機的な攻撃・通貨切り下げゲームに焦点を当て，外国で発生した危機が情報チャンネルを通じていかに自国に連鎖し，自国での均衡の性質を変更しうるかを示す．

その仕組みは次の通りである．通貨危機が外国で発生した場合，通貨危機自体によってファンダメンタルズに関する新しい情報 y が開示されることになる．この新しい情報は，投資家全員が共有できるものである．そうすると，自国の投資家は，投機的な攻撃をかけるかかけないかの決定において，私的情報 x_H^j だけでなく，新しい共有情報 y についても考慮できる．つまり，投資家の持ちうる情報は，

$$E(\theta_H | x_H^j, y) = \frac{\tau^2 x_H^j + \sigma_H^2 y}{\sigma_H^2 + \tau^2} \ and \ Var(\theta_H | x_H^j, y) = \frac{\tau^2 \sigma_H^2}{\sigma_H^2 + \tau^2}$$

となる．

外国で起こった通貨危機を観察した投資家が，自国のファンダメンタルズの実態と他の投資家の行動を同時に再認識し，投機的な攻撃に行動をコーディネートすることで自国でも通貨危機（自国への通貨危機の連鎖）が起こる．自国での投機的な攻撃・切り下げゲームの結果は，外国で通貨危機が発生したかどうかに左右される．外国で通貨危機が発生しなかった場合，自国の均衡は外国の均衡と同一になる．

命題2 定理1で得られた閾値と同一の (x_H^*, θ_H^*) を，均衡における閾値であるとすると，$x_H^j \le x_H^*$ を受け取った投資家のみが投機的な攻撃をかける一方，$\theta_H \le \theta_H^*$ の場合のみ政府はペッグを放棄する．

ここでは，関数 $\theta_H = \theta_H(\bar{e}_H)$ を次の式のソリューションとして定義する．

$$\theta_H - \frac{\tau^2}{\sigma_H}\Phi^{-1}(\theta_H) = y + \frac{\tau\sqrt{\sigma_H^2+\tau^2}}{\sigma_H}\Phi^{-1}\left(\frac{t}{\bar{e}_H - e_H}\right).$$

次に，外国で通貨危機が発生した場合に，自国での均衡がどのようになるかをみる[2]．

定理2 外国で通貨危機が発生すると，自国での均衡は次の通りとなる．

(1) $\sigma_H^2 < \tau^2\sqrt{2\pi}$ の場合，投資家と政府のゲームは単一均衡 $(x_H^{**}, \theta_H^{**})$ となる．均衡における投資家と政府の戦略はそれぞれ，

$$I(x_H) = \begin{cases} 1 & if \quad x_H^j \le x_H^{**} \\ 0 & if \quad x_H^j > x_H^{**} \end{cases}$$

と

$$I_{G_H} = \begin{cases} 1 & if \quad \theta_H \le \theta_H^{**} \\ 0 & if \quad \theta_H > \theta_H^{**} \end{cases}.$$

である．ここでは，

$$x_H^{**} = \frac{\sigma_H^2+\tau^2}{\tau^2}\Phi\left(\frac{\sigma_H}{\tau^2}\theta_H^{**} - \frac{\sigma_H}{\tau^2}y - \frac{\sqrt{\sigma_H^2+\tau^2}}{\tau}\Phi^{-1}\left(\frac{t}{\bar{e}_H - e_H}\right)\right) - \frac{\sigma_H}{\tau^2}y$$
$$- \frac{\sigma_H\sqrt{\sigma_H^2+\tau^2}}{\tau}\Phi^{-1}\left(\frac{t}{\bar{e}_H - e_H}\right),$$

と

$$\theta_H^{**} = \theta_H(\bar{e}_H)$$

となる．

(2) $\sigma_H^2 \ge \tau^2\sqrt{2\pi}$ の場合，複数均衡となる．投資家が投機的な攻撃をかけるかかけないかは，自己実現的な期待による．

証明 証明の詳細はSavtchenko (2010) を参照されたい．ここでは，簡単に説明する．まず，投資家が投機的な攻撃をかけるかかけないかの閾値は，

$$(\bar{e}_H - e_H)\, \Phi\left(\frac{\theta_H^{**} - \dfrac{\tau^2 x_H^j}{\sigma_H^2 + \tau^2} - \dfrac{\sigma_H^2 y}{\sigma_H^2 + \tau^2}}{\sqrt{\dfrac{\tau^2 \sigma_H^2}{\sigma_H^2 + \tau^2}}}\right) - t = 0 \tag{4}$$

となる．一方，政府のペッグを維持するか放棄するかの閾値は，

$$\theta_H = \Phi\left(\frac{x_H^{**} - \theta_H}{\sigma_H}\right) \tag{5}$$

となる．

(4)式と(5)式から均衡における閾値を計算することができる．但し，(2)式と(4)式の違いは(4)式がパラメータの値によりいくつかのソリューションを持つことである．単一均衡になるための条件を，(4)式と(5)式を偏微分することで導くことができる．それは，

$$\frac{\left(\dfrac{1}{\sigma_H} f(\cdot)\right)}{1 + \dfrac{1}{\sigma_H} f(\cdot)} < \frac{\tau^2}{\sigma_H^2 + \tau^2}$$

となる．標準正規密度関数が平均値で最大，$\dfrac{1}{\sqrt{2\pi}}$，になるため，単一均衡の条件は，

$$\sigma_H^2 < \tau^2 \sqrt{2\pi} \tag{6}$$

と書き換えられる．

(6)式が成り立つと，単一均衡 $(x_H^{**}, \theta_H^{**})$ となる．つまり，x_H^{**} よりも低い私的情報を受け取った場合のみ投資家は投機的な攻撃をかける．一方で，政府は真のファンダメンタルズが θ_H^{**} よりも低い場合のみペッグを放棄する．(6)式が成り立たない場合は複数均衡となり，通貨危機が発生するかどうかは投資家の自己実現的な期待に左右される．そして，共有情報より私的情報の方がその信憑性が高い場合（より正確な場合）は均衡が単一になるのである．

この単一均衡の条件を理解するために，逆のケース，つまり共有情報の方がより正確である場合についても考えてみよう．私的情報よりも共有情報の方がより正確である場合，投資家は私的情報を無視して共有情報のみを考慮し，投機的な攻撃をかけるかどうかを決めることとなる．この場合，結果的には Obstfeld (1996) の仮定（投資家はファンダメンタルズに関して共有情報のみを持っている）と同様の仮定となる．このような仮定の下では，投資家にとって，他の投資家がどのような情報を持ち，どのような戦略を取るかを推測するのが容易になる．投資家が政府の固定相場に対するコミットメントを疑うならば，自国通貨へ投機的な攻撃をかけるであろうが，政府が固定相場を維持できると信じるならば，投機的な攻撃をかけることはない．したがって，投資家の期待次第で，固定相場の維持と通貨危機のいずれもが均衡となりうる．

命題3 定理2の，$\sigma_H^2 < \tau^2\sqrt{2\pi}$ の仮定の下で得られた $(x_H^{**}, \theta_H^{**})$ を，均衡における閾値であるとすると，$x_H^j \leq x_H^{**}$ を受け取った投資家のみが投機的な攻撃をかける一方，$\theta_H \leq \theta_H^{**}$ の場合のみ政府はペッグを放棄する．

次に，命題2と命題3から通貨危機の連鎖の条件を導く．ここでは，外国で発生した通貨危機が自国の通貨危機の発生の確立を高めたならば，通貨危機が連鎖したものとする．

命題4 $y < \theta_H^{**} - \dfrac{\tau\sqrt{\sigma_H^2 + \tau^2} - \tau^2}{\sigma_H}\Phi^{-1}\left(\dfrac{t}{\bar{e}_H - e_H}\right)$ と $\sigma_H^2 < \tau^2\sqrt{2\pi}$ が成立している場合，通貨危機の連鎖 $(\theta_H^{**} > \theta_H^*)$ が起こる．

上記の命題は，情報の役割に光を当てる．海外で通貨危機が起こると，自国での投資家は受け取った情報を改定し，その結果，行動基準の閾値 x_H^{**} が高くなる可能性がある．海外で通貨危機が起こった後の閾値 x_H^{**} のほうが，通貨危機が起こる前の閾値 x_H^* より高い場合，より多くの投資家が投機的な攻撃をかけるので，自国での通貨危機が起こりやすくなる．つまり，通貨危機の波及が起こる．

第8章　金融市場における情報の質と金融危機の可能性　　　　199

4. おわりに

　第3節のモデルは，1997年のアジア通貨危機を説明するために作られたものである．これをアジア通貨危機のケースに適用することにより，2つの疑問に答えることができる．1つ目は，ファンダメンタルズが悪化の一途をたどっていたにもかかわらず，なぜ投資家は投機的な攻撃をかけなかったのか，2つ目は，投資家がその行動を変え，なぜタイ危機を契機として他国への投機的な攻撃をかけたのかという疑問である．これらは，投資家が持つ情報の違いと行動のコーディネーションの必要性で説明することができる．つまり，投資家はもともと私的情報しか持っておらず，行動がコーディネーションできなかったことで，投機的な攻撃をためらった．コーディネーションには時間がかかるため，いつ投機的な攻撃をかけるかは投資家がどれだけ早く行動をコーディネートできるかに依存していた．しかし，まずタイで起こった通貨危機によってもたらされた新たな情報が伝達され，投資家のファンダメンタルズに関する予想自体に影響を与えただけでなく，他の投資家がファンダメンタルズに関しどう考えているかという予想にも影響を与えることになった．その結果，投資家はより早く行動をコーディネーションし，他のアジアの国に投機的な攻撃をかけることができたのである．

［注］

1)　この節では，Morris and Shin（1998）を私的情報が正規分布に従うという設定に置き換えて論ずる．
2)　本稿と異なった設定の中で，Morris and Shin（2003），Corsetti et al.（2004），および Shimizu and Ui（1999）は Morris and Shin（1998）の単一均衡の不成立，複数均衡の復活を分析している．

［参考文献］

［1］　矢野誠（2005），『「質の時代」のシステム改革』岩波書店．
［2］　Allen, F., and D. Gale（2000）, "Financial Contagion," *Journal of Political*

Economy 108, pp. 1-33.

[3] Banerjee, A.V. (1992), "A Simple Model of Herd Behavior," *The Quarterly Journal of Economics*, Vol. 107, No. 3, pp. 797-817.

[4] Bikhchandani, S., D. Hirshleifer and I. Welch (1992), "A Theory of Fads, Fashion, Custom, and Cultural Change as Informational Cascades," *Journal of Political Economy*, Vol. 100, No. 5, pp. 992-1026.

[5] Kindleberger, C. P., and R. Aliber (2005), *Manias, Panics and Crashes*, John Wiley&Sons, Inc.

[6] Corsetti, G., A. Dasgupta, S. Morris, and H. S. Shin (2004), "Does One Soros Make a Difference ? The Role of a Large Trader in Currency Crises," *Review of Economic Studies* 71, pp. 87-113.

[7] Diamond, D. W., and P. H. Dybvig (1983), "Bank Runs, Deposit Insurance, and Liquidity," *Journal of Political Economy* 91, pp. 401-419.

[8] Heinemann, F. (2000), "Unique Equilibrium in a Model of Self-fulfilling Currency Attacks: Comment," *American Economic Review* 90, pp. 316-18.

[9] Heinemann, F. and G. Illing (2002), "Speculative attacks: Unique equilibrium and transparency," *Journal of1 nternational Economics* 58, pp. 429-450.

[10] Morris, S., and H. S. Shin (1998), "Unique Equilibrium in a Model of Self-fulfilling Currency Attacks," *American Economic Review* 88, pp. 587-597.

[11] Morris, S., and H. S. Shin (2003), "Global Games: Theory and Applications," M. Dewatripont, M. Hansen, and S. Turnovsky, eds, *Advances in Economics and Econometrics* (Proceedings of the Eighth World Congress of the Econometric Society), Cambridge: Cambridge University Press.

[12] Obstfeld, M. (1996), "Models of Currency Crises with Self-fulfilling Features," *European Economic Review* 40, pp. 1037-1047.

[13] Savtchenko, L. (2010), "Foreign Devaluation as a Coordinating Device of Heterogeneous Investors: A Game-theoretic Analysis of Financial Contagion," *International Journal of Economic Theory* 6, Issue 2, pp. 195-204.

[14] Shimizu, T., and T. Ui (1999), Contagious expectations and malfunctions of markets: Some lessons from Japanese financial institution failures of 1997, Institute for Monetary and Economic Studies Discussion Paper No. 99-E-3, Bank of Japan, Japan.

[15] Yano, M . (2008), ",Competitive Fairness and the Concept of a Fair Price under Delaware Law on M&A," *International Journal of Economic Theory* 4,

pp. 175-190.

[16] Yano, M. (2009), "The Foundation of Market Quality Economics," *Japanese Economic Review* 60, pp. 1-32.

第9章　金融市場の不完全性，生産性および経済成長

秋山太郎，古川雄一

1.　はじめに

　市場競争によって，生産性の低い企業が淘汰され，生産性が高い企業が生き残ることにより，経済全体の生産性が上昇し，経済成長が促進される．このような見解は，一般的な常識と一致している．

　しかしながら，近年の日本の長期不況期において，このようなメカニズムが機能しなかったことが指摘されている．Nishimura, Nakajima and Kiyota (2005) は，経済産業省の『企業活動基本調査』の個票データを用いて，1996年以降，生産性が高い効率的な企業が退出し，非効率な企業が存続するという現象が生じ，これが経済全体での生産性の落ち込みに影響を及ぼし，またこのような現象が参入直後の企業で顕著であったとの結果を得ている．

　この自然淘汰メカニズムの機能不全については，金融市場にその原因を求める議論が多い．上述の論文ではその原因を分析していないが，長期不況の下で不良債権処理に追われた銀行が，企業の選別能力を失ったことが考えられるとしている．また，Caballero, Hoshi, and Kashyap (2006) は，市場から退出すべき実質的には破綻している「ゾンビ企業」の銀行の追い貸しによる延命の影響を指摘している．

　このような銀行サイドの企業識別能力の低下，銀行の事後的な追い貸しによる非効率的な企業の延命による説明に対して，本章では異なった理由に基づく説明を与える．それは，生産性の高い企業の担保能力（pledgeability）が低く，生産性の低い企業の担保能力が高いという「担保能力と生産性のトレードオフ」の状況が広範に発生し，その結果とした生産性の低下が生じたというもの

である．1990 年代後半から，旧来型の産業の生産性が低下する一方で，いわゆる IT 革命などを背景とした新たなイノベーションの可能性が生まれた．しかし，大きな技術革新の直後は，そのような技術革新を利用した優れた事業を行うノウハウは一般には行きわたっていない．生産性が高い優れた企業が行う事業は，その先進性ゆえにその企業特有のノウハウが必要とされ，他の者が携わっても効率的に経営を行うことができない事態が生じる．したがって，生産性が高い企業の担保能力は低くなり，より厳しい借り入れ制約に直面することになる．その結果，潜在的には経済全体での生産性を上昇させるような技術変化が生じているにもかかわらず，生産性が低いが担保能力が高い旧来型の企業の投資に占める割合が増加してしまい，マクロレベルでの生産性の低迷が生じてしまうことになる．本章の目的は，比較的単純なモデルを用いて，そのようなメカニズムを示すことにある．

　大きな技術革新が市場の機能を低下させるという考え方は，矢野（2001, 2005）および Yano（2009）によって提唱された「市場の質経済学」の重要な命題の 1 つである[1]．特に，矢野（2009）は IT 技術の発展が，企業金融市場における資金の貸し渋りの一因となり得ることを強調している．つまり，IT 技術に基づく金融商品の「高次の証券化」が広く普及したことで[2]，貸し手から見て企業の信頼性が不透明になり，「取引対象として玉とも石とも全く区別できなく」なったことが貸し渋りの一因であるという見方である[3]．一方，本章の研究は，大きな技術革新の到来によって，最先端の技術は他の企業によっては十分に活用できなくなるため，最先端技術を担う企業の担保能力がかえって低下してしまうと見る．その結果，先端技術の持つ潜在的な高生産性とその資金調達能力の間に，負の関係が発生するかもしれない．本章の研究は，このような「担保能力と生産性のトレードオフ」に注目することで，市場の質経済学を拡張するものである．

　関連する文献としては，Matsuyama（2007）も重要である．Matsuyama（2007）は，Matsuyama（2000, 2004）によって導入された金融市場の不完全性のフレームワークを用いて，経済に複雑な動学経路が発生することを示しおり，担保能力と生産性の間にトレードオフが存在する場合の分析も行っている．本章における金融市場の不完全性は，基本的には，Matsuyama（2000,

第9章 金融市場の不完全性，生産性および経済成長 205

2004, 2007）と同じであるが，その正当化について Kiyotaki and Moore（1997）の借り入れに対する担保制約の設定を利用している．

　以下，本章の構成は次の通りである．2節において，金融市場の不完全性が存在する簡単な成長モデルが提示される．モデルでは，担保能力および事業の生産性が異なるハイテクとローテクの2種類の企業家が存在し，2タイプの企業家が異なる借り入れ制約に直面することになる．3節で，担保能力と生産性のトレードオフの生産性への影響を分析する．比較のためのベンチマークとして，企業家のタイプが私的情報であるという非対称情報が存在し，両タイプの企業家が同一の借り入れ制約の直面する経済を分析する．担保能力と生産性のトレードオフがある場合において，2つのタイプの企業家の借り入れ制約が異なる経済と，ベンチマーク経済を比較すると，前者の短期的な成長率および長期均衡における生産性がともに低いことが示される．すなわち，担保能力と生産性のトレードオフの存在が経済の生産性を低迷させる原因となる．4節において，技術変化の効果を分析する．潜在的な生産性を上昇させる経済は，ベンチマーク経済においては必ず成長を促進する．それに対して，そのような技術変化が担保能力と生産性のトレードオフを強める場合には，成長を抑制し，長期均衡におけるマクロレベルでの生産性を低下させることが生じる可能性があることが示される．さらに，技術革新によって新たな技術が生まれた場合を考え，新旧技術の選択が可能である状況下では，金融市場の不完全性は技術の選択にバイアスを生じさせる可能性があることをしめす．すなわち，新たな技術の担保能力が低いときには，新たな技術が経済全体の生産性を上昇させるものであるにもかかわらず，企業は導入しないことが生じうるのである．5節では，モデルにおける非対称情報と経済厚生との関係について議論を行う．金融市場における情報の非対称性は，経済成長を促進する一方で，低利子率という形で，労働者/貸手から企業家への所得移転を引き起こし，労働者/貸手の厚生を低める可能性がある．6節は結論と今後の分析の拡張の可能性について述べる．

2. モデル

2.1 基本的設定

時間は離散的であるとし，すべての世代が2世代生き，各期毎に新たな世代が誕生する Diamond (1965) 流の世代重複モデルを考える．経済は，新古典派的な生産関数 $Y_t = F(K_t, L_t)$ によって記述される技術により，消費にも投資に用いることができる単一の財を生産している．ここで，K_t は物的資本，L_t は労働の投入量である．物的資本の投入によって行われる．以下で説明するように，物的資本ストック K_t は，効率単位で測った「機械」の量である．$y_t \equiv Y_t/L_t = F(K_t/L_t, 1) \equiv f(k_t)$，ただし $k_t \equiv K_t/L_t$ と定義する．市場は競争的であり，生産要素 K_t, L_t に対する報酬は，$R_t = f'(k_t)$, $w_t = f(k_t) - k_t f'(k_t) \equiv W(k_t)$ である．ここで，$W(k_t)$ は，$W''(k_t) < 0$, $\lim_{k \to 0} W'(k_t) = \infty$, $\lim_{k \to \infty} W'(k_t) = 0$ を満たしていると仮定する[4]．

t 期に生まれる世代を世代 t とする．各世代の2期間の生涯の1期目を若年期，2期目を老年期と呼ぶ．各世代には，労働者と企業家の2タイプの人が存在する．労働者は，若年期に1単位の労働を固定的に供給する．企業家は，労働を供給することはできないが，投資機会を保有している．世代 t の企業家は，若年期である t 期に財を投資することにより，老年期である t+1 期に「機械」を得ることができ，それを t+1 期の生産に用いることができる．しかし，減耗率は 100% であり，次期の生産には用いることができない．

労働者，企業家ともに，若年期には財を消費せず，老年期にのみ消費する．両者の効用関数は，c_0 を老年期の消費として，

$$u(c_0) = c_0$$

である．労働者は，所得がない老年期に消費を行うために貯蓄を行う．また，企業家は若年期に行う投資を賄うために借り入れを行う．したがって，労働者が金融市場における貸手となり，企業家が借り手となる．企業家には，ハイテク (h) とローテク (l) の2つのタイプが存在し，ハイテク企業家はより質が高

第9章　金融市場の不完全性，生産性および経済成長　　207

く，生産性が高い「機械」を生産することができる．ハイテク企業家の割合は p，ローテク企業家の割合は $1-p$ である．労働者の人口は L，企業家の人口は 1 と基準化する．貸手は企業家のタイプを観察することができるとする．

　企業家の投資機会は，ローテク・ハイテクともに，

$$x^i = (z^i)^\beta \qquad (i = h, l)$$

である．ここで，$1 > \beta > 0$．しかし，ハイテク企業家の生産する機械の効率が a_h であるのに対し，ローテク企業家の生産する機械の効率は a_l であるとする．$(a_h > a_l)$ これにより，

$$K_{t+1} = p a_h x_t^h + (1-p) a_l x_t^l \tag{1}$$

である．ここで，経済の潜在的な生産性の尺度 ϕ を以下のように定義しておこう．

$$\phi \equiv p a_h + (1-p) a_l$$

すなわち，ϕ は企業家が開発・生産する機械の平均生産性である[5]．

2.2　金融市場の不完全性

　金融市場に不完全性がないときに，ハイテク企業家の投資決定は，利潤

$$a_h R_{t+1} x_t^h - r_{t+1} z_t^h$$

を最大化する解によって与えられ，ローテク企業家の投資決定は，

$$a_l R_{t+1} x_t^l - r_{t+1} z_t^l$$

を最大化する解によって与えられる．金融市場に不完全性がない場合，ハイテク企業家とローテク企業家の投資は，それぞれ，

$$z_t^{h*} = \left(\frac{a_h R_{t+1} \beta}{r_{t+1}}\right)^{\frac{1}{1-\beta}} \qquad z_t^{l*} = \left(\frac{a_l R_{t+1} \beta}{r_{t+1}}\right)^{\frac{1}{1-\beta}} \tag{2}$$

によって与えられることになる.

　ここで，次のような形での借り入れ制約を導入する．企業家は返済を拒むことが可能であり，返済を拒んだ場合，企業家と貸手の間での再交渉が行われる．再交渉が決裂したときには，貸手は企業家の機械を差し押さえることができる．しかし，生産した企業家以外の者が保有した場合には，機械を開発・生産した企業家のみが保有しているノウハウを十分に利用できず，機械の効率が低下する．ハイテク機械の効率はλ_h倍，ローテク機械の効率性はλ_l倍に低下するとしよう．ただし，$0<\lambda_h<\lambda_l<1$であるとする．すなわち，ハイテク機械の効率は開発・生産した企業家のノウハウに大きく依存するので，ローテク機械に比べて効率性の低下が大きい．以上より，企業家が返済を拒んだ場合には，貸手が得ることができる額は，ハイテク，ローテクのそれぞれについて，$a_h\lambda_h R_{t+1}x_t^h$，$a_l\lambda_l R_{t+1}x_t^l$であり，企業家が得ることができる額は0である．したがって，交渉余剰は$a_h R_{t+1}x_t^h-a\lambda_h R_{t+1}x_t^h$，$a_l R_{t+1}x_t^l-\lambda_l R_{t+1}x_t^l$となる．さらに，再交渉において，企業家が交渉余剰を全て取得できるとしよう[6]．すると，ハイテク企業家は，

$$a_h R_{t+1}x_t^h-a_h\lambda_h R_{t+1}x_t^h > R_{t+1}x_t^h-r_{t+1}z_t^h$$

であれば，返済額を拒んで再交渉を行うことにより，元利合計返済額を$a_h\lambda_h R_{t+1}x_t^h$まで削減させる．貸手はこれを予想するので，ハイテク企業家の借り入れは$a_h\lambda_h R_{t+1}x_t^h\geq r_{t+1}z_t^h$の条件を満たさねばならない．同様に，ローテク企業家に対する借り入れは$a_l\lambda_l R_{t+1}x_t^l\geq r_{t+1}z_t^l$の条件を満たさなければならない．したがって，ハイテク企業家とローテク企業家の借り入れ制約は，それぞれ，

$$z_t^h \leq \left(\frac{a_h\lambda_h R_{t+1}}{r_{t+1}}\right)^{\frac{1}{1-\beta}} \equiv \tilde{z}^h \qquad z_t^l \leq \left(\frac{a_l\lambda_l R_{t+1}}{r_{t+1}}\right)^{\frac{1}{1-\beta}} \equiv \tilde{z}^l \qquad (3)$$

となる.

　ここで，$0<\lambda_h<\lambda_l<\beta$を仮定する．すなわち，ハイテク，ローテク企業家ともに，開発・生産した企業家以外が保有した場合の効率性の低下が大きいため，借り入れ制約を受ける場合である．この場合，両タイプの企業家ともに借

第9章 金融市場の不完全性，生産性および経済成長　209

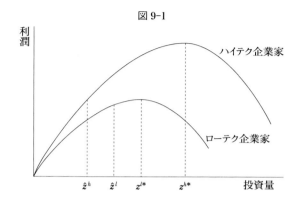

図 9-1

り入れ制約まで借り入れを行い，$z_t^h = \bar{z}^h$　$z_t^l = \bar{z}^l$ となる．さらに，

$$\bar{z}^h < \bar{z}^l$$

すなわち，

$$a_h \lambda_h < a_l \lambda_l \tag{4}$$

であるケースを考える．このとき，対称情報下においては，ハイテク企業は，より少ない投資しか行えない．ハイテク企業は，生産性が高く，借り入れ制約がなければより大きな投資を行いたい．しかし，投資担保能力が低いためにローテク企業よりも小額しか借り入れを行えず，ローテク企業よりも少ない投資しか行えない．すなわち，生産性と事業の担保能力とのトレードオフが生じているケースである．この状況を図示したものが，図 9-1 である．

$x_t^h = (\bar{z}^h)^\beta$, $x_t^h = (\bar{z}^h)^\beta$ であり，金融市場の均衡条件は，

$$LW(k_t) = p\left(\frac{a_h \lambda_h R_{t+1}}{r_{t+1}}\right)^{\frac{1}{1-\beta}} + (1-p)\left(\frac{a_l \lambda_l R_{t+1}}{r_{t+1}}\right)^{\frac{1}{1-\beta}} \tag{5}$$

となる．

図 9-2

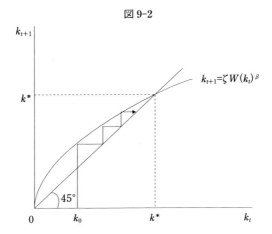

2.3 経済の成長経路

以上の設定の下で,経済の成長経路をもとめることにしよう。(5) より,

$$\frac{R_{t+1}}{r_{t+1}} = \frac{1}{\left[p(a_h\lambda_h)^{\frac{1}{1-\beta}}+(1-p)(a_l\lambda_l)^{\frac{1}{1-\beta}}\right]^{1-\beta}} L^{1-\beta}W(k_t)^{1-\beta} \tag{6}$$

である。$t+1$ 期の資本労働比率は,

$$k_{t+1} = L^{-1}[a_h p\left[\left(\frac{a_h\lambda_h R_{t+1}}{r_{t+1}}\right)^{\frac{\beta}{1-\beta}} + a_l(1-p)\left(\frac{a_l\lambda_l R_{t+1}}{r_{t+1}}\right)^{\frac{b}{1-\beta}}\right]$$

であるので,(6) を代入することにより,

$$k_{t+1} = \zeta W(k_t)^\beta \tag{7-1}$$

ここで,

$$\zeta \equiv \phi/L^{1-\beta} \tag{7-2}$$

によって,k_t の動きが与えられることになる。ただし,

第9章 金融市場の不完全性，生産性および経済成長 211

$$\phi \equiv \frac{pa_h^{\frac{1}{1-\beta}}\lambda_h^{\frac{\beta}{1-\beta}}+(1-p)a_l^{\frac{1}{1-\beta}}\lambda_l^{\frac{\beta}{1-\beta}}}{\left[p(a_h\lambda_h)^{\frac{1}{1-\beta}}+(1-p)(a_l\lambda_l)^{\frac{1}{1-\beta}}\right]^{\beta}} \tag{7-3}$$

であり，ϕ は経済全体の生産性の指標と考えることができる．金融市場の不完全性の存在によって，経済全体の生産性には，金融市場の不完全性を決定するハイテクおよびローテク企業の担保能力も影響することを注意してほしい．図9-2 に示されているように，われわれの仮定の下で，定常状態における資本労働比率 k^* は $k^*=\zeta W(k^*)^{\beta}$ によって一意に与えられ，初期状態から出発した経済は，単調に定常状態に収束していくことが分かる．

3. 生産性と担保能力のトレードオフの影響

3.1 ベンチマーク：企業家のタイプが私的情報である経済

生産性と担保能力の間のトレードオフが，経済成長および長期の経済全体での生産性に対して及ぼす影響を調べる．比較のためのベンチマークとして，これまで考えてきた金融市場の不完全性に加えて，企業家のタイプが私的情報である経済を考える．

ここで，ベンチマークとして，金融市場に不完全性が存在しない経済ではなく，金融市場の不完全性と非対称情報を組み合わせた経済を選ぶ理由は次のようなものである．本章における金融市場の不完全性は，生産技術および契約の執行の問題と深く結びついており，政府の介入等によって解決できるものではない．したがって，このような金融市場の不完全性を所与として，政府の金融市場への仮想的な介入によって実現できる状況を，ベンチマークとして選ぶことにする．以下の非対称情報の状況は，借手のタイプが貸手に分かる場合であっても，借り手が誰であるかを伏せたまま，貸し付けについての意思決定を行わせるという仮想的な政府の介入などによって実現することができる．また，金融市場が完全である状況との比較した場合には，成長および生産性が劣るのはほぼ自明である．市場に不完全性があり，非効率性が存在することが明白である非対称情報のケースと比べても，なお成長および生産性に抑制的な効果が

あることを分析が，より有益な洞察を与えてくれる．さらに，元々契約の執行の問題によって金融市場に不完全性が存在するときに，非対称情報がどのような効果を持つのかを調べるという点においても，この比較は分析上の興味がある．

さて，モデルに非対称情報を導入しよう．われわれが考えているケースでは，

$$\tilde{z}^h < \tilde{z}^l$$

であった．すなわち，対象情報下においては，生産性が高いハイテク企業が，借り入れ制約がなければより大きな投資を行いたいにもかかわらず，投資担保能力が低いためにローテク企業よりも小額しか借り入れを行えないため，ローテク企業よりも少ない投資しか行えなかった．ここで，企業家のタイプが私的情報であり，企業家自身は知っているが，貸手である労働者は知ることができないとする．このときには，ハイテク企業家，ローテク企業家は同じ借り入れ制約に直面することになり，

$$z_t^h = \tilde{z}^h \qquad z_t^l = \tilde{z}^h$$

となる[7]．金融市場の均衡条件は，

$$LW(k_t) = \left(\frac{a_h \lambda_h R_{t+1}}{r_{t+1}}\right)^{\frac{1}{1-\beta}}$$

であり，

$$\frac{R_{t+1}}{r_{t+1}} = \frac{L^{1-\beta} W(k_t)^{1-\beta}}{a_h \lambda_h} \tag{8}$$

となる．

$$k_{t+1} = L^{-1}[pa_h + (1-p)a_l]\left(\frac{a_h \lambda_h R_{t+1}}{r_{t+1}}\right)^{\frac{\beta}{1-\beta}} \tag{9}$$

であるので，これに(8)を代入することにより，

第9章 金融市場の不完全性，生産性および経済成長

図 9-3

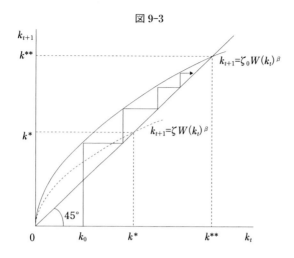

$$k_{t+1} = \zeta_0 W(k_t)^\beta \tag{10-1}$$

ここで，

$$\zeta_0 \equiv \phi/L^{1-\beta} \tag{10-2}$$

によって，k_t の動きが与えられることになる．

　非対称情報の経済と情報の非対称性が存在しない経済の動学的経路を決定する式である(7)と(10)を比較すると，両者の違いはパラメータ ζ と ζ_0 であることが分かる．この経済においても，**図 9-3** に示されているように，我々の仮定の下で，定常状態における資本労働比率 k^* は $k^{**} = \zeta_0 W(k^{**})^\beta$ によって一意に与えられ，初期状態から出発した経済は，単調に定常状態に収束していくことが分かる．

3.2　生産性と担保能力のトレードオフが経済成長に対して与える効果

　生産性と担保能力の間にトレードオフが存在する場合には，$\phi > \varphi$ であり，$\zeta_0 > \zeta$ となる．証明は，補論2で与えられている．よって，**図 9-3** に示されて

いるように，ベンチマーク経済の動学方程式を示す曲線は，対応する元の経済
の動学方程式を示す曲線の上方に位置することになる．これより，次の結果を
得ることができる．

命題 1 生産性と担保能力の間にトレードオフがある経済の長期均衡における
1人当たり所得は，情報の非対称性が存在する経済よりも低い．また，1人当
たり所得水準が同じ場合には，生産性と担保能力の間にトレードオフがある経
済の成長率は，情報の非対称性が存在する経済の成長率よりも低い．

　この命題は，生産性と担保能力の間にあるトレードオフの存在が，経済成長
と長期的な生産性を抑制する効果を持っていることを示している．ここで，ベ
ンチマークとしているのが，金融市場が完全である経済ではなく，金融市場に
契約の執行の問題から不完全性があり，さらに企業家のタイプが私的情報であ
るという効率的ではない経済であることに注意してほしい．生産性と担保能力
の間にあるトレードオフの存在は，このような非効率性が存在する経済よりも
さらに経済を非効率にし，経済成長と生産性を抑制する効果を持っているので
ある．いわゆる日本の長期不況の時期において，担保能力と生産性のトレード
オフの状況が広範に発生していた場合，その結果として生じた生産性のロスは
大きなものであったことが示唆される．
　命題1には，別の解釈を与えることができる．すなわち，生産性と担保能力
の間にトレードオフが存在する場合，金融市場における情報の非対称性が経済
成長を促進することを意味している．この結果は，Bencivenga and Smith
(1991)，Azariadis and Smith (1999) などによって代表される金融市場に情報の
非対称性を導入した多くの成長モデルとは対照的である．それらのモデルで
は，金融市場における情報の非対称性は，信用割当を発生させ，経済成長を抑
制する効果を持っていた[8]．
　情報の非対称性が，経済成長を促進するメカニズムは次のようなものであ
る．企業家の事業の生産性と担保能力との間にトレードオフが存在する場合に
は，生産性が高いハイテク企業家の事業は，先進的な優れた技術を用いている
ために，ハイテク企業家のノウハウが必要であり，他の人が運営しても効率的

第9章　金融市場の不完全性，生産性および経済成長　　215

に運営することができない．そのため，低い担保能力しか持たないことになり，ハイテク企業家はより厳しい借り入れ制約に直面する．企業家のタイプが私的情報であれば，両タイプは同一の借り入れ制約に直面することになり，ローテク企業家からハイテク企業家へ資金がスイッチされ，ローテク企業の投資が減少し，ハイテク企業家の投資が増加することになる．その結果，経済全体の生産性が上昇することになる．

　言い換えると，情報の非対称性が存在しない場合，我々の経済においては，企業の自然淘汰（natural selection）のメカニズムが働かず，「不自然な淘汰」[9]（unnatural selection）が働いている．情報の非対称性が存在すれば，この不自然な淘汰が働かなくなり，生産性が上昇し，経済成長が促進されるのである．

4. 技術変化と生産性

4.1　技術変化と担保能力

　これまでの議論では，経済の技術が一定であるときに，担保能力と生産性のトレードオフが経済の生産性と成長にどのような影響を及ぼすかを問題にしてきた．しかし，我々の主張は，日本経済における不況期の生産性と成長の低迷は，潜在的には経済全体での生産性を上昇させるような技術変化が生じているにもかかわらず，担保能力と生産性のトレードオフが発生してしまい，マクロレベルでの生産性の低迷が生じてしまうということであった．ここで，技術変化の影響について議論を行うことにしよう．以下で考える技術変化は，機械の生産性 a_i 変化であるとし，それにともない担保能力 λ_i が変化するとしよう．(a_i, λ_i) の変化によって技術変化が表されることになる．$(i = h, l)$

　いま，技術変化が経済の潜在的な生産性の尺度 $\phi \equiv p a_h + (1-p) a_l$ を上昇させるものであったとする．すなわち，すなわち，ハイテク企業家とローテク企業家が開発・生産する機械の平均生産性である ϕ が上昇するような技術変化が生じたとする．まず，ベンチマークである非対称情報の経済について，その影響を調べてみよう．(10)に注意すれば，次の命題が得られる．

命題2 ベンチマーク経済の動きは，経済の潜在的生産性 ϕ によって与えられる．経済の潜在的生産性 ϕ が上昇すれば，経済の長期均衡における1人当たり所得は上昇する．経済の潜在的生産性 ϕ が上昇すれば，経済の成長率は短期的に上昇する．

　ベンチマークの経済においては，経済の潜在的な生産性が上昇すれば，経済成長の促進と長期の生産性上昇を必ずもたらす．これに対して，金融市場の不完全性があり，企業家のタイプが私的情報ではない経済においては，経済の潜在的な生産性の上昇が．経済成長とマクロレベルでの生産性の長期的な上昇をもたらさない可能性がある．
　まず，生産性と担保能力のトレードオフが存在する場合には，ϕ が λ_h/λ_l の増加関数であることから，次の命題が得られる[10]．

命題3 ハイテク企業家の担保能力のローテク企業家の担保能力に対する相対的な低下（λ_h/λ_l の低下）は，成長率の低下と経済の長期均衡における1人当たり所得の低下をもたらす．

　すなわち，ハイテク企業家の担保可能力がローテク企業家に比して低下すると，ハイテク企業家が直面する借り入れ制約が相対的に厳しくなり，ハイテク企業家からローテク企業家へ資金がスイッチされ，ハイテク企業の投資が減少し，ローテク企業家の投資が増加することになる．その結果，経済全体の生産性が上昇することになる．また，逆にローテク企業家の担保能力が上昇した場合にも，経済全体の生産性が低下することに注意が必要である．
　経済で大規模な技術変化が生じ，ハイテク企業の事業の生産性が上昇したが，技術の先進性ゆえに，担保能力が低下したとしよう．このとき，経済全体の潜在生産性 ϕ が上昇しても，ϕ は逆に低下する可能性がある．このときには，技術革新により経済全体の潜在的生産性が上昇したにもかかわらず，生産性が低いローテク企業の投資に占めるシェアが拡大し，経済成長と経済全体の生産性が抑制される．

第 9 章　金融市場の不完全性，生産性および経済成長　　　217

命題 4　経済の潜在的生産性 ϕ を上昇させる技術変化によって，経済成長と長期均衡における 1 人当たり所得が低下することが生じうる．

　経済の潜在的生産性 ϕ を上昇させる技術変化が，ハイテク企業の担保能力大きな低下をもたらす場合には，逆にハイテク企業の規模縮小を招き，経済の生産性と成長の低迷をもたらす可能性が存在する．

4.2　技術革新と技術選択のバイアス

　上で説明した状況では，技術変化はハイテク企業への外生的ショックとして生じることを考え，企業が変化前の技術の利用することを考えていなかった．しかしながら，技術革新を考えた場合，企業は技術革新が生じる前の古い技術も利用できると考えるのが自然である．企業は，新しい技術による利潤が古い技術を利用したときの利潤を上回る場合にのみ，新しい技術を利用する．先に説明したように，ベンチマーク経済において生産性を改善し，成長を促進する技術であっても，生産性を低下させ，成長を抑制するものも存在する．それでは，導入されれば経済全体の生産性が上昇するにもかかわらず，企業は新しい技術を採用することにより利潤が減少するので，新たな技術が採用されない場合が存在するかどうかである．

　このモデルにおいて，ハイテク企業の利潤 $\lambda_h^{\frac{\beta}{1-\beta}}(1-\lambda_h)a_h^{\frac{1}{1-\beta}}R^{\frac{1}{1-\beta}}r^{-\frac{\beta}{1-\beta}}$ が上昇する技術変化であれば，企業は受け入れる．よって，a_h および $\lambda_h^{\beta}(1-\lambda_h)^{1-\beta}a_h$ が下落する (a_h, λ_h) の変化で，経済の生産性 ϕ を上昇させるものがあれば，経済成長と経済全体での生産性の上昇をもたらす技術革新であるにもかかわらず，企業によって採用されず，経済に導入されないものが存在することになる[11]．ここで，次の補題が成立する．

補題　2 つの技術 (a_h, λ_{hi}) と (a_h', λ_{hi}') について，$a_h < a_h'$ であり，かつ両者が企業家にもたらす利潤は等しいとする．このとき，ローテク企業家の技術を所与として，(a_h', λ_{hi}') の方が高い ϕ を与え，経済の生産性は高くなる．

図 9-4

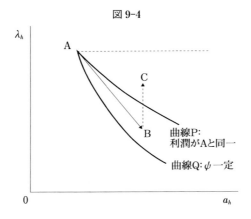

　図 9-4 に示されているように，(a_h, λ_h) 平面上において，既存技術の (a_h, λ_h) の組が点 A で与えられているとする．A と同じ利潤を与える (a_h, λ_h) の組み合わせを P，A と同一の ϕ を与える曲線を Q とする．P, Q ともに右下がりの曲線であり，P の上方の点は A の技術よりも高い利潤を与え，Q の上方に位置する点は A の技術よりも高い ϕ の値を与える．補題より，曲線 P 上の点 A より右方の点は A よりも高い ϕ の値を与える．したがって，曲線 P の点 A より右側の部分は，曲線 Q の上方にあることが分かる．よって，点 A の右方の曲線 P と曲線 Q に挟まれている領域は，A の技術よりも高い ϕ の値を経済にもたらすが，採用する企業には低い利潤しかもたらさないことになる．

　技術革新の結果，この領域に含まれる点 B にな新たな技術が生まれたとする．この技術 B は既存技術 A よりも経済全体の生産性を上昇させるにもかかわらず，既存技術に比べて低い利潤しかもたらさないので企業に採用されず，経済には導入されないことになる．これより，以下の命題が成立することが分かる．

命題 5　経済成長と長期均衡における 1 人当たり所得の上昇をもたらす技術革新であるにもかかわらず，企業によって採用されず，経済に導入されないことが起こりうる．

第9章 金融市場の不完全性，生産性および経済成長   219

　以上のように，経済全体の生産性を上昇させる技術革新であるにもかかわらず，経済に導入されないことが生じうるのである．すなわち，技術革新によって生じた新技術に担保能力の低下が伴う場合，経済全体の生産性を上昇させ，成長を促進する技術であっても，企業によって導入されない状況が生じうる．企業の技術選択に，既存技術へのバイアスが生じる可能性がある．これは，1990年代後半におけるいわゆるIT革命などを背景とした世界的なイノベーションの進展の一方での，日本経済における生産性の低迷に1つの説明を与える可能性がある．

　以上の議論では，各技術に対応する担保能力は一定であることを前提としている．長期的には，技術知識の伝播とともに，ハイテク企業家の事業を他の人が運営した場合の効率が高まり，それによって生産性と担保能力のトレードオフは解消される．先の図9-4において，当初Bのような点に位置していた新たな技術が，技術知識の伝播とともに担保能力が上昇したことにより，点Cのような点に移動したとする．すると，新たな技術が企業に利潤をもたらすようになり，技術が経済に導入されることになる．産業革命以来，新たに導入された技術が，必ずしも経済全体で大規模に導入されることがなく，生産性の向上や経済成長に大きく貢献しないという事例はしばしば指摘されている．コンピュータPC等の技術革新が必ずしも当初は生産性の上昇をもたらさず，しばらく時間を経てから，生産性の大きな伸びが見られた．本章の結果はこのような現象に対しても1つの説明を与えたものであると考えることもできる．技術知識を経済全体に広めるような政策は，単に直接的な効果のみでなく，金融市場を通じた間接的な効果をも通じて，経済全体の生産性と経済成長の促進に貢献する可能性がある．

5. 非対称情報と経済厚生

　本章のモデルでは，対称情報の経済において生産性と担保能力のトレードオフが存在する場合には，非対称情報の経済の方が生産性も高く，短期的な成長率も高かった．すなわち，非対称情報が成長を促進する効果を持っていたのである．しかし，これはすべての経済主体の厚生を上昇させることを意味しない

ことに注意が必要である.

非対称情報の経済では,経済の所得水準は上昇するが,労働者/貸手の経済厚生は悪化する可能性がある.非対称情報の経済においては,より担保能力が高いローテク企業家への貸し出しが,より担保能力が低いハイテク企業家と同じ水準にまで抑制される.その借り入れ制約を決定するのは,ハイテク企業家の担保能力 λ_h である.借り入れ制約で規定されるのは.元利合計返済額であり,借り入れ制約が厳しくなると利子率が抑制されることになる.そのため,利子率が抑制されることになる.それに対して,対称情報の経済では,利子率の決定はハイテク企業家の担保能力 λ_h のみではなく,ローテク企業の担保能力 λ_l によっても影響を受け,利子率は非対称情報の経済ほどには低下しないことなる.

以上のように,生産性と担保能力の間にトレードオフが存在する場合,非対称情報は成長を加速する効果を持つ一方,利子率を低下させ,労働者/貸手から企業家,とくにハイテク企業家への所得移転を生じさせる効果を持つことになる.このような非対称情報の金融市場の政策的導入と考えることができる具体例としては,1998 年から 2001 年まで実施された特別保証制度を挙げることができる.この制度では,中小企業に対して十分な審査なしに貸出が行われた.この政策の結果については,Uesugi, Sakai and Yamashiro (2006) の実証研究では,貸出を受けた企業の生産性が改善したとしている.これは,金融市場への非対称情報の導入が経済効率を上昇させた実例であると解釈することもできる.しかしながら,このような政策の効果を考える上では,本章では考慮されなかったアドバースセレクション,モラルハザードの発生による金融市場の不完全性についても考慮する必要があり,この論文の結果のみではそのような政策を正当化できないことにも注意が必要である.また,上述のように大規模に導入された場合には,労働者/貸手の経済厚生を大きく低下させる可能性があることにも注意が必要である.

また,経済発展に対する金融市場の役割に対しても,一定の洞察を与えてくれる.この結果は,経済発展の初期段階において,金融市場における情報の非対称性の存在が,むしろ経済成長を促進する効果を持っていた可能性を示唆していると解釈することもできる.ただし,情報の非対称性は,低利子率という

形で，労働者／貸手から企業家への所得移転を引き起こし，経済発展の初期段階における労働者／貸手の厚生を低めていた可能性もある．経済発展とともに，金融市場における情報の非対称性が解消されると，経済成長は抑制されるが，労働者／貸手の経済厚生は改善していく可能性が存在することになる．

6. 結論

本章では，金融市場の不完全性によって，高い生産性を持つ企業家が担保能力がより低くなるという担保能力と生産性のトレードオフの状況が発生し，潜在的には経済全体での生産性を上昇させるような技術変化が生じているにもかかわらず，生産性が低いが担保能力が高い旧来型の企業の投資に占める割合が増加してしまい，マクロレベルでの生産性の低迷が生じたということによって，経済における自然淘汰メカニズムがうまく機能せず，マクロでの生産性の低迷が生じたという説明を与えた．

本章のモデルは，1人当たり所得は長期的には一定値に収束していく，持続的成長が存在しないモデルであった[12]．また，技術変化等は外生的であり，担保能力も時間を通じて一定であることを仮定していた．技術革新を内生化し，新たに導入された技術に対する知識の拡散によって，企業の担保能力が動学的に変化することを導入してモデルを拡張することにより，生産性と成長，金融市場の機能に対してより興味深い分析を行うことが可能となると考えられる．これは，将来の課題である．

補論

補論 1 再交渉の結果が一般化ナッシュ交渉解で与えられる場合

ハイテク企業家と貸手の威嚇点が，それぞれ 0, $a_h \lambda_h R_{t+1} x_t^h$ であるので，ハイテク企業家と貸手の間の一般化ナッシュ交渉解は，ω_1 と ω_2 をそれぞれ企業家と貸手の受け取る額として，$\max_{\omega_1, \omega_2} \omega_1^\gamma (\omega_2 - a_h \lambda_h R_{t+1} x_t^h)^{1-\gamma}$ $s.t.$ $\omega_1 + \omega_2 = a_h R_{t+1} x_t^h$ の解（ここで，$0 < \gamma < 1$ は企業家の交渉力である．）として与えられ，

再交渉によって企業家が得ることができる額は $\gamma(1-\lambda_h)aR_{t+1}x_t^h$ となる. $\gamma(1-\lambda_h)aR_{t+1}x_t^h > aR_{t+1}x_t^h - r_{t+1}Z_t^h$ であれば, 返済を拒否して, 再交渉によって返済額を $[1-\gamma(1-\lambda_h)]\,a_hR_{t+1}x_t^h$ に減らすことができる. 貸手はこれを予想するので, ハイテク企業家の借り入れは, $r_{t+1}Z_t^h \leq [1-\gamma(1-\lambda_h)]\,a_hR_{t+1}x_t^h$ の条件を満たさなければならない. 同様に, ローテク企業家の借り入れは $r_{t+1}Z_t^h \leq [1-\gamma(1-\lambda_h)]\,a_lR_{t+1}x_t^h$ を満たさねばならない. 以上より, ハイテク企業家とローテク企業家の借り入れ制約は, それぞれ

$$z_t^h \leq \left[\frac{a_h(1-\gamma(1-\lambda_h))R_{t+1}}{r_{t+1}}\right]^{\frac{1}{1-\beta}}, \quad z_t^l \leq \left[\frac{a_l(1-\gamma(1-\lambda_l))R_{t+1}}{r_{t+1}}\right]^{\frac{1}{1-\beta}}$$

となり, 以後の分析はまったく同様に行える.

補論2 命題1の証明

$a_h\lambda_h < a_l\lambda_l$ より,

$$\frac{p(a_h\lambda_h)^{\frac{\beta}{1-\beta}}}{p(a_h\lambda_h)^{\frac{\beta}{1-\beta}}+(1-p)(a_l\lambda_l)^{\frac{\beta}{1-\beta}}} < p$$

$$\frac{(1-p)(a_l\lambda_l)^{\frac{\beta}{1-\beta}}}{p(a_h\lambda_h)^{\frac{\beta}{1-\beta}}+(1-p)(a_l\lambda_l)^{\frac{\beta}{1-\beta}}} > 1-p \tag{A.1}$$

凹性より,

$$\left[p(a_h\lambda_h)^{\frac{1}{1-\beta}}+(1-p)(a_l\lambda_l)^{\frac{1}{1-\beta}}\right]^{\beta} > p(a\lambda_h)^{\frac{\beta}{1-\beta}}+(1-p)(a_l\lambda_l)^{\frac{\beta}{1-\beta}} \tag{A.2}$$

である. (A.1), (A.2)および $a_h > a_l$ より,

$$\psi = \frac{pa_h^{\frac{1}{1-\beta}}\lambda_h^{\frac{\beta}{1-\beta}}+(1-p)a_l^{\frac{1}{1-\beta}}\lambda_l^{\frac{\beta}{1-\beta}}}{\left[p(a_h\lambda_h)^{\frac{1}{1-\beta}}+(1-p)(a_l\lambda_l)^{\frac{1}{1-\beta}}\right]^{\beta}} < \frac{pa_h^{\frac{1}{1-\beta}}\lambda_h^{\frac{\beta}{1-\beta}}+(1-p)a_h^{\frac{1}{1-\beta}}\lambda_l^{\frac{\beta}{1-\beta}}}{p(a_h\lambda_h)^{\frac{\beta}{1-\beta}}+(1-p)(a_l\lambda_l)^{\frac{\beta}{1-\beta}}}$$

$$= a_h\frac{p(a_h\lambda_h)^{\frac{\beta}{1-\beta}}}{p(a_h\lambda_h)^{\frac{\beta}{1-\beta}}+(1-p)(a_l\lambda_l)^{\frac{\beta}{1-\beta}}}+a_l\frac{(1-p)(a_l\lambda_l)^{\frac{\beta}{1-\beta}}}{p(a\lambda_h)^{\frac{\beta}{1-\beta}}+(1-p)(a_l\lambda_l)^{\frac{\beta}{1-\beta}}}$$

$$< pa_h+(1-p)a_l = \phi$$

第9章　金融市場の不完全性，生産性および経済成長　　　223

（証了）

補論3　4.2節の補題の証明

等利潤を与える (a_h, λ_{hi}) の条件である $\lambda_h{}^\beta(1-\lambda_h)^{1-\beta}a_h=\kappa$ を，ϕ の定義(7-3)に代入したものを $\bar{\phi}$ とする．すなわち，

$$\bar{\phi} = \frac{pk^{\frac{1}{1-\beta}}(1-\lambda_h)^{-1}+(1-p)a_l^{\frac{1}{1-\beta}}\lambda_l^{\frac{\beta}{1-\beta}}}{\left[pk^{\frac{1}{1-\beta}}\lambda_h(1-\lambda_h)^{-1}+(1-p)(a_l\lambda_l)^{\frac{1}{1-\beta}}\right]^\beta}$$

である．

$$\Delta \equiv \left[pk^{\frac{1}{1-\beta}}(1-\lambda_h)^{-1}+(1-p)a_l^{\frac{1}{1-\beta}}\lambda_l^{\frac{\beta}{1-\beta}}\right]\left[pk^{\frac{1}{1-\beta}}\lambda_h(1-\lambda_h)^{-1}+(1-p)(a_l\lambda_l)^{\frac{1}{1-\beta}}\right]$$

として，

$$\begin{aligned}
\frac{\partial \ln \bar{\phi}}{\partial \lambda_h} &= \frac{pk^{\frac{1}{1-\beta}}(1-\lambda_h)^{-2}}{pk^{\frac{1}{1-\beta}}(1-\lambda_h)^{-1}+(1-p)a_l^{\frac{1}{1-\beta}}\lambda_l^{\frac{\beta}{1-\beta}}} \\
&\quad -\beta\frac{pk^{\frac{1}{1-\beta}}(1-\lambda_h)^{-2}}{pk^{\frac{1}{1-\beta}}\lambda_h(1-\lambda_h)^{-1}+(1-p)(a_l\lambda_l)^{\frac{1}{1-\beta}}} \\
&= \frac{pk^{\frac{1}{1-\beta}}(1-\lambda_h)^{-2}}{\Delta}\left[p\kappa((1-\lambda_h)^{-1}(\lambda_h-\beta)+(1-p)a_l^{\frac{1}{1-\beta}}\lambda_l^{\frac{\beta}{1-\beta}}(\lambda_l-\beta)\right]
\end{aligned}$$

であり，仮定より $\lambda_h<\beta,\ \lambda_l<\beta$ であることに注意すれば，$\dfrac{\partial\bar{\phi}}{\partial\lambda_h}<0$ となる．よって，(a_h, λ_h) と (a'_h, λ'_h) が，$a_h<a'_h$ であり，かつ両者のもたらす利潤が等ければ $\lambda_h>\lambda'_h$ であり，(a'_h, λ'_{hi}) の方が高い ϕ を与え，経済の生産性は高くなる．
（証了）

補論4　プーリング均衡

本文では，Matsuyama (2000, 2004) の議論を踏襲し，貸手が企業家に対して同一の利子率を課すと仮定していた．貸手が複数の契約を提示することが可能であるような状況を考えても，一定の条件下で本文での仮定を正当化するプー

リング均衡が存在する．まず，プーリング均衡の定義を与えておく．貸手が企業家に対して提示する契約は，貸付額 z と元利合計返済額 Y の組み合わせ (Y, z) によって表されるとする．

定義（プーリング均衡）

次の条件を満たす (Y^*, z^*, r^*) がプーリング均衡である．

（1） $r^* = \dfrac{Y^*}{z^*}$

（2） 次の条件のいずれかを満たす $(\bar{Y}, \bar{z})$ は存在しない．

（ i ） $\min(\bar{Y}, \lambda_h a_h R_{t+1} \bar{z}^\beta) > r^* \bar{z}$

$a_h R_{t+1} \bar{z}^\beta - \min(\bar{Y}, \lambda_h a_h R_{t+1} \bar{z}^\beta) > a_h R_{t+1} z^{*\beta} - Y^*$

$a_l R_{t+1} z^{*\beta} - Y^* > a_l R_{t+1} \bar{z}^\beta - \min(\bar{Y}, \lambda_l a_l R_{t+1} \bar{z}^\beta)$

（ ii ） $\min(\bar{Y}, \lambda_l a_l R_{t+1} \bar{z}^\beta) > r^* \bar{z}$

$a_l R_{t+1} \bar{z}^\beta - \min(\bar{Y}, \lambda_l a_l R_{t+1} \bar{z}^\beta) > a_l R_{t+1} z^{*\beta} - Y^*$

$a_h R_{t+1} z^{*\beta} - Y^* > a_h R_{t+1} \bar{z}^\beta - \min(\bar{Y}, \lambda_h a_h R_{t+1} \bar{z}^\beta)$

（ iii ） $p \min(\bar{Y}, \lambda_h a_h R_{t+1} \bar{z}^\beta) + (1-p) \min(\bar{Y}, \lambda_l a_l R_{t+1} \bar{z}^\beta) > r^* \bar{z}$

$a_h R_{t+1} \bar{z}^\beta - \min(\bar{Y}, \lambda_h a_h R_{t+1} \bar{z}^\beta) > a_h R_{t+1} z^{*\beta} - Y^*$

$a_l R_{t+1} \bar{z}^\beta - \min(\bar{Y}, \lambda_l a_l R_{t+1} \bar{z}^\beta) > a_l R_{t+1} z^{*\beta} - Y^*$

（4） $LW(k_t) = z^*$

定義の(1)は，自由参入による貸手の収支均等の条件である．(2)は，異なる契約を提示することにより，企業家の一部あるいはすべてを引き付け，かつ家計に対してより高い利子率を支払うことが不可能であることを意味する．(3)は資本市場の需給均衡の条件である．借り入れ制約および非対称情報がともに存在しないときには，この定義は通常の競争均衡と一致する．

$p^* \equiv \dfrac{\beta\lambda_l a_l - \lambda_h a_h}{\beta(\lambda_l a_l - \lambda_h a_h)}$ とする．生産性と事業の担保能力とのトレードオフが存在するとき，$p^* < 1$ であることに注意が必要である．いま，ハイテク企業家の比率 p が p^* より高いとき，本文での議論を正当化するプーリング均衡が存在する．

命題　$p > p^*$ のとき，プーリング均衡が存在し，$z^* = \tilde{z}_h$ となる．

［注］

1)　より一般向けの解説書としては，矢野（2005）がある．

2)　この考え方の背後には，企業金融市場で究極的に取引されるのは「企業の信頼性」であるという理解がある．

3)　高質な企業金融市場においては，市場の質経済学によれば，「正確な商品評価に基づいて取引が行われなくてはならない．玉と石があれば，玉石混淆で，玉も石もゴチャマゼにされて取引が行われる市場は高質とはいえない．高質な市場では，玉は玉として，石は石として取引できなくてはならない」（矢野2009）．

4)　生産関数がコブダグラスである場合等には，この仮定は満たされる．

5)　ϕ は，金融市場が完全な場合において，経済全体の生産性の適切な尺度である ψ とは異なっていることに注意が必要である．

6)　余剰を企業家がすべて取得するとの仮定は，説明の簡単化のためである．企業家と貸手の再交渉が一般化ナッシュ交渉解によって与えられる場合にも，分析を容易く拡張できる．議論は補論1にまとめてある．

7)　ここでは，貸し手はすべての借り手に対して同一の利子率を貸すことを仮定している．p が高い場合，この仮定を正当化するプーリング均衡が存在する．その点に関する議論は補論4にまとめてある．

8)　例外としては，Shi（1996）が挙げられる．

9)　「不自然な淘汰」という言葉は，植杉（2005）による．

10)　$\lambda_h/\lambda_l < 1$ のとき，ϕ は λ_h/λ_l の増加関数である．さらに，生産性と担保能力のトレードオフが存在する，すなわち $\lambda_h a_h < \lambda_l a_l$ であるときには，$\lambda_h/\lambda_l < 1$ である．

11)　より一般的なモデルでは，技術の選択には相対価格の変化も影響するが，本モデルでは相対価格とは無関係に技術の選択が決定されるので，分析が容易になっている．

12) ただし，Romer（1986）流の外部性を導入することにより，内生的成長が生じるようにモデルを拡張することは容易である．

［参考文献］

［1］ 植杉威一郎（2006），「企業の自然な淘汰？　それとも不自然な淘汰？」．
http://www.rieti.go.jp/jp/columns/a01_0171.html

［2］ 矢野誠（2001），『ミクロ経済学の基礎』岩波書店．

［3］ 矢野誠（2005），『質の時代のシステム改革──良い市場とは何か』岩波書店．

［4］ 矢野誠（2009），「現代の金融危機と「市場の質理論」」『学術の動向』第14巻6号，pp. 44-57．

［5］ Azariadis, C. and B. D. Smith（1998），"Financial Intermediation and Regime Switching in Business Cycles," *American Economic Review* 88, pp. 516-536.

［6］ Azariadis, C. and B. D. Smith（1999），"Adverse Selection in a Neoclassical Growth Model," *North American Journal of Economics and Finance* 10, pp. 339-361.

［7］ Bencivenga, V. R. and B. D. Smith（1991），"Financial Intermediation and Endogenous Growth," *Review of Economic Studies* 58, pp. 195-209.

［8］ Caballero, R., Hoshi, T. and A. Kashyap（2006），"Zombie lending and depressed restructuring in Japan." NBER Working Paper No. 12129.

［9］ Diamond, P. A.（1965），"National Debt in a Neoclassical Growth Model," *American Economic Review* 55, pp. 1126-1150.

［10］ Kiyotaki, N. and J. Moore,（1997），"Credit Cycles," *Journal of Political Economy* 105, pp. 211-248.

［11］ Matsuyama, K.（2000），"Endogenous Inequality," *Review of Economic Studies* 67, pp. 743-759.

［12］ Matsuyama, K.（2004），" Financial Market Globalization, Symmetry-Breaking, and Endogenous Inequality of Nations, " *Econometrica* 72, pp. 853-884.

［13］ Matsuyama, K.（2007），"Credit Traps and Credit Cycles," *American Economic Review* 97, 503-516.

［14］ Nishimura, K. G., T. Nakajima, and K. Kiyota（2005）"Does the Natural Selection Mechanism Still Work in Severe Recessions?──Examination of the Japanese Economy in the 1990s," *Journal of Economic Behavior and Organiza-*

tion 58, pp. 53–78.

[15]　Romer, P. M. (1986), "Increasing Returns and Long-Run Growth," *Journal of Political Economy* 94, pp. 1002–1037.

[16]　Shi, S. (1996), "Asymmetric Information, Credit Rationing, and Economic Growth," *Canadian Journal of Economics* 29, pp. 665–687.

[17]　Uesugi I., K. Sakai, and G. M. Yamashiro (2006) "Effectiveness of Credit Guarantees in the Japanese Loan Market," RIETI Discussion Paper Series 06–E–004.

[18]　Yano, M. (2009), "The Foundation of Market Quality Economics," *Japanese Economic Review* 60, pp. 1–32.

第10章　市場の質と競争公正性

矢野　誠[*]

　筆者の提唱する市場の質という概念は「無駄のなさ」と「健全性」という2つの基準で特徴づけられる[1]．「無駄のなさ」を固い言葉に置き換えると，資源配分の効率性ということになる．他方で，「健全性」は取引過程の公正性と言い換えると，輪郭がはっきりしてくる．土地バブルの後の我が国の金融市場のように，粉飾決算，ダミー会社を使った飛ばし，損失の簿外処理，といった情報操作が横行しては，公正な市場とは言いにくい．つまり，市場の質とは，資源配分の効率性と取引過程の公正性という2つの基準を総合した概念として定義されるというのが筆者の市場の質理論の基礎である．

　資源配分の効率性というのは確立した概念で，経済学者ならば，だれもが正確に理解している．他方，取引過程の公正性という考え方は，競争上の公正性やcompetitive fairnessという表現とともに，矢野（2007）やYano（2008, 2009, 2010）で，経済学に導入されたばかりで，なじみの少ないものである．

　第2節で詳しく述べるように，競争について語る場合，公正性は競争を律するルールの順守の程度で決定される．そこで，本章では，市場競争を律するにはどのようなルールが必要なのかについて法と経済学的視点から詳しく検討する．

　矢野（2001, p.93, 375）では，自由参加や自発的経済活動を担保するために，市場競争を律する憲法的ルールが存在することが指摘された．第2節では，憲法的ルールとして，私的財産原則，自発性原則，無差別性原則の3つを取り上げ，その意味を明らかにする．

第3節では，これらの原則が Yano（2007）で提唱された競争公正性が立脚すべき基本的ルールであることを示す．Yano（2008）は，取引過程に関する entire fairness test と呼ばれる企業の買収・合併のルールに着目し，オープンマーケットにおける価格バーゲニングモデルを構築し，M&A マーケットにおける均衡を競争上公正な均衡として数学的に定式化した．第3節では，数学的部分は取り除き，エッセンスだけを紹介することによって，自発性原則と資源配分の効率性に寄与するのに対し，無差別性原則が取引過程の公正性を担保するのに貢献することを明らかにする．

第2節で述べるように，一般に，公正性（fairness）というのは，特定の行為が一般に受け入れられ，確立した社会規範に沿っているか否かという基準で判断されるものである．その意味では，Yano（2008）の競争公正性を本論が着目する市場の三原則を基準にして定義するためには，三原則が市場を律するルールとして広く受け入れられていることが必要である．私有財産原則と自発性原則については，経済学的にも広く受け入れられたものである．そこで，第4節では，過去の判例や現在の市場のルールを分析することによって，無差別性原則が市場を律するために昔から積み上げられてきたルールから自然に抽出される原則であることが示される．

1. 市場を支える基本原則

市場が競争の場であることはよく知られている．しかし，競争という行為がどんなものなのかについては，必ずしも，正確な理解が定着しているわけではない．たとえば，広辞苑（第4版）では，競争には，単に，「勝負・優劣を互いにきそい争うこと」という定義しか与えられていない．他方で，英語の代表的な辞書であるウェブスターを見ると，competition とは，the act or action of seeking to gain what another is seeking to gain at the same time and usu. under or as if under fair or equitable rules and circumstances（競争とは，通常，フェアまたは平等なルール，または，あたかもそう見えるルールの下で，他の人が手にいれようとしているものを同時に自分も手に入れようとする行為である）とされており，競争とルールとは切っても切れない関係があることがわかる．したがっ

て，市場競争の公正性を問うには，市場を律するルールの存在を前提としなくてはならない．

　ルールに基づいて公正性を定義する場合，最初にルールの理念を考え，それ基づいて憲法のような基本ルールから逆向帰納法的に定められたルールを基準にしなくてはならない．公正性を判断するためのルール自体の公正性を問われる可能性があるからである．その問いに答えるためには，上位のルールを設定しなくてはならない．このような帰納法的関係を無限に続かせないためには，終点条件を定め，逆向帰納法的に公正性とルールの関係を規定する必要がある．その終点条件を与えるのが，ルール体系を律する基本理念である．

　市場の基本的理念は，誰もが誰とでも取引できなくてはならないというものだと考えられる．欧米では，誰もが誰とでも取引できる状態での取引交渉は腕の長さでの交渉（at arm's length）と表現される．売り手と買い手の間に腕の長さよりも長い距離があっては品物の受け渡しはできない．他方，腕の長さよりも近くというのは，売り手と買い手の間の距離が近すぎて，第三者が割って入りにくい状態で取引交渉が行われるという意味である．その意味では，腕の長さを保った取引交渉を行うというのが市場の基本理念と言えるかもしれない．

　この理念を達成するためには，いくつかの憲法的ルールを置く必要がある．本論では，そのような憲法的ルールの理念として，特に，以下の3つに着目する．

基本原則 1（私有財産原則）　それぞれの市場参加者の所有する財産を他人が侵害してはならない．

基本原則 2（自発性原則）　どの市場参加者の取引も強制されたものであってはならない．

基本原則 3（無差別性原則）　潜在的参加者も含め，どの市場参加者も，経済外的な条件によって差別されてはならない．

以下では，これらのルールが満たされた取引を，本源的に**競争公正**であると言うことにする．

　上の3つの基本原則は，本書が勝手に主張するものではない．経済活動や市

場取引の経験から長い時間をかけて形成され，進化してきたものだということである．特に，基本原則1と2は経済学でも十分な議論が重ねられ，市場を機能させるためには，必要不可欠なルールとみなされている．また，経済学ではこれまで指摘されてこなかった基本原則3も，歴史を見ると，市場を有効利用する上で重要なルールだとみなされてきたことがわかる．

　人間の自発的意思を尊重しなくてはならないという基本原則2は，近代社会以来の最も基本的なルールの1つである．この原則に，私的財産権の保護を謳う基本原則1が加われば，交換や取引が可能になる．だれが所有するかわからないものを交換に供するわけにはいかない．

　所有権の所在さえ確定すれば，自発的交換を通じて，自然と市場が形成されるというのは1991年にノーベル賞を受賞したロナルド・コース（1960）の有名な理論である．しかし，厳密に言うと，私的所有権を設定しただけでは，競争は生まれない．親と子の間で行われる交換には，他人が割って入って競争することはできないので，市場交換とは言えない．家族によって形成できるのは自発的交換の場であって，市場ではない．

　上で述べたように，市場とは，誰もが誰とでも取引できることが保証された自発的交換の場であると定義することができる．それを保証するのが無差別性原則である．

　無差別性原則は，大昔の市の大原則であっただろうと考えられるし，楽市楽座のように領主によって制度的に導入されたこともある．誰が誰とでも取引できるという意味での無差別性原則については，第4節で詳しく検討する．

　極端に突き詰めて考えると，自発性原則と無差別性原則は両立しない原則である．自発性原則の下では，なんでも自分勝手にしてもよいというのであれば，経済外的な要因で取引相手を差別することも許される．逆に，すべての人を無差別に扱えというのでは，取引相手を定めることもできない．経済学はトレードオフの学問である．したがって，必ずしも相いれない2つの原則のバランスの中で，初めて高質な市場を維持できるというのが経済学的な見方である．

　経済外的な要因によって，自由な市場活動を阻まれたり，保護されたりしては，市場は本来の機能を発揮できない．そうは言っても，状況によっては，特

定のグループの市場活動を制限したり，保護したりする必要がある．その場合，現代社会では，個別の市場に関して，別なルールが設定されることが容認されている．そうした個別市場のルールは3つの基本に照らして公正性を判断する必要がある．

1.1 公正性とは

取引過程の公正性が憲法的なルールに基づいて設定される必要があるというのは，競争的行為に関するフェア（公正性）という概念の基本的性質である．公正性というのは，英語の fairness に対応する言葉である．一方で，英語のfair という言葉は非常にたくさんの意味で用いられ，公平，平等，均等という意味も持つ．他方，公正は fair よりも堅い表現で，英語とは違い，公正が平等を意味するとは考えられてはいないようである．しかし，公正と公平が混同される場合は少なくない．したがって，最初に，市場取引の規範としての公正性の意味を考える必要がある．

取引過程の公正性という考え方は，競争上の公正性，competitive fairnessという表現で，矢野（2007）や Yano（2008）で初めて経済学に導入されたものである．この表現は，さまざまな fair の定義のうち，"conforming to an esatablished commonly accepted code or rules of a game or other competitive activities"（*Websters's Third New International Dictionary of the English Language Unabriviated*, 1961, fair の項 4b）というものに基づいている．つまり，

定義1 競争公正性とは，特定の行為が，確立され，一般に受け入れられた社会規範や競争的な活動を規定するルールを順守していること

だと考えられる．

ルール順守を基準に公正性を定義する場合，code（掟）が "established commonly accepted" な（日本語でいうと，「確立され，一般に受け入れられた」）ものに限定されていることが重要である．何でもよいからルールを定め，それが順守されるようにすれば，競争活動の公正性が担保できるというわけではない．

仮に，どんなルールであっても，それが順守される度合いだけで公正性が定まるとしよう．そのルール自体が公正か否かを問われた場合，答えを出すためには，一段階上のルールが必要となる．その一段階上のルールの公正性を判断するには，さらに上の段階のルールが必要になる．このような帰納法的関係は際限なく続くので，第一段階目の公正性も定義できたことにはならない．

公正性の定義において，ルールに「一般に受け入れられ，確立された」という条件が課されるのは，このような無限に続く帰納法的関係を断ち切るためである．そのためには，逆向帰納法の論理が必要となる．つまり，最初に最終的な判断基準（終点条件）を定め，その基準に基づいて，1つ下位のレベルのルールの公正性を判断する．次に，そのルールに基づいて，もう1つ下位のルールの公正性を判断する，という構造をつくればよいわけである．

終点条件から，逆向帰納法的にルールの公正性を定めるというのは，今に始まったことではない．そのような構造の代表例は現代の法体系である．国家の法体系を定めるには，まず，憲法が制定され，次に，憲法に基づいて法律の合憲性が判断される．さらに，法律に基づき，規則の合法性が判断されるという構造になっている．言うまでもなく，憲法の内容は国家のあり方に関する国民の本源的な考え方を反映するものでなくてはならない．

逆向帰納法的な公正性の定義は，20世紀を代表する政治学者ジョン・ロールズ（1921-2002）の正義と公正性に関する考え方にも共通する．ロールズは，正義や公正性を考えるため，オリジナル・ポジションと呼ばれる仮想的な世界を想定し，それに基づいて公正性や正義を特徴づけた．オリジナル・ポジションというのは，人間社会の最も基本的な特徴だけを備えた世界であり，正義は構成員への均等配分によって達成されると結論づけられている．現実の社会や政治における公正性は，オリジナル・ポジションでの正義から逆向きに判断される．

憲法の体系もロールズの正義と公正性の体系も，それぞれ，特定の社会状況を想定した上で考えられている．ロールズで均等配分が公正性の最終的ベンチマークとされるが，日本国憲法では均等配分は想定されていない．このように，ルール体系ごとに公正性のベンチマークは異なる．

2. Yano の競争公正性と市場の質

　はじめに述べたように，市場の質というのは，資源配分の効率性と取引過程の公正性という2つの基準を複合した概念である．本節では，市場の質という概念に明確な定義を与えるために，標準的な効率性の概念と比較して，Yano (2008) で導入された取引過程の競争公正性を説明する．どちらの概念も市場における現象の規範的基準を与えるものである．したがって，市場取引のあり方に関して，効率的か否か，公正か否かの判断を可能にするようにデザインされている．

　以下では，相対取引の市場では，自発性原則が効率性を担保し，無差別性原則が取引条件の公正性を担保するものであることが明らかにされる．相対取引の市場とは，当事者間の交渉によって取引の条件が定まるような市場である．それに対し，経済学が考える完全競争市場や独占市場では，特定の単価で何単位でも取引できることが想定されており，単価取引市場と呼ぶことができる（矢野，2005）．

2.1　効率性

　最初に，効率性の概念を，非常に簡単な市場モデルを利用して，確認しよう．一人の売り手と一人の買い手が単一の品物 X を取引する場合を考える．図 10-1 の左側の四角形の面積は買い手の支払用意を示し，右側の四角形の面積は売り手の補償要求を示す．支払用意というのは，買い手が品物を手にいれるために売り手に支払ってもよいと考える最大の金額であり，補償要求というのは，売り手がその品物を手放すならば，買い手に支払ってもらいたいと考える最低の金額のことだとする．一単位の品物の取引を考えるので，四角形の底辺の長さは1であると仮定する．

　図 10-1 の状態では，X の所有者を売り手から買い手に移すことで社会的便益を最大化することができる．補償要求というのは，その品物を売り手が保有することから発生する最大の便益に等しい．したがって，品物 X が売り手の

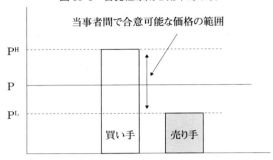

所有であるならば，社会には売り手の補償要求に等しい便益が発生することになる．同様に，支払用意は，その品物を買い手が保有することから発生する最大の便益に等しい．したがって，品物が買い手の所有になれば，社会には買い手の支払用意に等しい便益が発生することになる．図 10-1 の状態では，品物を買い手が保有する場合の社会的便益の方が大きいのだから，品物の所有者を(強制的に)売り手から買い手へ移すことでより効率的な状態が達成できる．

　経済学では，上述のような単純な品物の移転による効率性の拡大が望ましいと考えられているわけではない．売り手から買い手への強制的な品物の移転は売り手の便益を奪うので，パレート効率性を達成しないからである．

　パレート効率性を達成するためには，売り手の便益喪失に対し，買い手が何等かの補償を行う必要がある．もし，図 10-1 の水平線 P の高さに等しい金額の補償が買い手から売り手へ行われるならば，パレート改善が達成される．パレート改善のための必要十分条件は，

　　　買い手の支払用意 ≧ 価格 ≧ 売り手の補償要求　　　　　　　(1)

である．

　売り手から品物を取り上げて買い手に渡し，代わりに，買い手に売り手への補償を命じるのは，パレート改善を達成するための手段としては，あまりに強権的である．しかし，売り手と買い手の間に一定の信頼関係さえあれば，そのような強権的手段でなくても，パレート改善は達成できる．それが，自発的交換である．

第10章　市場の質と競争公正性　　　　237

　自発的交換に応じるか否かは，手に入るものの価値と手放すものの価値の相対的な関係で定まる．買い手は，支払用意が実際の支払以上ならば，交換に応じる．売り手は，実際の支払が補償要求以上ならば，交換に応じる．したがって，パレート改善の余地の存在は自発的交換の余地があり，パレート改善が可能であり，その逆も真だということである．

　つまり，自発的交換の余地のない状態がパレート効率的だということになる．上に述べたように，自発的交換の余地が存在すれば，実行されるという仮定のもとでは，ここまでの議論は以下のようにまとめることもできる（この結論はエッジワース（1881）によって最初に指摘されたものである）．

補題 2（Edgeworth）　相対取引市場では，市場の原則 1 と 2（私的財産権と自発的取引）が保証されれば，交換を通じてパレート効率的な資源配分が達成される．

　もちろん，この補題は一般的な市場については成立しない．たとえば，独占的な単価取引市場では，品物が同一の単価で取引され，独占は売り惜しみによって単価をつり上げ，利潤を拡大することができる．しかし，当事者の交渉を通じて取引の条件が定まるような市場では，自発的交換を通じて，資源配分の効率性が担保されるというのがエッジワースの補題の意味するところである．

2.2　競争公正性

　次に，Yano（2008）における取引過程の競争公正性という考え方を上のモデルに基づいて紹介する．よく知られているように，上の条件(1)を満たしていれば，どの価格でも，自発的交換の結果として形成される．しかし，**図 10-1**の P^H のような価格は高すぎるし，P^L は低すぎて，どちらも法外だと感じる人がいても不思議ではない．理論モデルを見て，値段が法外だと感じる人は少ないかもしれない．しかし，少なくとも筆者はそう感じるので，P^H が高すぎ，P^L が低すぎると思うのはなぜかを考えてみると，どのような価格が公正なのかがわかるだろう．

　図 10-1 の P^H や P^L という価格が法外と感じる大きな原因は背後に市場を想

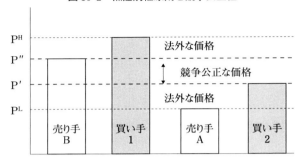

図 10-2 無差別性原則と競争公正性

定しているからである．つまり，どこかに法外ではない価格があって，その価格で取引する機会を阻まれているから法外と感じるということである．

説明のために図 10-2 を考えよう．この図では，2 人の買い手（1 と 2）と 2 人の売り手（A と B）が想定されている．ここでは，A と B のそれぞれが 1 単位の品物 X を持っていて，それを売ってもよいと考えているとする．買い手 1 と売り手 A は図 10-1 の買い手，売り手とまったく同じ人である．買い手 2 の支払用意は売り手 B の補償要求よりも低いので，パレート効率的な状態では，買い手 1 と売り手 A が品物を条件(1)を満たす価格で取引する．

エッジワースの補題によれば，市場では自発的交換を通じてパレート効率性が達成される．したがって，市場では，買い手 2 と売り手 B は実際に取引を行うことはない．このように，実際の均衡では品物の授受には参加しない人を潜在的な取引主体と呼ぼう．

市場では，誰もが誰とでも取引できる機会を保証されている．そういう状態を考えると，図 10-2 の状態で買い手が価格 P^H で品物を買わされたとしたら，値段は法外だと感じて不思議はない．誰が誰とでも取引できるならば，買い手 1 が売り手 A から P^H の価格で買わされそうになった場合，売り手 B は自分の補償要求と P^H の間に価格を設定して，買い手 1 と取引できるからである．お客に逃げられてしまうことを考えると，売り手 A は P^H という高値での価格設定はできないということになる．

同様に，売り手 A が価格 P^L という値段で品物を売らされるとしても，値段は法外だということになる．誰が誰とでも取引できるならば，売り手 A は買

第 10 章　市場の質と競争公正性　　　　239

い手 1 に P^L の価格で売らざるをえなくなりそうになった場合，買い手 2 は自分の支払用意と P^L の間に価格を設定して，売り手 A と取引をすることができるからである．売り手に逃げられてしまうことを考えると買い手 1 は P^L という安い値段で品物を買いたたくことはできないということになる．

　図 10-2 を使った議論を一般的な表現に置き換えるには，競争的オファーという概念が便利だろう．市場参加者にとって競争者というのは，取引において自らと同じ側に立つ人のことである．買い手ならば，別の買い手ということであり，売り手ならば，別の売り手ということである．そこで，競争的オファーとは，自分が取引を行おうとしている相手が提示する取引の条件よりも，よい条件のオファーのことだと定義する．

　Yano (2008) では，競争公正性が，潜在的な市場参加者も含め，どの参加者にも競争的オファーを行う誘因がない状態と定義されている．Yano (2008) の結論は，以下のようにまとめることができる．

定理 3（Yano）　市場の基本原則 *1, 2,* および *3* が満たされるならば，相対取引市場では，品物の取引価格は潜在的売り手の補償要求より低く，潜在的な買い手の支払用意よりも高い値に設定される．つまり，競争公正な状況では，あらゆる取引価格が以下の条件を満たす．

$$潜在的売り手の補償要求＞取引価格＞潜在的買い手の支払用意 \qquad (2)$$

　矢野の定理は一見自明のように見えるかもしれない．しかし，この定理は相対取引市場における効率性と公正性が一致しない概念であることを意味し，効率性とは独立した市場規範が存在する可能性を示すきわめて重要な結果である．

　説明のために，図 10-1 に戻ろう．エッジワースの補題が示すように，自発的交換を通じてパレート効率的な状態が達成され，自発的交換を通じて，買い手 1 と売り手 A が取引を行い，品物の価格が売り手 A の補償要求と買い手 1 の支払用意の間に設定される．つまり，

$$\text{買い手 1 の支払用意}(P^H) \geqq \text{価格} \geqq \text{売り手 A の補償要求}(P^L) \qquad (3)$$

という条件を満たすように，買い手 1 と売り手 A の間で取引が行われる．

　他方，矢野の定理によれば，競争公正な状態の取引が行われると，取引価格は潜在的な市場参加者である売り手 B の補償要求よりも低く，かつ，買い手 2 の支払用意よりも高い値に設定される．つまり，図 10-2 において，

$$\text{売り手 B の補償要求}(P') > \text{価格} > \text{買い手 2 の支払用意}(P'') \qquad (4)$$

という条件を満たすように，買い手 1 と売り手 A の間で取引が行われる．

　パレート効率的な取引では，売り手 B と買い手 2 は取引に参加しない．図 10-2 にあるように，売り手 B の補償要求が買い手 1 の支払用意よりも低く，買い手 2 の支払用意が売り手 A の補償要求よりも高ければ，競争公正的な取引では，パレート効率的な取引とくらべ，より狭い範囲の価格設定が行われる．その範囲を外れた価格設定で取引が行われるのならば，不公正な価格設定だとみなすというのが Yano（2008）の考え方である．

　ここで説明した理論は，伝統的なコアの理論に則り，バーゲニング理論に価格競争を導入するものである．Yano（2008）の研究は，価格競争の精緻なバーゲニングプロセスに基づいているが，本質的には，上述のような直観に支えられている．

2.3　パレート効率性と競争公正性

　競争公正性の考え方は，取引量と価格（交易条件）の設定に関して独立な規範的概念を導入しようという試みである．図 10-3 では，買い手と売り手が一人ずつ存在して，図の限界支払用意曲線と限界費用曲線（＝限界補償要求曲線）に基づいて取引しようとしている状況を描いてある．たとえば，取引参加者が合意するか否かを別にすれば，取引量を X に設定し，単価を P に設定することは可能である．その取引量が効率的なのか，また，その価格が公正なのかを独立に問いたいというのが本章の考えである．

図 10-3　相対取引における資源配分の効率性と価格の公正性

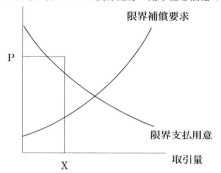

　取引量を X に設定しては，限界条件が満たされないので，明らかに非効率的な取引だと考えることができる．他方，競争公正性という考え方のもとでは，売り手や買い手の競争者がどのような価格をオファーしたいと考えているかを明らかにしなければ，公正性を語ることはできない．買い手に対し，(X, P) という取引よりも有利な条件での取引をオファーしたいという競争的売り手があるにも関わらず，その取引の機会を売り手によって阻まれているならば不公正な取引条件が設定されているということになる．

　現代経済学の厚生分析のもっとも基本とされるパレート効率性は，取引量と取引価格を同時に設定するという考え方に基づいている．その特徴が最もよく表れているのは，パレート改善という概念である．パレート改善を行うためには，財の配分を変更すると同時にその対価も変更しなくてはならない．

　他方，社会的余剰の最大化という意味での効率性の概念は取引価格とは独立に考えることができる．一旦，社会的余剰が最大化されると，どんな価格設定であっても，取引のパレート効率性は保証される．しかし，前項の議論が示すように，パレート効率的な取引が設定されていても，価格が高すぎたり，低すぎたりする状況はおきうる．市場の質という概念は社会的余剰の最大化という意味での効率性と競争公正性の両者を念頭においており，パレート効率性の弱点を補うものであるということができる．

3. 競争公正性の法的根拠

前項で見たように，自発性原則と無差別性原則が担保されれば，市場では，Yano (2008) の競争公正性が担保される．また，無駄がないという意味での効率性と競争公正性という概念は，パレート効率性の弱点を補うものである．しかし，それでは，競争公正性を担保するために，無差別性原則という新しい概念を市場の規範的尺度として採用すべきだという主張の根拠としては希薄である．

上でも見たように，公正性という言葉は広く認知されたルールを遵守しているという意味を持つ．そこで，以下では，欧米の過去の判例や現在の市場のルールを分析することで，どのような形で無差別性原則が市場取引を律するルールとして生かされているかを考えよう．

3.1 マーシャルの正常利潤と公正性

現代の市場理論では，公正性という概念が言及されることはほとんどない．制度的には，公正取引委員会という組織があって，市場における競争政策をつかさどるとされている．しかし，伝統的に，経済学は公正という表現には冷淡で，市場の公正性を担保するために，公正取引委員会がどのようなマンデートを負っているのかということを経済学的に突き詰めて考えたような研究も少ない．

筆者の知る限りでは，市場理論の文脈で「公正性」に触れた先行研究に行き着くためには，アルフレッド・マーシャルまで遡らなくてはならない．マーシャルの公正性は，上で述べた競争公正性を強く意識したものである．少し長くなるが，マーシャルの『経済学原理』（*Priciples of Economics*）から，その部分を引用しよう．

> おおまかに見ると，売上に対し「フェア」または正常な率とみなされる特定の利潤率が存在すると考えてよさそうである．実際，どんな商

業でも，どんな商業の部門であっても，そういう利潤率は存在する．売上に対する利潤率を通常の水準から下げても，ビジネスを拡大し，資本に対する利潤率を高めたいと考える人たちもいる．そのため，利潤率は商売のあり方に応じて変化するのが常である．しかし，たまたま，そういう変化が起きにくい状況にあれば，それぞれのタイプの業務で，売上に対し特定の利潤率を設定すべきだという商業上の伝統は商業を営む人にとっては実務的に大変便利である．そういう伝統が生まれたのは，たくさんの経験を通じて，その利潤率が設定されれば，特定のビジネスに必要な（一次的な費用も付随的な費用も含めて）すべての費用が適切にカバーできるし，その部門のビジネスにおける正常利潤を得ることができるからである．この利潤率を確保できないような低い価格しか設定できないビジネスは繁栄せず，ずっと高い価格を設定するようでは，もっと低い価格を設定する商売がたきに，お客をとられてしまう危険がある．そうならないような価格設定がされた場合にはじめて，売り上げに対して，「フェア」な利潤率を達成できる．価格に関する合意なしに注文を受け，品物を製造し，売り手の買い手の間で行き違いがおきた場合に，法廷が認めるのもそういう利潤率である（Alfred Marshall, 1890, Book 6, Chapter VIII, Section 4，冒頭部分）．

　マーシャルの原文をみると，上の段落では，公正という言葉が引用符つきの"fair"と表現されている．こうしたことからもうかがえるように，Yano（2008）とは異なり，マーシャルは公正性を経済学的な概念として正確に定義しようとしたわけではない．しかし，市場活動における公正性が，誰が誰とでも取引できる場（つまり，市場）において，競争的な市場参加者との関係を反映して定まり，それが法律によって裏打ちされるべきものだという本章と同じ考え方を読みとることができる．

　市場では誰もが誰とでも取引できる機会を保証されているという考え方は，上のマーシャルの段落でも，明確に表れている．正常な「利潤率を確保できないような低い価格しか設定できないビジネスは繁栄せず，ずっと高い価格を設

定するようでは，もっと低い価格を設定する商売がたきに，お客をとられてしまう危険がある．そうならないような価格設定がされた場合にはじめて，売り上げに対して，「フェア」な利潤率を達成できる．」つまり，価格設定が低すぎては，資金面で競争者に後れをとり，高すぎては販売面で競争者に後れをとるということである．市場とは，そういう自由参入や自由退出が保証された取引の場とみられているわけである．

　また，マーシャルからは公正性が法律に照らして決定されるという見方もうかがえる．上に引用した段落では，正常利潤なるものが存在し，それが「フェア」な価格を反映し，さらに，「価格に関する合意なしに注文を受け，品物を製造し，売り手の買い手の間で行き違いがおきた場合に，法廷が認めるのもそういう利潤率である」とされる．こうした見方は，公正性が法律に照らすことで，初めて設定できるという理解からくるものだと考えられる．

3.2　マーシャルの公正性の論拠

　前項でみたように，マーシャルは正常利潤という概念の根拠を当時の法律に求めている．それがどのような法律なのかは明記されていないが，1893 年の物品販売法（Sale of Goods Act）に沿っていることは間違いないだろう．この法律は当時の主要な判例に基づいて成文化されているので，そうした判例に沿った見方を 1890 年に出版された『経済学原理』が採用していると考えてよいからである．

　物品販売法第 8 条では，適正な価格（reasonable price）が以下のように定められている．

> (1)　販売契約上の価格は契約の中で設定されるものでもよいし，契約上の合意に基づいて後で設定されることになっているものでもよいし，当事者の交渉の中で決定されるものであってもよい．
>
> (2)　価格が上記の方法で決定されていない場合，買い手は適正な価格を支払わなくてはならない．何が適正な価格かはそれぞれの状況に応じた事実関係によって定まる．

第 10 章　市場の質と競争公正性　　　245

（イギリスでは，1893 年以来，物品販売法は数次にわたって改定され，2015 年から
は消費者権利法（Consumer Rights Act）に変更されている．その中でも，適正な価
格設定に関し，第 51 条として，1893 年の物品販売法第 8 条と同様のルールが定めら
れている．）

　この法律では，売り手と買い手の間で価格の合意がないような場合の取引も
想定されている．価格の合意なしで取引が行われ，争いが起きた場合，法廷は
市場価格に準拠して適正と認める価格を定めるというのがマーシャルの考え方
である．しかし，マーシャルも述べているように，どんな状況でも，必ず市場
価格が適正な価格だというわけではない．

　こうした考え方は，1834 年に判決が出された Acebal v. Levy における法廷
の意見からもうかがえる[2]．この事例は，価格の契約なしに，イギリスの業者
（Levy）がスペインの輸出元（Acebal）から，仲介業者を介して輸入したナッ
ツの代金不払いにかかわるものである．法廷の意見では，

　　　もしも取引契約が存在し，仲介業者が適正な価格でナッツを船積みす
　　　るということになっていたとすれば，裁判では，適正な価格が陪審員
　　　によって設定されることになる．その場合でも，陪審員が設定する価
　　　格は，船積みされた港での，時価とは必ずしも一致しない．時価は輸
　　　出業者の売り惜しみによって釣り上げられている場合には適正だとは
　　　考えにくいし，近隣の港での価格やその他の諸事象を考慮すると適正
　　　とは言えない場合もある

　「売上に対する利潤率を通常の水準から下げても，ビジネスを拡大し，資本
に対する利潤率を高めたいと考える人たちもいる」というマーシャルの考え方
はこの判例意見と整合的なものである．さらに，マーシャルでは，「利潤率は
商売のあり方に応じて変化するのが常である．しかし，たまたま，そういう変
化があまり起きにくい状況にあれば，それぞれのタイプの業務で」正常な利潤
率を達成するファエな価格が存在するという考え方がとられている．同様の考
え方は判例意見からも読みとれる．さまざまな事情で，実際の利潤率は適正な
ものからかけ離れたものになる可能性も否定できないが，マーシャルの言うよ

うに，「そういう変化があまり起きにくい状況にあれば」，市場を通じて適正な
価格が設定されると判例意見も考えているようである．

3.3　公正な市場価値

現代の経済学では，適正な価格が市場を通じて決定されるという，マーシャ
ルの正常利潤や1893年の物品販売法の考え方が取り上げられることは多くな
い．しかし，現代の法律では，国際商取引に関する国際法や税法など，市場で
定まる価格が適正であることが広い範囲で認識されている．

たとえば，「国際物品販売に関する契約の国連協定」(United Nations Conven-
tion on Contracts for the International Sale of Goods) では，第55条として，イギ
リスの物品販売法よりも踏み込んだ規定が置かれている．

> 契約が正当に結ばれていても，価格が設定されていなかったり，設定
> に関する手順が定められていない場合には，契約が暗黙裡に想定して
> いるのは，契約締結時に，同じ業界で，同様の状況下で取引された財
> の価格であると（そうではないということが契約に示されていない限り）
> みなす．

この規定から，現代の国際的な取引では，市場で定まる価格が適正な価格であ
ると明示的にみなされていることが分かる．

また，アメリカの税法では，さまざまな事象で，公正な市場価値（Fair Mar-
ket Value）という概念が取り入れられている．たとえば，財産の贈与に関して
は，アメリカ国税庁（Internal Revenue Service）の「贈与された財産の価値に
ついて」(Determining the Value of Donated Property) という規則をみると，冒
頭で，Fair Market Value (FMV) が以下のように定義されている．

> 贈与財産に限って言うと，公正な市場価値（FMV）とは，その財産
> が公開市場（open market）で販売されたときの価格である．言い換
> えると，取引に関して必要な事実関係について十分な知識がある売り

第10章　市場の質と競争公正性　　　247

手と買い手が，強制ではなく，自発的に取引する際に合意する価格の
ことである．

多国籍企業に関する税制でも，FMV の考え方が用いられる．ある国の現地
法人が調達した財を別の国の現地法人に販売し，後者の法人がマージンを上乗
せして市場で販売するとしよう．そのような場合，調達側の現地法人が販売側
の現地法人へ提供する品物の評価額は移転価格と呼ばれる．調達国側の現地法
人が，現地での品物の調達コストを移転価格として設定すると，調達国での利
益はゼロになる．したがって，販売国の法人税の方が低ければ，そのような移
転価格の設定によって多国籍企業は節税することができる．このような方法で
の節税を避けるためには，販売側の現地法人が同様の品物を公開市場で調達す
る場合に，支払わなくてはならない価格を FMV と考え，それを移転価格と考
えればよい．多国籍企業への法人税の評価を FMV に等しい移転価格で行おう
という方向に国際社会の考え方は落ち着きつつある．

3.4　企業経営者の被信任義務

以上の分析から分かるように，伝統的に，欧米では，適正でフェアな価格が
自由な公開市場（open market）で定まる価格であると考えられてきた．公開
市場というのは，誰もが自由に参加でき，誰とでも取引できる市場のことであ
ると考えることができる．その意味で，欧米流の適正で，フェアな価格の基準
が本論の考える無差別性原則に置かれていることを示している．

アメリカの合併・買収（M&A）市場では，このような考え方をさらに進め
て，企業売却に従事する経営者は自ら積極的により有利な取引相手を探すこと
が義務づけられている．この義務は被信任義務（fudiciary duty）と呼ばれ，株
主によって信任された経営者は株主の利益を最大化する義務を負うとされてい
る．

経営者の被信任義務のうちに，企業売却時に売却先を積極的に探すことが加
えられたのは 1994 年の Cinerama v. Technicolor 判決によってである[3]．当
時，映画・映像技術の最先端にあったテクニカラー社の売却に際し，売却を遂

行した経営者が自らの利益を優先したとして大株主に訴えられたものである．この判決意見では，公正な価格が以下のように定義されている．

> 公正な価格は資金繰りが可能な最高の価格を意味するものでもないし，被信任者自らが買うことができる最高の価格を意味するものでもない．少なくとも，〔株主の〕代理人として取引する場合，公正な価格というのは，その状況において，合理的な売り手が公正な価値の範囲であると考えるものであり，合理的に考えて，そのような売り手が売ってもよいと考えるような価格である．

この定義は，「公正な価格」が「公正な価値の範囲」であるとされている点で，必ずしも満足のいくものではない．しかし，同じ判決意見の中では，自らの企業の売却に従事する経営者の行動基準として，

(1)　経営者は常に買い手が支払うと考えられる最高の価格で売ろうとしていた

(2)　経営者は，ビジネスマンとして，自らの企業の強みと弱みを誰よりもよく知っており，テクニカラー社にとって非常に有益な費用削減プログラムを自ら導入し，そのビジネスを熟知していた

(3)　経営者も取締役会も全国でも最も定評のある投資銀行や法律事務所からアドバイスを受けて，意思決定を行った

(4)　取引交渉を通じて，売却価格は従来の株価と比べても（もともとの市場価格と比べると約２倍だった），同時期の同様の企業売却における利益と比べても，非常に高いレベルだった

(5)　より高い売却価格を設定することは実際の買い手に対しては不可能だったし，他の誰に対してもたぶんできなかった

(6)　経営者自らが企業を買うことも検討したが，売却の方を選択し，自らの保有する株式の売却価格も他の株主と同じ価格に設定されていた

このように，テクニカラー判決は経営者が被信任義務を果たす上での基準を

第10章 市場の質と競争公正性 249

明示したことでも重要だと考えられる．テクニカラーの経営者が株主に対し被信任義務を果たしていたという判断を下した．

テクニカラー判決では，売り手と買い手の「交渉が腕の長さを保って行われ」，そのこと自体が経営者が株主に対し公正な取引を行っていたという結論を支持するものだとされている．そのように考えると，市場の無差別性原則に最大限の注意を払った判断だと評価できる．

3.5 テクニカラー判決の経済分析

テクニカラー判決は図 10-2 による競争上公正性の分析を支持するものである．判決では，「公正な価格は資金繰りが可能な最高の価格を意味するものでもないし，被信任者自らが買うことができる最高の価格を意味するものでもない」とされている．この判断は，企業の売却に際し，経営者が買い手の支払用意に等しい価格を設定しなくてはならないわけではないことを意味する．さらに，「取引交渉を通じて，売却価格は従来の株価と比べても（もともとの市場価格と比べると約 2 倍だった），同時期の同様の企業売却における利益と比べても，非常に高いレベルだった」り，「より高い売却価格を設定することは……他の誰に対してもたぶんできなかった」り，「経営者自らが企業を買うことも検討したが，売却の方を選択し」たという指摘は，潜在的な買い手の支払用意よりも高い価格で売却価格が設定されたことを意味していると考えられる．

こういう状況を図 10-2 で説明するためには，潜在的売り手 S′ が存在しないものと考えるとよい．その場合には，Yano (2008) の理論によれば，競争上フェアな価格が P′ と P^H の間に設定される．そのような範囲がテクニカラー判決の言う「公正な価値の範囲」であり，その範囲に設定された価格が「公正な価格」だと解釈できる．このように考えると，「公正な価値の範囲」と「公正な価格」を区別するテクニカラー判決は経済学的にも的を得たものだと考えることができる．

3.6 無差別性原則の根拠

　本節で見てきたように，無差別性原則は市場を律するために昔から積み上げられてきたルールから自然に抽出される原則である．マーシャルの正常利潤という考え方の背後には，価格の公正性が無差別性原則を基準にしていることが読み取れる．また，マーシャルと同時代に形成されたイギリスの物品販売法を反映して作られた国際物品販売に関する契約の国連協定でも，価格の公正性が無差別性原則に則って規定されていることが分かる．また，現代の税法で採用されている公正な市場価値という概念も無差別性原則に沿ったものである．

　現代のアメリカのM&A法では，経営者は企業売却にあたって，株主のために，最もよいオファーを積極的に探すことが求められている．その意味で，無差別性原則は受け身の順守を求められるだけでなく，より能動的な順守を求められる市場も存在する．

［注］

　　＊　この研究は特別推進研究（23000001，代表者矢野誠）による支援を受けたものである．

　1)　たとえば，Yano (2008, 2009, 2010)や矢野（2007）．

　2)　参照：Acebal v. Levy, 10 Bing. 376, 1834.

　3)　参照：Cinerama Inc. v. Technicolor Inc, 662 A.2d 1134（Delaware Court of Chancery, 1994）．

［参考文献］

　［1］　矢野誠（2001），『ミクロ経済学の応用』岩波書店.

　［2］　矢野誠（2005），『「質の時代」のシステム改革』岩波書店.

　［3］　矢野誠（2007），『法と経済学』東京大学出版会.

　［4］　矢野誠（2015），中澤正彦，『なぜ科学が豊かさにつながらないのか』慶應義塾大学出版会.

　［5］　Coase, R.(1960), "The Problem of Social Cost", *Journal of Law and Economics* 3, pp. 1-44.

　［6］　Edgeworth, F. (1881), *Mathematical Psychics*, London: C. Kegan Paul & Co.

第 10 章　市場の質と競争公正性　　251

[7]　Marshall, A. (2015), *Principles of Economics*, Ravenio Books, (originall published in 1890).

[8]　Yano, M. (2008), "Competitive fairness and the concept of a fair price under Delaware law on M&A," *International Journal of Economic Theory* 4, pp. 175–190.

[9]　Yano, M (2009), "The Foundation of Market Quality Economics," *Japanese Economic Review* 60, pp. 1–31.

[10]　Yano, M. (2010), "The 2008 world financial crisis and market quality theory," *Asian Economic Papers* 9, pp. 172–192.

[11]　Yano, M. and Y. Furukawa, (2013) "Chaotic industrial revolution cycles and intellectual property protection in an endogenous exogenous growth model," *MQ Discussion Paper 2013-011*, Kyoto University.

著者略歴（執筆順）

矢野　　誠（京都大学経済研究所教授）編者
古川雄一（中京大学経済学部准教授）編者
小松原崇史（京都大学経済研究所特定准教授）
三好向洋（愛知学院大学経済学部講師）
柳瀬明彦（名古屋大学経済学研究科教授）
藤生　　裕（千葉経済大学経済学部教授）
佐藤健治（神戸大学大学院経済学研究科特命准教授）
大石尊之（青森公立大学経営経済学部准教授）
Lioudmila SAVTCHENKO（東京経済大学経済学部専任講師）
秋山太郎（横浜国立大学大学院国際社会科学研究院教授）

中京大学経済学部附属経済研究所研究叢書第23輯
市場の質と現代経済

2016年3月5日　第1版第1刷発行

編著者　矢　野　　　誠
　　　　古　川　雄　一
発行者　井　村　寿　人

発行所　株式会社　勁草書房

112-0005　東京都文京区水道2-1-1　振替　00150-2-175253
（編集）電話 03-3815-5277／FAX 03-3814-6968
（営業）電話 03-3814-6861／FAX 03-3814-6854
三秀舎・牧製本

Ⓒ YANO Makoto, FURUKAWA Yuichi　2016

Printed in Japan

JCOPY　＜(社)出版者著作権管理機構　委託出版物＞

本書の無断複写は著作権法上での例外を除き禁じられています。
複写される場合は、そのつど事前に、(社)出版者著作権管理機構
（電話 03-3513-6969、FAX 03-3513-6979、e-mail: info@jcopy.or.jp）
の許諾を得てください。

＊落丁本・乱丁本はお取り替えいたします。

http://www.keisoshobo.co.jp

市場の質と現代経済

2024年9月20日　オンデマンド版発行

編著者　矢　野　　　誠
　　　　古　川　雄　一

発行者　井　村　寿　人

発行所　株式会社　勁草書房

112-0005 東京都文京区水道 2-1-1　振替 00150-2-175253
（編集）電話 03-3815-5277／FAX 03-3814-6968
（営業）電話 03-3814-6861／FAX 03-3814-6854
印刷・製本　（株）デジタルパブリッシングサービス

© YANO Makoto, FURUKAWA Yuichi 2016　　　　　　　AM294

ISBN978-4-326-98635-4　　Printed in Japan

JCOPY　＜出版者著作権管理機構 委託出版物＞

本書の無断複写は著作権法上での例外を除き禁じられています。
複写される場合は、そのつど事前に、出版者著作権管理機構
（電話 03-5244-5088、FAX 03-5244-5089、e-mail: info@jcopy.or.jp）
の許諾を得てください。

※落丁本・乱丁本はお取替いたします。
　　　　https://www.keisoshobo.co.jp